Pleas...
my...

This book belongs to
Ana Gallegos
México D.F. Abril 94

COLECCIÓN POPULAR

483

DOÑA HERLINDA Y SU HIJO
y otros hijos

JORGE LÓPEZ PÁEZ

DOÑA HERLINDA Y SU HIJO
Y SU HIJO
y otros hijos

FONDO DE CULTURA ECONÓMICA

MÉXICO

Primera edición, 1993

ISBN 968-16-4101-9

Impreso en México

PRIMEROS AMORES

> San Pedro es un lugar de recreo con lindas
> casas de campo y bien cultivados jardines.
> Desde que se entra en sus callecitas alegres
> y risueñas, se comprende que el paraíso va
> a compensar a uno del fastidio del desierto.
>
> IGNACIO MANUEL ALTAMIRANO, *Clemencia*

A Salvador Echavarría

EMMANUEL se sienta, restrega la punta del cerillo sobre la
lija de la cajetilla, como si nunca, jamás se hubiera quemado un dedo. Inhala el humo del cigarrillo como si no existieran pruebas de que el tabaco es el causante, en buen
número de casos, del cáncer del pulmón. El vaso del jaibol lo sostiene con su mano, como si ésta fuera una jarra,
y el cristal no pudiera romperse. Apura un trago y digo
trago porque hay que calificarlo, pero en realidad se toma
medio vaso. Quizás nunca haya sentido lo que es una cru-
da, y nunca haya vomitado y no se haya propuesto jamás
volver a beber. Es un hombre tan seguro que da asco. A la
"bola" de mis amigos la desprecia. Siempre ansiosos de
mujeres, como si eso no fuera lo más fácil del mundo. Las
disculpas de ellos, cuando se refieren a algún disparate o
ciertas ridiculeces, y las justifican con un: "Yo estaba bastante tomado", le parecen insoportables. No se ríe, entrea-

bre la boca e intenta una sonrisa de perdonavidas. A veces he pensado que esa actitud se debe a que es tartamudo, si no fuera por eso nos acribillaría con su elocuencia, con los relatos de sus brillantes hazañas amatorias, de sus peleas sin adversarios. A toda la "bola" nos irrita su modo de sonreír, su suficiencia, porque hay gente que molesta con el solo hecho de tomar un jaibol, y digo esto porque no quiero mencionar un "caballo de tequila", en esos casos Emmanuel es imposible: resulta una combinación perfecta de Pedro Armendáriz, Jorge Negrete y Pedro Infante y ciertos detalles de Carlos López Moctezuma.

Debo repetir que rara vez habla, muy rara vez, pero en esa ocasión…

La cita para el juego era en la casa de Chale Escobar, pero se murió la tía de su esposa. Nos estuvimos mucho tiempo en la calle esperando a los rezagados. Con el Chale hubiéramos sido seis, y por esas cortesías muy a lo Guadalajara no aceptamos ni siquiera un refresco, ni quisimos pasar. La noche era calurosa, muy calurosa. La brisa que viene de Chapala no llegaba. Cuando arribó Porfirio de la Riba nos ofreció su casa para que allí jugáramos, pero también, por una cortesía muy jalisciense, rehusamos. Alguien propuso que nos fuéramos a una cantina a tomar cerveza. Todos aceptamos menos Porfirio, pues su mujer iba a llamarlo por teléfono, para que a una hora determinada fuera a recogerla en la casa de una amiga. Yo entre mí pensé que la artimaña de la mujer de nada le iría a servir. Porfirio, en esas tres horas se iría a ver a su querida, y regresaría a tiempo para recibir la llamada.

En la cantina nos tomamos dos cervezas casi sin interrupción y sin plática. Un pianista, sucio, feo y viejo, tocaba, quizás para demostrarse que todavía era capaz de vivir, pues no creo que le pagaran algo. Una atmósfera de melancolía, decadencia y malos olores nos rodeaba. Pensé que una cosa eran los amigos del juego y otros con los que realmente se convivía. Allí estaba Emmanuel Preciado, con su aire de perdonavidas, aburrido; Vicente Blanco, que no dejaba de ser en todo instante abogado; Carlos Tepeaca, pensando en sus propiedades y yo. Claro que no me quise calificar. Intentamos jugar cubilete, pero después de dos rondas dijo Emmanuel Preciado: "A mí si no es póker, lo demás me importa madre." Yo tenía el cubilete en la mano. Ordené otras cervezas, y cuando las trajeron, le entregué el cubilete al mesero.

—¿Por qué lo haces? —me preguntó Carlos Tepeaca.

—A Emmanuel le aburre el juego, y todos estamos aburridos, ¿verdad?

Nadie contestó.

—"Estamos aburridos", me dijo una vez una vieja —expresó Carlos Tepeaca—, y la mandé al carajo.

—¿Por qué? —interrogó, para mi sorpresa, Emmanuel Preciado.

—Esta pendeja quería que yo siguiera de cirquero, que no me bajara del trapecio. Te das cuenta que después de tres, uno no tiene ganas de nada.

—Era ambiciosa —agregué yo, con sorna.

—Me hizo sentir muy mal, y yo había hecho mi esfuerzo —Carlos Tepeaca hablaba en serio.

—A mí me pasó una cosa —dijo Emmanuel Preciado, y los tres nos le quedamos viendo, como si no le pudiera pasar alguna cosa al orgulloso tartamudo.

No Isidoro. Nunca des por sentado algo, si es que no existe el supuesto. Por ejemplo: yo supongo que a ti te gusta

Sartre. ¿No es así? Veo que sí te gusta Sartre, y a mí también. Pero tomemos algún otro autor: Benito Belastiguigoitia. ¿Qué te parece el nombre? Suena. Tiene su arrastre. Yo pienso que a ti te gusta Benito Belastiguigoitia, y te hablo de él con entusiasmo, y como tú has callado, el día de tu matrimonio te regalo las *Obras completas* de Benito Belastiguigoitia, en una edición primorosa, empastada en piel, y *numerotée.* Veo que me miras con cara de asombro, y te debo parecer bastante extraño.

Todo esto de los supuestos y tus aceptaciones, el *you take for granted* de los gringos, viene al caso por muchas equivocaciones, fracasos, ridículos que he sufrido. No, por favor no me mires así: no han sido tantos, y aquí me ves ya con mis años a cuestas, que son muchos. Todo esto viene a colación porque hoy en la mañana, mientras leía a Saint Simon. No sé si tú sabes que me encanta Saint Simon, y también el libro que tú me regalaste de Nancy Mitford *El rey sol.* Entre paréntesis, *by the bye,* en inglés, tú me iniciaste en las deliciosas lecturas de esa novelista inglesa: *Love in cold climate.* Sería bueno escribir un libro sobre Jalisco que se llamara *Love in a very hot climate.* Y no te rías que yo no lo voy a escribir. Yo no lo voy a escribir, palabra. Estoy hoy bastante disperso. No continúo hasta que este mesero, que ahí viene, me acabe de servir mi taza de café, es la segunda y la última en este día. Si no en la tarde voy a estar muy inquieto. No voy a poder estar en mi casa, y no voy a saber a dónde ir. *Y eso sí es terrible.* Este mesero don Pepe es un gran mesero, casi diría un señor. Ojalá y no se acaben estas cosas en Guadalajara: la cortesía, la amabilidad, la hospitalidad y muchas de esas cosas que terminan en dad. Te vuelves a reír. Sí es hospitalidad aunque nada más te den birria y tamales. Debes

10

de comprender que para la gente de Jalisco, no hay nada más sublime para el paladar que la birria, los tamales, y se me olvidaba el pozole. Sí, el pozole, y no te rías. Porque tú eres más amante de esta tierra que yo. Tú nunca has podido pasar mucho tiempo lejos de ella. Y recuerda que yo he vivido treinta y cinco años fuera y que tuve que hacer un esfuerzo para volver a jaliscanallarme. Y no te voy a citar lo que dice Auden. ¿Lo dice él? Si no lo dijo lo recogió en una antología de aforismos: "La patria son los exquisitos platillos que comimos en la infancia." Te vuelves a reír. Para mí son muy buenos el pozole y los tamales, y se me olvidaba: el caldo miche. Es delicioso, ¿verdad? Pero, aquí, entre nos, y quiero que aquí quede, pues de saberse sería un crimen de lesa jaliscanidad: no me gusta la birria. Veo en tus ojos una mirada de incredulidad. No me gusta la birria, ni la de gallina, ni la de pollo. Palabra que me he excusado de más de una docena de invitaciones si de antemano sé que me van a dar el malhadado platillo. Sé que me vas a decir, como me lo insinuaste el otro día, que eso se debe a los prejuicios de mi mujer. Pero no es así, ella, a pesar de ser americana le gusta hasta la birria. Pero yo, que pasé treinta años en Francia, no la puedo soportar. Y te vuelvo a pedir que no le repitas a nadie esto. Aquí en Jalisco es pecado mortal, y más que pecado moral, casi estar a las puertas del infierno al disgustarte algo de lo que aquí les gusta. Y te vuelves a reír. *Mi virilidad no está a prueba.*

Y mira te vuelves a reír como un desaforado. Todo este preámbulo viene a colación de eso. Espero que no me veas con esos ojos incrédulos y burlones. Estaba haciendo tiempo en la Plaza de las Sombrillas, que ya ves no son ni dos cuadras de aquí. Me perturbé tanto que ni siquiera esperé mi cambio. Antes hice algunas compras y me encontré con que me faltaba más de una hora para nuestra cita. Pedí en la Plaza de las Sombrillas una agua mineral. Recuerda que todavía no me mexicanallo para llamarla agua de Tehuacán y todavía no llego a jaliscanallarme para pedir una Roca Azul. Y ya que te hice antes una confesión te haré otra: prefiero el agua de Tehuacán. Ahora te medio sonríes. Creo, de veras, que hay otras cosas fuera de Jalisco, aunque aquí está el *Paraíso*, así con mayúscula y subrayado. Te lo juro que no haré ninguna disquisición más. Bueno, pues estaba en la Plaza. Faltaba un cuarto de hora para nuestra cita cuando, distraídamente, puse mi brazo derecho sobre el respaldo de la silla. Toqué algo que me dejó paralizado. No, no fue un alacrán. No pude desprender mi mano, como imantada estaba fija a la...

—No sé exactamente cómo empezó. El caso es que... Bueno, verán, cerca de la casa hay una panadería —Emmanuel Preciado no había tartamudeado, pero interrumpió su relato. Llamó al mesero, sacó de la cartera un billete de diez pesos: "Dáselos al pianista, y dile que no toque."

—Cerca de la casa hay una panadería. Una tarde al pasar vi una muchacha muy chula, y me quedé parado viéndola, hasta...

—¿Hasta qué? —preguntó impaciente Carlos Tepeaca.

—Hasta que se fue.

—¿Y no la seguiste? —volvió a interrumpir Carlos Tepeaca.

—Hasta que se fue para adentro.

—Entonces trabaja en la panadería —trató de ayudar Carlos Tepeaca.

—Mira Carlos, yo soy el que estoy contando. Déjame o ya…

Vicente Blanco y yo con la vista le pedimos a Carlos Tepeaca que no interrumpiera a Emmanuel.

—Y otro día la volví a ver. Y no se me ocurría nada para estar cerca de ella. Lo único que hacía era pararme en la esquina, simulando que esperaba el camión, y dejaba pasar hasta diez. Cuando me dolían las piernas regresaba a la casa. Y ella, tan ocupada estaba que ni siquiera me veía al atravesar a la panadería. Estaba chula. Bueno, verán… Y no me atrevía a entrar…

Y el gesto altanero de Emmanuel había desaparecido. Apoyó sus brazos sobre la mesa, bajó su tono.

—Una noche íbamos a cenar. Mi mamá dijo: "Falta el pan", y yo me ofrecí a ir a comprarlo. Todos me vieron con extrañeza, y mi madre, con una mirada, le ordenó a mi hermano Benjamín que fuera por él. Y este hecho me hizo más difícil acercarme a la muchacha.

"Una mañana la encontré en la calle. Me le quedé viendo, pero fue tan grande mi sorpresa que me detuve sin saber qué hacer. Cuando se me ocurrió lo propio, esto es, seguirla, ya había llegado a la panadería. Se veía tan bonita, tan limpia, tan ágil. ¿No sería bueno que nos tomáramos otra cerveza? —todos asentimos, salvo Carlos Tepeaca, que pidió un tequila. Carlos justificó su cambio diciendo: "Esto está muy bueno", refiriéndose al relato de Emmanuel Preciado.

—Oigámoslo —propuse yo, temeroso de que el imprudente de Carlos echara a perder la narración.

—Esa mañana me…

—¿Es mi tequila Herradura? —gritó Carlos al mesero. Lo vi con coraje. Pero Emmanuel, como si no oyera nada,

13

y solamente buscara la palabra correcta para no tartamudear.

—Esa mañana me maldije. Y estuve de muy mal humor. En la noche me fui con las putas, y ni en la cama con una de ellas se me podía olvidar la desgracia. Total que acabé por odiar la esquina de la panadería. Me sentía molesto, muy molesto.

"Una tarde iba a despedir a un primo y a su novia que habían venido a pasar su luna de miel en Guadalajara. Partirían a las seis y media, y desde las cinco y cuarto mi madre me había entregado un paquete que ellos le llevarían a la madre de él, mi tía Josefina. A las seis salí en mi carcachita, y de veras que era una pinche carcachita, que compré; por cierto, contra la oposición de mi padre: "Vas a matar a alguien, y yo no voy a ser quien te va a sacar del lío."

"Iba yo contento, muy chiflador… Y tenía mucho tiempo para cumplir mi encargo, pero ahí me tienen que no podía estacionar mi carcachita.

—Pero —objetó Carlos Tepeaca. Pareció que Emmanuel no le hubiera oído, pues continuó:

"Había y no había lugar. Verán: encontraba espacio, pero no podía dejar mi cochecito, porque no tenía freno de mano, y no podía detenerse, y los lugares bien planos estaban ocupados. Ya saben que la estación de los autobuses no está en un llano. Cuando por fin encontré el lugar vi mi reloj: las seis y veinticinco. Eché a correr, y cuando llegué el camión se estaba yendo. Traté de alcanzarlo. Mi primo con la cabeza fuera de la ventanilla me gritaba. No logré alcanzarlo y sólo atropellé a una muchacha que también estaba despidiendo a alguien. Me disculpé, cuando frustrado me regresaba. ¿Y saben quién era?: la muchacha de la panadería.

"—A usted lo conozco —me dijo ella.

"—¿De dónde? —le pregunté yo tímido.

"—Siempre se para enfrente de donde yo trabajo.

"—¿Dónde trabaja usted?

"—En la panadería La Esperanza.

"—Ahora que me acuerdo yo también la he visto. Hace calor o yo con la carrera me acaloré.

"—Hace.

"—¿Quiere un refresco o...?

"—¿O?

"—Una cerveza.

"—Lo último.

"La muchacha de lo más segura, me daba la impresión que se reía de mí, y además de eso, se echaba unas carcajadas, de una persona sana. Yo no tenía dinero, busqué por allí cerca algún lugar, vi un restaurancito, por un momento dudé y ella me dijo:

"—¿Qué pasa?

"—Nada —repliqué apenado. Y entre el calor y mis dudas nos tomamos tres cervezas.

"—¿Nos vamos? —interrogué, temiendo que no me alcanzara el dinero para invitarle otra más.

"—Nos vamos a…

"—Tomar el aire.

"Pagué. Las chapas de ella más coloradas, parecía muñeca, y se reía, por cosas que yo hacía y que yo no encontraba dignas de risa.

"Ya era de noche cuando salimos de Guadalajara rumbo a Oblatos. Fue entonces cuando me di cuenta que los fanales del coche casi no alumbraban. Me fui despacio. Ella hablaba de sus compañeras de la panadería, y de las torpezas que cometía el gachupín, su patrón. Por fin con aquella poca luz encontré un lugar por donde podía salirme de la carretera. Nos detuvimos. Ella se me acercó, palabra, como si estuviera jugando conmigo. Y en eso el claxon de un coche, tan carcacha como el mío, pero con luces. Me hice a un lado, y me interné por un caminito de grava. Pasó un camión. Ya estaba yo desesperado cuando el camino se abrió. Daba hacia un cerro, y más que cerro era una colina con la falda muy extendida. Comprendí que por allí había una mina de arena. Pronto vi una luz en la chocita: la casa del velador. Subí por la falda del cerro, hasta estar a una distancia segura de la choza del velador. Allí nadie nos veía.

"Después la besé. Tuve que hacer una maniobra para cambiar el pie derecho al volverme hacia ella, pues como ya les dije el freno de mano no funcionaba, y tenía que oprimir el de pie continuamente. Y para qué les cuento, ya era mía, cuando empecé a sentir que nos movíamos, que el coche bajaba. Me enderecé temblando con los pantalones a media pierna. El coche se iba hacia abajo, con mis manos apreté el pedal y la velocidad fue disminuyendo.

"—Ya —dijo ella.

"—¿Ya qué? —respondí desesperado.

"—Ya llegamos al árbol.

"El choque no fue nada. Cuando salí del automóvil ella se reía como loca. Yo del susto no podía ni siquiera sujetarme los calzoncillos. Su risa resonaba en aquella soledad, rompía la capa de la noche. Logré serenarme.

"—No pasó nada.

"—No pasó nada —respondió irónicamente.

"Hirió mi amor propio. Le pedí que volviéramos al coche…

"Yo, como el freno, no funcioné.

Vi a Emmanuel Preciado de otra manera. Creí que nunca sería capaz de contar un fracaso, y lo había contado casi sin tartamudear. Carlos Tepeaca y los otros se reían. No sé si éste o Vicente Blanco le hicieron algunas preguntas sobre si la había vuelto a ver, yo no recuerdo, sólo sé que pedí unos tequilas para todos.

…cola de un perro. Un perro callejero. Y vuelve tu sonrisa. Mi snobismo no anda por esos caminos. Tengo el snobismo de no gustarme los perros. ¿Será eso snobismo? Al fin solté la cola. Me levanté como un desesperado. Sudaba, y aun ahora sigo sudando. Siento aquí en mi oído la lengüilla aquella, en mis piernas, en mi cuello, en mi boca y en mi nariz, o si no en mis dedos. No me entiendes, es natural. Estaba chico, muy chico, tal vez de cinco años. Debo haber sido un niño muy educadito. ¿Era yo educadito por tímido? Creo que sí. Pero me alejo de lo que iba a contarte. Los domingos mis padres asistían a misa, y después a comer a la casa del canónigo Suinaga. Éste vivía en San Pedro Tlaquepaque. ¡No sabes cómo era San Pedro, olía a barro, a…! Pero no, si sigo así me vas a decir que mejor oyes a Pepe Guízar con su *¡Guadalajara, Guadalajara!* Si esto era una costumbre de muchos años atrás no lo sé. Sólo recuerdo un día. Estaba el portón abierto. Entramos los tres, como la Sagrada Familia. Los pájaros aturdían cantando en sus jaulas, y al subir los escalones que daban al corredor, desde el fondo, vimos al canónigo con su hermana que se dirigían a nosotros, como si nos hubieran estado esperando para que nos reuniéramos a medio corredor. El canónigo, como buen canónigo era gordo, y su hermana Juanita, también. Caminaban lentamente, con distinto ritmo en sus barrigas. Primero no me di cuenta, pero alguien me sostenía mi mano derecha. Quise desprenderme de la mano, al tiempo que me volvía. Oí: "No te asustes, es Tona." Mi mamá había seguido caminando. Casi me arrastró. Miró a Tona, la mona, que me tenía sujeto de la mano, como si fuera parte de la comitiva. Las sonrisas del canónigo y de su hermana calmaron mi alarma.

—Ya saben cómo es Tona. A la gente que no quiere no le hace caso. Yo creo que le encanta Panchito —dijo Juanita. Como se trataba de la hermana del canónigo mi padre no corrigió: "Se llama Francisco, no Panchito." Pasamos al salón. Tona seguía de mi mano. Me miraba con su cara de viejita, sin apartar sus ojos de mí.

Entonces se bebía muy buen jerez. Parece que los veo con sus copitas en la mano. Yo me desprendí de la mano de Tona, para sujetar una copita, aún más pequeña que la de ellos, de rompope. Tona se paró frente a mí, la bebí rápidamente y le di la copita. La dejó reluciente, se limpiaba con la lengua los pelos alrededor de la boca. Era una lengüita sonrosada. Me impresionó muchísimo. Después, muy comedida, colocó la copita en una consola cercana.

El canónigo le ordenó a un mozo que destapara otra botella de jerez, de distinta marca, y pidió también que lo sirviera en unas copas limpias. Después de hacerlo el mozo se retiró llevándose en una charola las copas vacías. Tona lo siguió. Pronto me aburrieron sus conversaciones y me fui al jardín. Me senté en el bordo de una fuente muy grande que estaba en el centro. Había peces de colores. No, no como los de los acuarios, antes se acostumbraban unos blancos, rojos y negros. Apareció el mozo que servía las copitas y me dijo: "Ve al huerto: allí hay columpios." Debo haberlo visto con muchas reservas, pues agregó: "Ven, yo te acompaño." Y si él no me hubiera invitado y conducido yo jamás me hubiera atrevido a pasar por la cocina. El huerto era inmenso, con toda clase de árboles: zapotes, arrayanes, limones, naranjas. Huertos como ése, que yo sepa, no existen. Había dos columpios. Escogí el más cercano a la puerta, y el mozo me impulsó varias veces, y cuando alcancé una gran altura y me sujetaba con desesperación a las cuerdas, sin decirme nada, se alejó. La reata chirriaba, era lo único que podía oír, después el cacareo de las gallinas, el canto de los pájaros, gritos distantes y por último mi corazón que retumbaba de emoción. Me sentí muy solo, sin saber qué hacer. Mi miedo pudo más que mi timidez y me acerqué a la cocina. Tona estaba allí. Teodoro, el mozo, vino por mí. Ya estaban sentados en la mesa y la conversación era muy animada. El canónigo y su hermana tenían unas chapas inmensas, en aquellas carotas gordas y blancas. Al venir de la cocina al comedor pude ver a Tona, dormida, en el vano de una ventana. Cuando nos despedimos Tona estaba a mi lado sujetándome la mano.

Esa noche soñé con Tona. Me persiguió durante toda la noche.

El domingo posterior a éste, tan pronto llegamos, y después de que me tomé una copita de rompope, Juanita la hermana del canónigo dijo: "Panchito, por qué no vas a jugar con Tona al jardín. Mírala, no te quita los ojos de encima." Ya para ese entonces Tona había depositado mi copita de rompope, perfectamente limpia, en la consola cercana. Y, como ya te dije antes, "suponían" que me gustaba Tona. Fui a la fuente con Tona de la mano. Para deshacerme de la mano de Tona, pues temía ofenderla, la desprendí con delicadeza y metí las dos manos en el agua. Entonces sentí, lo que todavía no olvido, su cola enredada en mi pierna, como si temiera perderme. Lo hizo al tiempo que yo metía mis manos al agua. Fue mi primer calambre. Mis manos temblaron en el agua y me quedé inmóvil, sin poder gritar. Así estuve mucho tiempo, y al volverme Tona desenrolló su cola y me abrazó del cuello, al tiempo que me daba besos por todas partes y me metía su lengüecilla en mi oreja. Cuando me besó la nariz y la boca ya ni sentía sus manos que me tocaban por todas partes. Entonces grité. Apareció Teodoro, le dio un tirón por la oreja a Tona y me tomó de la mano para conducirme a la cocina. El resto de la mañana lo pasé viendo los preparativos de la comida. Tona, sentada en una ventana frente a mí, me miraba. Al irme al comedor me volvió a tomar de la mano.

Y mis padres, ya con el supuesto de que a mí me encantaba Tona, me decían: "Arréglate pronto pues nos vamos a ver a Tona", en lugar de invocar el nombre del canónigo. Y sucedía la misma operación: me mandaban a jugar con Tona. El domingo siguiente eché a correr hacia la cocina casi arrastrando a Tona, pero me alcanzó, enrolló su cola en mi pierna y me mantuvo inmóvil en el corredor, y tuve que ir con ella al jardín, a donde volvió a besarme.

Sus manos me sujetaban fijas en mis mejillas y su cara de viejita se acercaba a la mía. Esperé el momento en que pasó Teodoro para gritarle: "Teodoro, mira a Tona." Y vino y me llevó a la cocina. Al despedirme invariablemente Juanita decía: "Tona y Panchito han jugado todo el día, miren cómo tiene la cara de sudor." Y yo sabía lo que era aquel sudor.

Varios sábados me enfermé de deposiciones de sólo oír de que al día siguiente iríamos a la casa del canónigo. No sé aún por qué no les decía que no aguantaba ni el recuerdo de Tona. Todas la noches me perseguía, sus pelos los sentía por todas partes y me despertaba llorando.

Un viernes fue el cumpleaños del canónigo, pero la fiesta fue un domingo. La sala estaba llena de gente y el canónigo recibía en un gran sillón. Teodoro iba y venía con sus charolas de copitas de jerez. Esta vez fue mi madre la que me ordenó: "Francisco, vete a jugar con Tona." A ésta la vi muy pendiente de los movimientos de Teodoro y cada vez que se iba a la cocina lo seguía. Aproveché una de estas ausencias para irme al huerto. Le tenía tal pavor a Tona que no me daba mucho miedo estar oyendo tantos ruidos, y me atreví hasta columpiarme. Llegó el momento en que tuve que regresar. Tenía hambre. Quizás se habían olvidado de mí. En la cocina la animación era mucha. Tona sobre una mesa limpiaba con su lengüecilla las copitas, ni siquiera me vio.

Teodoro me dijo que mi madre me ordenaba que comiera en la cocina, y lo hice. Tona se había olvidado de mí: seguía los pasos de Teodoro. Poco después comenzaron a llevarse la comida: pasaban platones y más platones. Una sirvienta descorchaba botellas de vino tinto y salía Teodoro con sus charolas llenas. Tona también se encargó de limpiar estas copas. Cuando se sentaron los sirvientes a comer me fui al jardín. El murmullo de las conversaciones y de las risas llegaban hasta allí. Estaba aburrido. Pensé en ir a buscar a mis padres. Si la hubiera visto venir no hubiera gritado, pero grité al sentir la cola de Tona enrollada en mi pierna. Los pelos de su boca buscaron la mía, los vi rojizos por el vino. Me dio asco,

21

miedo, desesperación y eché a correr. Me alcanzó, quise deshacerme de ella al tiempo que gritaba: "Teodoro, Teodoro", pero su cola me sujetó las dos piernas y me caí en uno de los arriates. Allí me encontró mi madre con Tona sobre mí buscando mi boca. Los botones de mi camisa y de mi pantalón estaban desabrochados.

Nunca volví a la casa del canónigo. Nunca se mencionó de nuevo a Tona, y desde entonces, no me gusta que nadie dé "por supuesto algo" que concierna a mí.

EL HALO

Para José Antonio Camacho

Desde uno de los cuatro asientos delanteros del camión la vi como no la había visto nunca, como si tuviera un halo en la cabeza. La mirada de ella ansiosa, como si hubiera querido saber quién sería mi compañero o compañera de viaje, para poder irse tranquila si le hubiera dado el visto bueno o preocuparse si hubiera creído ver en el posible compañero una amenaza. Me volví a mi derecha: era una señorita, al parecer quedada, el peinado perfecto, todo en ella estaba en su lugar. Me dijo: "Estos choferes tan impuntuales. Mírelos ahí platicando, ya hace cinco minutos que debimos habernos ido." "¿Me podré bajar a darle un abrazo a mi madre?", le pregunté. "Se puede estar todavía otro rato con ella, ¿no los ve tan despreocupados?" Me bajé con apresuramiento.

—Carmenmaría, ya debía usted haberse ido. Ha de estar cansada tanto tiempo parada. Deje esa bolsa en el suelo —en vez de contestarme miró hacia la bolsa nueva. Acaso yo no me daba cuenta que había que cuidarla.

—Fíjate en los choferes, no se vayan a ir.

—¡Como si quisieras que me fuera!

—Eso no, pero sé que te vas a divertir. Te lo ganaste a pulso. Tus calificaciones, yo…

—No sigas con eso, de veras Carmenmaría, me mortificas…

Los choferes se movieron, como si intentaran despedirse. Nervioso abracé a Carmenmaría. Corrí hacia el camión. Los choferes continuaron su plática. Carmenmaría enfrente. Volví a fijarme en su halo. Mi compañera, la al parecer señorita quedada, miraba con odio a los choferes. Éstos, sin darse la mano, sin decir nada se dirigieron a sus respectivos vehículos. El camión comenzó a recular. Creí ver lágrimas en los ojos de Carmenmaría. Pude ver que la bolsa nueva la cambiaba de mano. El halo a la distancia más notable. Algo inusitado, que no había sentido antes, me vino, como si me apretara el corazón, como si no hubiera querido haber emprendido ese viaje a Guadalajara. La señorita me ofreció un caramelo de sabor a eucalipto. Acepté y le di las gracias.

—¿La señora es su mamá?

—Sí —le dije—, es mi mamá, se llama Carmenmaría.

No agregué más. Desde cuándo le había llamado Carmenmaría en lugar de mamá o más bien abuelita, que eso era en realidad. Para qué explicárselo.

Ahora que me acuerdo en ese entonces no sabía el nombre del halo, lo supe después, mucho después. La señorita entrecerró sus ojos. "¡Ah!", proferí sin quererlo. "¿Le pasa algo?", me preguntó la señorita. "Nada, nada." Había descubierto que el que después supe se llamaba halo era que Carmenmaría había dejado de pintarse el pelo. "Eso es", dije entre mí. Y si se lo había pintado yo nunca me di cuenta. ¿Era en la casa? ¿Era en un salón de belleza? Y por primera vez me cuestioné sobre la edad de ¿mi madre, mi abuela, de Carmenmaría? ¿Había perdido de pronto su coquetería? ¿Le pasaba algo? Quizás se había jorobado un poco. Era natural: todo el tiempo que había pasado ahí frente al camión. Se había levantado, cuando menos dos horas antes que yo para tener todo preparado. El desayuno, las tortas, para que yo no fuera a comer algo dañino en el trayecto, dejar las camas tendidas, darle de comer a sus pájaros y regar sus plantitas. Alguna que otra vez, al verla atareada o con algún ligero catarrito había tratado de ayudarla: "No mi hijito, no. Tú dedícate a la escuela, y si ya acabaste lo que tengas que hacer diviértete con tus amigos o lee un libro. No ves que si me quitas de mis quehaceres voy a acabar como tantos viejitos que se pasan el día frente a la televisión. Debo decirte que a mí tampoco me gusta ver a los jóvenes prendidos de la pantalla, como nuestros vecinos. ¡Como si no hubiera muchachas para echar novio! ¡O como si no hubiera muchachos llenos de sangre con quien ponerse a jugar! No lo crees, si yo te viera pegado a la televisión ten la seguridad que la empeñaba, o la regalaba o la hacía pedacitos, mira, así de chiquitos, para que no tuvieras ni siquiera el recuerdo.

—¡Pero Carmenmaría, cómo iba usted a poder deshacerla!

—Tú no me entiendes o te haces el pendejito. Para acabar de algún modo con la discusión: la echaba al bote de la basura, y si me objetas que no iba a poder aguantarla de una vez por todas te digo que llamaría, claro que pagando, a que alguien dispusiera de ella.

—Pero si usted ve que muy de tarde en tarde veo la televisión.

—Lo digo por si algún día te viniera la locura o la flojera o como quieras llamarlo. ¿Entendido?

Todo el diálogo era un juego, y al terminar se le llenaban los ojos de malicia, para humedecérsele al venir hacia mí e intentar jalarme los cabellos. Ahora, los de ella estaban blancos. Ahora ya también hablando como pendejito, como le gustaba decirme. Para ser preciso: ¿desde cuándo estarían ya blancos?

Una de las cosas que haría al volver sería preguntarle por su edad. ¿Con qué pretexto? ¿Y si al regresar ya tuviera su pelo como antes: negro?

Y como si este razonamiento me hubiera apaciguado me adormilé por unos minutos. Ya estábamos fuera de la ciudad, a la altura de Tepozotlán. La señorita veía su reloj. Su cara adusta, como si lleváramos siglos de retraso. Me volvió la imagen de Carmenmaría. No estaba jorobada por haberse estado de pie esperando la salida del camión. Yo me engañaba. ¿Habría dejado de pintarse el pelo para que yo me diera cuenta de que había envejecido? ¿Por qué lo había hecho? Para que yo me inquietara. Eso no, eso ni pensarlo. ¿Acaso no me había protegido, alentado, animado en tantas y diversas formas? Como si siempre tuviera la inventiva para lograr otra nueva.

No me importó que Carolina Anieva exclamara: "Pero ¿cómo llamas a tu abuelita Carmenmaría?"

—¿Mi abuelita? No, mi mamá. A ella no le gusta que la llame mamá, le molesta.

Como si hubiera cometido una falta, una indiscreción y quisiera pagarla, Carolina Anieva sacó, para ese entonces, la inmensa cantidad de diez pesos de su portamonedas. Los colocó ella misma en la bolsa de mi pantalón.

—¿Qué le digo a Carmenmaría? —pregunté con candidez.

—Que yo te los di —al decírmelo se sonrojó.

Le dije a Carmenmaría: "¡Mira!", mostrándole los pesos.

—Te los dio Carolina Anieva.

—¿Cómo lo sabes?

—Te vi hablando con ella.

—¿Cuántos son?

—Esa pregunta no me gusta.

—Tienes algo de bruja.

Le vi malicia en los ojos, pareció querer contestarme algo chistoso, pero se contuvo.

—Ya adiviné en qué los vas a gastar.

—¿Cómo, si ni lo he pensado?

—Cómo no: te vas a comprar ese compás que tanto necesitas.

Entonces confirmé que tenía algo de bruja. Ahora entiendo que no era la brujería sino su inteligencia y cariño hacia conmigo.

El cómo llegué a su casa hasta la fecha es un misterio. Por algo será que no han querido revelármelo. Temerían que como Telémaco me fuera en busca de mi madre, ya que padre tengo. Precisamente a él iba a ver en Guadalajara, a mi madrastra y a mis tres medios hermanos. Esto que acabo de expresar no es la verdad. Iba a ver a mi padre, obviamente tenía que ver a mi madrastra, pero si soy sincero, lo que me gustaba, en los últimos tres años, era la compañía de dos sobrinos de mi madrastra. Un poco mayores que yo, con mucho saber del mundo. Si íbamos a la discoteca ya tenían a las muchachas, si íbamos en el coche de uno de ellos las convencían de que se subieran con nosotros. "Y ya sabes", me decían, "coopera con lo que tengas y si no nos da igual. Estas muchachas que vamos a ver en la tarde son muy jaladoras. Si hace falta algo ellas lo apoquinan. Eso sí: nunca te adelantes a pagar. No te pongas nervioso si el mesero se queda parado con la cuenta en la mano frente a nosotros." Pensé que tal vez me irían a esperar a la central camionera. A mi padre como que no le gustaba que andara yo con esas compañías. Ni remedio que me pusiera a jugar con mis medios hermanos, con la diferencia de edades. Tan sólo al mayor le llevo cinco años. ¿O tendría celos mi padre al verme a mí más desenvuelto que ellos? ¿Qué digo? Me parece oír hablar a Carmenmaría: "Tu padre es celoso. Quería que mi cariño sólo fuera para él. Tenía celos de tu tío Sergio, de tu abuelo, y creo que ahora de ti también. Palabra. No me mires así. Siendo mi hijo, lo conozco, como es natural, como la palma de la mano." Por fortuna nos separan 640 kilómetros, ¿o no es ésa la distancia entre México y Guadalajara? ¿O quería acaso que me quedara en su casa, esto es, la de mi padre, a verlo jugar a las cartas con sus amigos, o contemplarlo mientras veía la televisión? ¿O tendría celos de mis amigos? Si soy honrado debería de decir que conozco poco a mi padre. De lo que me acuerdo era de sus llegadas: los regalos. El gusto de verlo. Después el sorprender el rostro atribulado de Carmenmaría, cuando ya noche, no aparecía mi padre, siempre de parrandas después de aquellos viajes. Alcancé a escuchar: "Ramiro ten cuidado con el camión. Has de estar crudo. Cuántas veces tendré que repetirte que si vas a viajar no tomes la noche anterior. Yo soy la que me quedo con la preocupación. Aquí yo sola con tu hijo." Ramiro, mi padre, no respondía nada. Es claro, para qué se comprometía, si en la próxima ocasión haría lo mismo, lo mismito.

—¿No sabe usted —me preguntó la señorita a mi lado— a dónde vamos a comer?

—Ni me había acordado, ya que mi madre me preparó algo, pero todavía es muy temprano. Aún no llegamos a Querétaro.

—Es que una hora y media antes de comer tengo que tomarme una medicina. ¿Sería usted tan bondadoso de preguntarle al chofer a dónde y a qué horas lo haremos?

Como estábamos atrás de él respondió descortésmente: "No sé, tal vez en Irapuato, pero si al llegar allí llevamos buen tiempo iremos a comer a Degollado."

—¿Y cómo sabremos si llevamos buen tiempo? —amargamente expresó. El chofer pareció no oírla. Se dirigió la señorita a mí, en voz más baja: "Por eso está el país como está. Todo al arbitrio de estos soeces choferes. El buen tiempo estará determinado por el hambre que tenga. No tienen la menor consideración para el pasaje."

Continuó con su discurso sin que la oyera. Carmenmaría, aunque yo hubiera estado con ella, ella misma se hubiera acercado al chofer. Me parece escucharla: "Señor, mi hijo, aquí presente, tiene una enfermedad y necesita tomar su medicina. Ese retrato es de su hijo ¿verdad?" Y a pesar de la hostilidad del chofer, le hubiera él contestado si efectivamente era su hijo, o si no los había tenido y el señalado era un sobrino al que criaban él y su mujer. Después vendría la información sobre el sitio a donde comeríamos. En caso de que hubiéramos ido sin bastimento como esa mujer. Porque era seguro que habría sacado de una de sus imprescindibles bolsas un oloroso pollo cubierto de hojas de aguacate. En verdad qué sabrosura la de esos pollos. Algún día le pediré la receta a mi tía Enedina, la esposa de mi tío Sergio.

No nos detuvimos en Irapuato. Tomamos el libramiento. La señorita veía con atención los puestos de fresas. Estábamos a la mitad del camino entre México y Guadalajara. Ojalá y mis amigos no fueran a recibirme. En ese momento tomé la decisión de desobedecer una advertencia de Carmenmaría. "Habla por teléfono si es necesario. El domingo que viene cuando me hable tu padre me informará de cómo estás. No quiero que Josefina vaya a pensar que abusas en cuanto llegas a la casa de tu padre. Yo quisiera…"

No terminó la frase, nunca la hubiera terminado. ¡Qué no quería ella para mí!, la enumeración hubiera sido infinita.

Creí escuchar a la señorita que antes de llegar a Degollado tendríamos que pasar Abasolo, Pénjamo, La Piedad, y yo agregué entre mí: después Ayo el Chico, Tototlán, Zapotlanejo. Aunque estuvieran mis amigos yo les suplicaría que me acompañaran a la casa de mi padre e inmediatamente, casi sin disculparme haría mi llamada a México. Tenía necesidad de oírla, de que ella me dijera aunque no lo expresara que se iría a arreglar, que ese halo no estaría jamás allí. En ese momento comprendí que hasta antes de ver el halo había vivido distinto a como empezaba a hacerlo en ese momento.

Le ofrecí a la señorita por puritita cortesía que compartiera mi bastimento. "Usted que está joven lo necesita más que yo. Lo que sí le suplicaría que le preguntara al chofer cuánto nos falta para llegar al mentado Degollado."

—Hora y cuarto —respondió el aludido.

—¡Jesús! Yo debí haberme tomado la medicina hace un cuarto de hora.

Pude observarla: sacó cuatro pomitos de chochitos homeopáticos. Contó minuciosamente, y eso era una proeza con el movimiento del camión, diez globulitos de cada frasco. Se cercioró del número del frasco y así los fue engullendo. Entre tanto disfruté de mis tortas: a cual más exquisitas y todas distintas. Además venían acompañadas por dos naranjas mandarinas ("Son fáciles de comer y no te ensucias") y un camote poblano, también muy manejable. No terminaba de limpiarme la boca cuando el chofer me advirtió: "Aquí junto a mí a la derecha hay un bote para la basura. La señorita que va junto a usted, mientras usted dormía, se comió un chocolate y tiró la basura en el suelo. Me puede hacer el favor de recogerla."

La señorita, como si le hubieran tocado un resorte, estiró su mano hacia el suelo, yo pensé que estaba dormida. A guisa de disculpa adujo: "No cupo en el cenicero, vea usted qué mirruña. Para cualquier fumador son insuficientes." Todo el discurso lo expresó en voz alta, para que el chofer no fuera a perder una sola sílaba.

Nos detuvimos en un restaurante en las afueras de Degollado. Advirtió el chofer: "Tienen treinta minutos para comer. Vean sus relojes. En el último viaje dejé a dos señoritas porque se fueron ahí enfrente a comprar unas fuentes de cantera." No supe, como era natural, si era cierto o era el deseo de molestar a mi compañera. Me bajé del camión sonriendo. Satisfecho de verme obligado a pedir una cerveza, no es que no me las hubiera tomado en otros lugares, sino que esta vez sólo tendría yo que pedirla. "Tenía tanta sed", me vi contándoselos a mis amigos en Guadalajara, "que me tuve que tomar una cerveza. Sólo una, no vayan a pensar que me emborraché." Efectivamente la bebí sediento. Cuando pagué pude ver que la señorita se había sentado en una mesa enfrente a donde comían varios choferes, como si temiera que el que conducía el camión fuera a dejarla. Salí del restaurante a estirar las piernas. El sol a pico. Frente, carretera de por medio, la canterería. Estuve tentado a acercarme: tenía tiempo. La advertencia del chofer me lo impidió, como si tuviera acaso dinero para comprar una fuente, y lo único que provocó fue que se agudizara mi desazón.

Nunca había sentido algo semejante, por lo tanto no había referencia para poder compararla. ¿Estaría enfermo?

Me toqué la frente, y como si me hubiera acordado de alguna fechoría me reí. La calentura la provocaba el sol inmisericorde, con ese cielo raso, ya en los límites del Bajío. Llegó otro camión con otros hambrientos pasajeros. Sin embargo, no bajaba ninguno. Entonces vi que una señora anciana impedía el descenso, como casi sucede con los inválidos que desean ser los primeros. Con la ayuda de un muchacho del restaurante por fin pudo bajar. La vi acezante, asombrada de la impaciencia de sus compañeros de viaje. Pasaron éstos junto a mí, uno de ellos con un sombrero de fieltro adornado de gallarda pluma, comentó: "Ya la 'ruca' no está para estos trotes, ¿tú crees que llegue a Guadalajara?" Fue en ese instante en que observé un halo en la anciana no tan ancho como el de Carmenmaría. Me retiré al otro extremo de la terraza, no alcancé el límite de ésta: incontenibles sollozos me vinieron, que para los pasajeros que estaban fuera del restaurante han de haber parecido como arcadas de vómito. Bajé de la terraza en dirección de la cantererría, estaba casi al borde de la carretera. Pasó un veloz camión rumbo a Degollado. Con los ojos nublados me devolví hacia donde estaba nuestro camión. Ahí estaba. Contemplé las innumerables fuentes de la cantererría. Como tocadas por una varita mágica de todas salía agua, mucha agua: la vertida por mis lágrimas. Y en medio de un gran sollozo, que nadie podía oír por la distancia, y además ensordecido por otro rápido camión, expresé: "Carmenmaría se va a morir." No porque hubiera pensado que era inmortal, sino porque eso iría a pasar pronto. Al verla desde el camión entendí pero no quise sentirlo, admitirlo. La razón de que tuviera el halo: ya había dejado de luchar por vivir. ¿Estaría todavía viva? Me volví al restaurante. La señorita quedada observaba la cantorería. No me sequé las lágrimas: el aire es tan seco en esa región que no necesité hacerlo. Si acaso habían quedado en mis mejillas los surcos de las lágrimas sobre la piel de mi cara.

La señorita comentó: "Ya son cuarenta minutos. Se ha tomado el chofer diez de sobra y quién sabe cuántos más. Por eso están panzones. Véalos. Yo los estuve observando: comieron la comida corrida, además una ración de cecina, de dos clases de quesos, y ahora ya le están entrando a la fruta. Si hubiera sabido de esta tardanza hubiera pedido un café."

—Si quiere usted le traigo uno, en un vaso de plástico como el de esa americana.

—No, por favor no lo haga. Va a salir tarde, entonces para ganar el chofer el tiempo perdido se va a ir volado, y me voy a echar el café encima.

Las previsiones de la señorita quedada fueron erróneas: el chofer de turno, satisfecho de tan abundate comida, tomó, valga la expresión, un paso campero. Llegamos a Guadalajara con un retraso de tres cuartos de hora. Quienes me lo hicieron saber fueron mis amigos. "¿Pasó algo? ¿Se descompuso el camión? Teníamos un plan para las siete."

—Recuerden que primero tengo que llegar a la casa de mi padre.

—Total, dejas tus cosas y te vienes con nosotros.

Mi padre estaba en la sala viendo la televisión. Sin quitar los ojos de ésta, me dijo: "Tus amigos los muchachos hablaron hace rato. Que si habías llegado. ¿Qué no están allá afuera?"

—El camión llegó retrasado.

—¿Cómo está Carmenmaría?

Se me atoró la respuesta en la garganta. Coincidió con un anuncio. Entonces se volvió mi padre. Estaba más canoso y un poco más gordo.

Por fin dije: "¿Podría hablar por teléfono?"

—¿Por qué me lo preguntas?

—Es que quiero hablar a México.

—¿Con quién?

—Con Carmenmaría. ¿Por qué no le hablas tú? Yo…

—Yo le hablo los domingos. A lo mejor se alarma…

—Yo quisiera…

—Anda, dilo. ¿Pasa algo?

—Yo quisiera saber cómo está.

—¿La dejaste enferma?

—No, está bien. Yo quisiera…

—Creo que estás heredando de tu tío Sergio lo apre-hensivo. ¿Cómo se les dice a los que inventan que están enfermos?

—Hipocondriacos.

—Eso mero. Tu tío es las dos cosas. Anda, vete con tus amigos. Te están esperando, no llegues tarde.

—Papá, aunque me digas lo que quieras: le voy a hablar.

—¿Entonces me ocultas algo? Le hablaré a tu tío. Él me sacará de dudas.

—Si lo haces así vas a provocar que se alarme Carmen-maría.

Me retiré al pasillo donde estaba el aparato telefónico.

Al oír mi voz Carmenmaría expresó: "Cuando está al-guno de ustedes de viaje me espanta oír el timbre del telé-fono. Te hizo tu padre que me hablaras ¿verdad? Por mí no hagan esos gastos. Yo…"

—¿Te pasa algo?

—¿Por qué me lo preguntas?

—Nada más quería saber cómo estabas. Te va a hablar mi padre.

Éste me hizo señas para que yo le aconsejara lo que debía decir. Como todavía tenía en mis manos el auricular oí, esta vez sí, ansiosa la voz de Carmenmaría:

"Bueno, bueno…"

—Este muchacho, ya lo conoces, quiere estar aquí divirtiéndose y a la vez quisiera estar allá contigo.

No escuché más. Le jalé los pelos a uno de mis hermanos y me fui con mis amigos.

El domingo, en la mañana, según costumbre, mi padre habló con Carmenmaría a la hora convenida: las nueve de la mañana, para que ella pudiera disponer a su antojo de su día. Mi padre me pasó el teléfono.

—Me extrañó tu llamada.

—Carmenmaría…

—Tú y tus timideces, con decirme Carmenmaría no explicas nada —se rió socarrona.

Impulsivo me oí decir: "Es que te vi con el pelo despintado."

—Mira si eres loquito. No sé si me lo vas a creer, pero precisamente ese día que te fuiste, ya más descansada, me di mi buen retoque. En este momento estoy oyendo la cerradura. Está entrando tu tío Sergio. Vamos a ir a Xochimilco a comprar flores y verduras.

—Ojalá y lo hubieran pospuesto para el que viene.

—Tú tienes más días de vacaciones.

—No… Sí, Carmenmaría, sí tengo más días de vacaciones pero esta vez llegaré allá el sábado.

—Otras veces has llegado la víspera de que empiecen las clases. No veo…

—Tengo que hacer unas gestiones. Recuerda que voy a entrar a la profesional. Una vez que comiencen las clases se me hará difícil.

—¿A qué horas vas a llegar?

—No lo sabrás. No quiero que vayas a cansarte a la estación.

—¿Quién te dijo que estoy cansada? Ya me las arreglaré.

Para no seguir discutiendo, después de despedirme de ella, le pasé el auricular a mi padre.

De aquellos días sólo me quedaron los recuerdos de un paseo a Chapala con una güerita simpática, esquiva, alegre. Únicamente la visión de su coquetería, de su ingenio. El que nos mantuvo cerca y lejos de ellas, pues su espíritu nos mantuvo a raya. De ese paseo regresamos como nos fuimos, salvo un besito de rozón de ésos que oía con expresión de Carmenmaría: besos robados. Me parece ahora tan cursi decirlo así.

Pensé si había hecho bien en advertirle de mi llegada. De todos modos se iba a molestar: me haría una cena especial de bienvenida aunque sólo fuera para ella y yo, si acaso mi tío Sergio, quien solía venir a saludarla los sábados en la tarde, ya que era el día en que su mujer visitaba a su madre. Estaba seguro de que me esperaban mis tamales favoritos, quizás alguna prenda de vestir y un ramo de flores aunque fuera pequeño. A mí que no me gusta andar cargando con bultos tuve que apechugar con un pequeño costalito de tostadas que le enviaba a Carmenmaría mi padre. A media sala de la entrada de la estación terminal de los autobuses que van al norte, al resbalárseme el costalito, hice un gesto de fastidio al reasegurarlo.

—¿No te lo dije, Sergio? —oí la voz de Carmenmaría al tiempo que sentí el jalón de ella en un tiento de arrebatármelo.

36

—¿Para qué viniste? Tío, ¿para qué la trajiste?

—¿Qué quieres sobrino, que me hubiera peleado con ella? ¿O querías que me echara un discurso: "Que no estoy vieja, que sirvo para muchas cosas o te aburre acompañarme"?

Mientras escuchaba a mi tío Carmenmaría sonreía con gusto.

—¿Qué más me mandó tu padre?

—En la petaca traigo otro bulto.

—Ojalá y no me haya apestado mi ropa.

—No te preocupes. ¿Acaso la lavas tú? ¿Has andado con la ropa apestosa?

—¿Crees tú sobrino que se pueda uno pelear con esta mujer tan respondona?

—Como todas las de Guadalajara —agregué.

El domingo en la tarde, después de haber ido al cine con unos amigos, me preguntó Carmenmaría: "¿Por dónde vas a ir mañana?"

—Dime, ¿por qué quieres saberlo?

—Es que yo también tengo que hacer.

—Déjame pensarlo —le mentí. Fui a mi cuarto, hice ruido con mis papeles. No le iba a explicar que me había venido por verla, acaso para acompañarla al médico. La escuché trajinar en la cocina. Recordé, afortunadamente, que me hacía falta un acta de nacimiento, y se lo dije a ella.

—¡Qué bueno! Iremos juntos. Yo tengo que comprar algunas cosas. ¿A qué horas te vas?

—Temprano: digamos a las nueve y media.

Desde mucho antes de la hora oí el ritmo de sus agujas: muy acicalada tejía en el pasillo de salida, como si yo me le fuera a escapar.

—No quiero ser intrusa, ni que creas que quiero hacer mis cosas primero. Tu trámite no será largo ¿verdad?

—Llenar una solicitud, pagar y... me dirán cuándo recojo la maldita acta.

Y tal como se lo dije sucedió: "Y ahora Carmenmaría, dime, ¿a dónde vamos?"

—Quiero comprar unos clavos en la casa Boker, sólo ahí los consigo, después me acompañas al Banco de Comercio.

De paso me compró una camisa, y me prometió, si las noticias que le daría el licenciado José Antonio Camacho, director del departamento de fideicomisos del Banco de Comercio, eran buenas, también tendría un traje: había que prever que tendría algunos bailecitos en el fin del curso.

—Tú pensando en el fin del curso, Carmenmaría. Falta mucho.

—Es que ahora están a mejor precio, si no acuérdate de mí.

Subimos en la institución bancaria al segundo piso. Carmenmaría segura en su dirección, como si hubiera frecuentado el lugar muchas veces. Entramos al recibidor. Al ver a diez o doce personas esperando, intenté dar un paso hacia atrás.

—No vamos a dilatar —me advirtió ella.

—¿Y esas gentes?

No me respondió, se desprendió de mi brazo, se adelantó hacia el escritorio de la recepcionista, después de saludarla de mano, sacó de su bolsa un paquetito envuelto en papel de china de color de rosa. Supuse que eran galletas de naranja, de las mismas que habíamos comido la noche anterior, y por cierto, ¡tan ricas que las hacía! Yo me quedé parado en el lugar a donde me había dejado Carmenmaría, como si creyera que nos íbamos a ir inmediatamente. Es obvio que la secretaria llamó por teléfono, hecho que no vi. Se abrió la puerta, apareció un señor delgado, de bigote, bien vestido, se acercó a Carmenmaría, la tomó del brazo con intención de conducirla adentro. Entonces ella, con un gesto de impaciencia me llamó. Al pasar yo junto a la secretaria ésta me sonrió, no condicionada, sino espontáneamente. Cuando llegué al despacho del licenciado Camacho ella ya estaba instalada en una silla frente al escritorio.

—Éste es mi hijo —me señaló, yo tímido parado en la puerta.

El licenciado Camacho como un resorte se levantó, me tendió la mano, con un gesto paternal, como había hecho antes en el recibidor con Carmenmaría, me condujo a una silla contigua a donde estaba sentada mi abuela. Al oírlo me pareció como si escuchara a un inglés hablando español, no por el acento, sino por la forma como enunciaba sus palabras, como lo hacían los profesores de las universidades inglesas que había visto en las películas.

—Esto es lo más oportuno que ha hecho usted, Carmenmaría.

—Fue la casualidad. Él tuvo que hacer varias cosas y yo aproveché para venir acompañada.

—Llámelo usted como quiera, Carmenmaría: era necesario que viniera este muchacho. El otro día revisando sus papeles, esto es su expediente, me di cuenta que va a cumplir los dieciocho años; va a ser ya ciudadano, entonces…

—Perdone licenciado Camacho: ya los cumplió el mes pasado.

—Usted me había dicho, Carmenmaría…

—Ya que está aquí mejor explíquele usted, licenciado.

Ya el licenciado José Antonio Camacho, antes de darme las instrucciones, se compuso el nudo de la corbata: era tan elegante en el vestir como en su habla. De sus explicaciones vagamente recuerdo que yo era el beneficiario de un fideicomiso, hasta hacía un mes mi tío había fungido, sin que yo lo supiera, como tutor, a través de él yo recibiría, en caso de que algo le hubiera pasado a Carmenmaría, una mensualidad que me permitiera terminar mis estudios. Yo tendría que volver a firmar unos cuantos documentos a la semana siguiente. Ya no sería necesaria la presencia de Carmenmaría. Terminado el discurso Carmenmaría sacó un bulto más grande que el que le había dado a la secretaria, también coquetamente envuelto.

—¡Pero señora: se ha molestado usted!

—Sé que le gustan los arrayanes: mi hijo me los trajo de Guadalajara.

—Sabe usted todas mis debilidades: la loción del otro día.

Ya para ese momento estábamos en camino a la puerta, el licenciado Camacho a nuestro lado. Nos puso en manos de la secretaria, la cual a su vez nos condujo al pasillo que llevaba a la escalera.

—¡Qué atentos son en este banco, el licenciado Camacho se desvive por atenderme!

—Me figuro que siempre que viene usted les trae algo.

No respondió nada a mi comentario: "El que calla otorga", pensé.

Vio su reloj: "Apenas tenemos tiempo para comprarte tu traje."

—Es que…

40

—No hay pero que valga: vamos a comprar el traje.

—Yo no oí que dijera el licenciado Camacho…

—¿No oíste lo que dijo? Todo está arreglado.

—¿Y mi tío Sergio?

—Mira, tú despreocúpate: hay cosas más importantes que el edificito y las rentas. ¿No te gusta ése? —me señaló un aparador.

El licenciado Camacho me recibió con la misma cortesía. Entonces comprendí mejor: yo era un ciudadano mayor de edad, en caso de una enfermedad de Carmenmaría yo era el beneficiario de una suma determinada. Mi tío había existido como tutor, ahora yo era, o sería libre.

—Conozco a su… madre desde hace dieciséis años. No tenía usted dos cuando ya estaba pensando en su porvenir. Usted no sabía nada ¿verdad?

—Realmente…

—Su abuela, su mamá, es una mujer extraordinaria: siempre de buen humor, tan atenta. Debe usted…

Fueron elogios para Carmenmaría, los que no recuerdo, entretenido como estaba en observar al licenciado José Antonio Camacho.

La previsión de Carmenmaría resultó acertada: con el fin de cursos hubo sus fiestas y el traje resultó de lo más útil. Me fui a los bailes tranquilo. ¿Acaso Carmenmaría no estaba igual de animosa, ágil y diligente? Vino mi padre de Guadalajara con toda la familia. No se quedaron con nosotros. Ahora con más dinero se podían dar el lujo de parar en un hotel. Nos contó de que había adquirido otro camión de pasajeros. Para hacer rendir una unidad de ésas se necesitaba haber sido chofer como él antes. Gracias a Carmenmaría se había echado un préstamo, y de este modo pudo comprar el primero. Traían a mis hermanos a que conocieran mejor la capital. Mi madre los acompañaría a algunas de sus excursiones. En alguna de esas noches, al llegar a la casa me la encontré ya en cama. Visiblemente fatigada aunque contenta.

En la casa no había habido ningún cambio, ni el del visillo de las vidrieras, salvo que me había encontrado a mi tío Sergio con más frecuencia. Al preguntarle respondió: "Lo que pasa es que como tú has cambiado de horario te extrañas."

Los trámites burocráticos para mi admisión en la Facultad de Medicina fueron normales, a pesar de tantas aprehensiones mías y de Carmenmaría. El día que llegué con mi credencial y demás papeles decidió Carmenmaría que deberíamos de celebrarlo en un restaurante de la Zona Rosa, después me compró una pluma chapeada de oro, según dijo ella para "su médico".

—Sólo falta una cosa.

—Que yo sepa ninguna —respondí temeroso.

—No te preocupes, se trata de una visita al licenciado Camacho.

—¿Ha pasado algo?

—No, no. Ya desde ahora irás al banco una vez por mes. Recoges tu dinerito, lo gastas como puedas y ya no tendrás que andarme pidiendo como niño chiquito.

—¿Y si me falta?

—Entonces me pedirás como niño chiquito.

—Usted y sus cosas —le contesté divertido.

—Esos dos coñaques se me han subido a la cabeza —me tomó del brazo izquierdo, llegué a pensar en que efectivamente se le habían subido y buscaba mi apoyo, pero terminó la frase con un giro favorable a mí—: quiero comprarte un reloj que te dure toda la carrera.

—¿Robó usted algo o se sacó la lotería?

—Ni lo uno ni lo otro: el martes pasado fui a ver al licenciado José Antonio Camacho. Me dio unos dineros y nos los estamos gastando.

Todavía uso mi reloj con la carátula de lapizlázuli. Son las seis de la tarde como el de aquella tarde en que regresé a la casa. Las dos ventanas del piso superior estaban iluminadas y también las de la planta baja. Me extrañó ver jugando a las canicas en la acera a los hijos de mi tío Sergio. Éste nunca les permitía hacerlo. La puerta de la casa abierta. En el pasillo mi tío Sergio hablaba con un señor desconocido. Al verme callaron.

—¿Y Carmenmaría? —pregunté alarmado.

—Tienes que resignarte, yo... —alcanzó a decir mi tío Sergio.

—¿Se murió?

—Te está esperando. Deja que salga tu tía.

—¿Qué le está haciendo? ¿Qué le pasa?

Más que sonrisa fue mueca la que hizo mi tío: "No quiere que la veas con sus canas, tu tía le está retocando el cabello. Saluda al doctor Aguirre." Le extendí la mano, dijo: "No hay nada que hacer. Es más grande de lo que parece." No escuché el resto. La esposa de mi tío Sergio bajaba la escalera. La subí a trancos, algo dijo que no escuché.

La pieza olía a tintura de pelo. Carmenmaría recostada sobre dos cojines. Su sonrisa fue de gusto, no como la de mi tío. Las preguntas que tenía en la punta de los labios me las tragué. Le acaricié las manos.

—¿Verdad que ahora que viste al licenciado José Antonio Camacho todo está arreglado? ¿Cómo ves mi cabello? —se medio sonrió, se volvió al lado contrario y yo comencé a llamarlos a todos.

NACHITO. DE LA MILICIA, DE CAMPO
Y DE CIUDAD

A Clementina Díaz y de Ovando

DE LA MILICIA

—Josafat es mi amigo. Siempre ha sido mi amigo. Él y yo hemos hecho muchas cosas juntos: trabajos, comisiones...

Ignacio dio por terminada la explicación, que por cierto no se le había pedido, y en un tono como si invitara, que no de pedir permiso, agregó: "Sería bueno que tomáramos otra copa de tequilita."

Todos aceptamos. Raúl, el compañero de trabajo de Ignacio, dijo: "Nachito siempre se toma sus copitas de tequila los sábados", lo expresó rápidamente, sus ojos llenos de malicia.

—Más bien que los sábados, lo hago los domingos a mediodía —corrigió Ignacio—, y debo decirte Raúl, y más que decirte, pedirte que no me digas Nachito en la oficina. Aquí en el restaurante no me importa. Yo me llamo Ignacio Fernández Aguirre.

—Está bien Nachito, así lo haré —respondió con sorna Raúl, y preguntó: "¿Y con quién tomas los domingos?"

—Con el teniente coronel, con el teniente coronel Mendoza, con mi teniente coronel Mendoza —mientras iba diciendo estas palabras Ignacio Fernández Aguirre fue tomando una actitud muy marcial.

—No sé cómo, realmente, licenciado, no sé cómo ocurrió esto. Usted me debe creer en lo que le digo. Con mi actitud verá usted que esto no sucederá jamás. Yo creí que usted no se iba a enojar. Es cierto que son muchos, y se presentan una vez por mes. Razón tiene usted en repelar. Estoy consciente de que aunque sea una sola ocasión no todos se presentan el mismo día. ¿Cómo ponerse de acuerdo con ellos? Tampoco, créame usted que volverán los telefonazos. Es que los pobres muchachos me avisan de que por esto o por aquello no me pueden llevar la… Sí, eso es, para decirlo con palabras precisas, la moderada cuota que les cobro. No crea usted que es nada más para mí. Usted comprenda, yo tengo un grado simbólico. Claro que estoy en la reserva. El día que hubiera una guerra a mí sería de los primeros a quienes llamaran. Arriba de mí está el teniente, y arriba de él el teniente coronel. A ellos no les gusta tocar el dinero directamente, para eso estoy yo. El teniente es una persona a todo dar. Debo de confesar que le debo más al teniente coronel. Todo esto principió cuando hice mi servicio. Son cosas que pasan en la milicia. Yo llevaba las listas y se las entregaba al teniente coronel, a mi teniente coronel Bonilla. Magnífica persona. Se las llevaba los sábados en la tarde, como a eso de las cinco. En su oficina solo, siempre solo. Platicaba decentemente con él, y me daba cuenta de que no tenía a nadie. Usted sabe, llaman por teléfono, se hacen citas. Mientras estaba con él: nada. Él y yo solos, hablando él y yo, como estamos ahorita usted y yo, aunque aquí hay gente, los meseros o como el otro día con Raúl. Sí, licenciado, Raúl como que se ríe de mí. Lo veo. Se ha de acordar la otra vez. Verdad que se acuerda. Yo no le digo nada, cada quien pasa por sus cosas. Cree usted que a un hombre como mi teniente coronel Bonilla se le puede rehusar cuando le invita a uno una copa de tequila. Debo decirle licenciado que me la tomé muy a gusto, platicada. Después, creo que al otro día de la primera copa de tequila, le fui a entregar la lista de asistencias. Bueno, quiero que me entienda. Es la misma lista de asistencias, pero ocurría que el sábado le daba la lista, para que se presentara con ella al día siguiente. Enfrente de todos los conscriptos me la daba, y yo pasaba lista de asistencia. Comprenda que es un rasgo de confianza. Me sentía muy honrado, y en la tarde, poco después de terminar, como un acto de cortesía, nada más me acercaba y le decía: "Mi teniente coronel Bonilla aquí está la lista." "Dámela el sábado", respondía siempre. Él muy tranquilo peinándose, mientras los otros oficiales, sin peinarse y llenos de polvo, a toda prisa abandonaban el cuartel. Daba gusto ver la serenidad, el aplomo de mi teniente coronel Bonilla. Yo, licenciado, tampoco tenía prisa. Mi abuelita sabía bien adónde estaba, y ella siempre, según me ha dicho y me repite: "El ejército está para mantener el orden, la paz y la tranquilidad del país."

Y platicaba con el teniente coronel, con mi teniente coronel Bonilla de cosas de la milicia, de los conscriptos, y cada día me fue teniendo más confianza, y como usted supondrá yo también correspondí en igual forma. No crea que muchas copas, una, dos, y hasta tres, y hubo ocasión en que fueron más. Fíjese bien, licenciado, esa vez me tomé muchas, pero no crea que porque me gusta emborracharme. Tuve que quedarme con mi teniente coronel hasta que calculé que a mi abuelita la había rendido el

sueño para que no me viera tomado. Ayudé a desvestir a
mi teniente coronel Bonilla. Ya era tarde. Por las calles ni
una persona. Mi abuelita ni me sintió. Y al día siguiente
no me desperté para ir a la prepa. Ya sabe usted cómo
son las mujeres: que a dónde fuiste-dime-que-no-lo-vol-
verás-a-hacer-tomaste-prométeme-que-no-lo-volverás-a-
hacer. Licenciado, con éste ya son tres los caballitos, son
caballos de verdad, muy caracoleadores, alegres, y yo soy
buen jinete. No crea que presumo, pero como le decía,
con mi teniente coronel Bonilla me tomaba muy buenas
copas, todos, todos los domingos. Mi abuelita como que
se las olió. No-regreses-tan-tarde-si-no-mañana-no-vas-a-
levantarte-para-ir-a-la-escuela y fueron muchos los lunes
que no fui en la mañana a la prepa. Me acuerdo mucho.
Yo soy muy sentido, ¿verdad?, ¿o se dice sentimental?
Dígame usted. De veras. Y si no tiene inconveniente yo
me tomaría otra copa. Que sea la penúltima. La última es
la de antes de morir. Al contarle esto me ha hecho acordarme de mi teniente coronel Bonilla. Creo que fue como
un año en que no contaba con mis domingos: toda la
tarde y toda la noche con mi teniente coronel Bonilla. Se
ríe usted. Ya lo veo. Era preferible quedarme con él a que
me dieran un mal golpe ahí por la Penal. Debo decirle
que siempre me quedé, sí, en honor de mi teniente coronel Bonilla, siempre me hizo levantarme muy temprano:
antes de las seis. Y mi pobre abuelita ni cuenta se daba de
que había pasado la noche fuera de la casa. No es que
haya hecho algo malo. Solamente acompañaba a mi teniente coronel Bonilla. No vaya a pensar en otras cosas.
Mi teniente coronel Bonilla se preocupaba por mí. Únicamente las primeras veces tomábamos mucho. Así fue
como me quedé a dormir con él. Ya se lo dije. Después, y

usted sabe cómo me gusta la cerveza, nada más una o sin ella, y mi teniente coronel Bonilla me decía: "Nachito, vamos a dar la vuelta." Así fue como realmente conocí Guadalajara. Íbamos por aquí, por allá, por la barranca, a los nuevos fraccionamientos, a Chapala. Y un día que fuimos allí en que se le pasaron las copas, no quiso venirse manejando. "Tú tienes toda la vida por delante, yo, yo…" Y se quedaba pensando, medio triste. Créame, licenciado, yo lo respetaba. Me quedaba callado, sin moverme, si hacer ruido, y a veces, porque usted no sabe, cómo iba a saber, mi teniente coronel Bonilla tenía su cara con muchas señas de viruela. ¿Cómo se dice? Sí, cacarizo, sí, bien cacarizo y muy moreno, y las lágrimas le brillaban como charquitos en las cicatrices, porque recostaba su cabeza en el asiento. No crea que tardaba mucho así. Como que no le gustaba que lo viera que le escurrían… Se las limpiaba y nos íbamos a otra parte. Nunca supe por qué lloraba…

Esta penúltima copa, licenciado, me la voy a chiquitear. Ojalá y no me sienta mal cuando me dé el aire. Es muy traicionero. Le decía licenciado que nos quedábamos en Chapala, porque muy aquí, ya en confianza, fueron muchas las veces: unas porque no quería venirse manejando para aquí a Guadalajara con toda esa cantidad de carros de los que regresan los domingos en la tarde. Usted ha visto los accidentes; otras porque nos tomábamos nuestras copas o solamente andábamos por la ribera del lago. Cuando llego a quedarme los domingos solo, después de que entrego las listas, me acuerdo que entonces era cuando realmente empezaba lo bueno. Como le diré había orden y desorden. Comíamos mucho y bebíamos más. Pero eso sí, licenciado, mi teniente coronel Bonilla así estuviera crudo, crudísimo, si es que nos quedábamos en Chapala a las cinco de la mañana se estaba despertando: "Ándale-Nachito-hay-que-llegar-antes-de-que-se-levante-tu-abuelita." "Déjeme-nada-más-un-ratito-mi-teniente-coronel." Debo de haberle dicho con esas palabras, así como de borrachito como estoy ahora. Déjeme-un-cachito-más-de-tiempo-es-muy-temprano. Y creerá licenciado que no me dejaba. Ahí estaba parado, ya muy rasurado y me extendía la maquinita para que yo lo hiciera. Usted ha visto que a veces llego a la oficina sin hacerlo, pero entonces cómo iba a dejar de rasurarme. Y no está para saberlo: todo el regreso me dormía. Y mi teniente coronel no me despertaba. A media cuadra de mi casa se detenía. Yo me despeinaba un poco en el camino y él, sin yo pedírselo, me ofrecía su peine. A veces él me esperaba afuera de la prepa. No decía nada, y nos íbamos a cenar. Esto que le digo es cierto, de veras, créamelo, raramente me quedaba con él. Sólo el día que se me pasaban las copas o yo, para no molestar a mi abuelita, sabiendo de que tenía ganas de tomarme algunas inventaba que la mamá de alguno de mis compañeros había muerto o de que me iba a pasar la noche estudiando con un amigo para preparar algún examen. Bueno, licenciado, eso que le dije fue la pura verdad, y le pido como amigo que soy de usted que me lo crea: la semana antes de que se fuera no me dijo nada, pero todos los días a la salida de la prepa ahí estaba, con su cara muy triste, me parece ahora. Y la muchacha, mi chava, después se retencabronó. Y yo no le dije nada de que tenía un compromiso a mi teniente coronel Bonilla. Hicimos lo de siempre: cenar, tomarnos unas copas o unas cervezas bien frías por el Santuario. Yo lo supe después de la conscripteada. Al llevarle la lista me dijo: "Ya conoces al teniente coronel Mendoza. Él se va a hacer cargo de hoy en adelante."

Yo licenciado, usted lo sabe, soy discreto. "A sus órdenes teniente coronel Mendoza." Mi teniente coronel Bonilla, como siempre, muy serio le dio las explicaciones necesarias a mi teniente coronel Mendoza. Usted sabe: de que soy de confianza, de que me encargo de las cuotas, de que soy honrado. Para qué lo canso. Y después mi teniente coronel Bonilla y yo nos fuimos a dar la vuelta, como si nada hubiera pasado. Ya con las copas y ya muy noche le dije: "Mi teniente coronel Bonilla, bueno, ¿pues qué pasa?" Como si fuera la cosa más natural respondió: "Soy militar y me cambian a la frontera." Todavía dormí con él esa noche. Me obligó a que me levantara temprano. Ya le dije que toda esa última semana fue por mí todas las noches a la prepa. La última vez, que yo no sabía que lo era, me levantó temprano, tuve que rasurarme. Licenciado, y va a usted a pensar de que soy un pendejo, pero así sucedió. Me dejó a media cuadra de la casa, como si nos fuéramos a ver esa noche. Salí de la prepa. Uno se acostumbra, señor licenciado, a todo, y ya esperaba el coche amarillo, porque el coche del teniente coronel Bonilla era amarillo. Y no estaba. Los cuates me decían: "Vámonos Nachito. Vamos a las cervezas." Yo esperé hasta que apagaron las luces de la prepa. Me sentí solo. Entonces me acordé de la chamaca, pero no la fui a ver. Al otro día sí lo hice. Ya le dije antes que estaba retencabronada, pero se contentó. Le prometí ir a verla todas las noches.

Llegué al cuartel el sábado a entregar mi lista al teniente coronel, pero ya no era mi teniente coronel Bonilla, sino el teniente coronel Mendoza. Y ya no estuvo más mi te-

niente coronel Bonilla. Y yo no sé, por eso le dije antes de
que soy muy pendejo. A dónde lo mandaron, ¿a Tijuana?,
¿a Reynosa, a Matamoros, a Piedras Negras? Y mi teniente
coronel Bonilla se perdió en esa frontera tan grandota.

DE CAMPO Y DE CIUDAD

Le llaman camino vecinal. Por él sólo puede transitar un
automóvil. Quizás tuvieron razón en no gastar más dinero
y esfuerzos, pues raramente se encuentra a un carro. Hay
polvo. Los baraños, de los que fueron hermosos girasoles,
están secos, a ambos lados del camino amén de otras
muchas yerbas. Los campos sin ningún cultivo, una que
otra caña que quedó de los rastrojos. A lo lejos, muy lejos
los cañales con sus hermosos verdes, y más allá, como si
quisieran confundirse en la lontananza con los azules de
los cerros, las mezcaleras con sus verdeazules. Hace sed.
Manejo con precaución: hay muchos hoyos, y el camino
con sus curvas no permite ninguna distracción. A mi lado
Ignacio Fernández Aguirre: Nachito, como le decimos
todos. El sol incompasivo lastima mis ojos desprotegidos
de mis lentes que, por un descuido, dejé en la oficina.
Tengo los labios resecos, sin pensarlo los remojo con mi
lengua.

—¿A que no sabe licenciado en qué estoy pensando?

—Nachito, lo mismo que yo.

—¿Cómo haríamos para que después usted no me diga
que me había leído el pensamiento? Párese usted y escri-
bimos lo que pensábamos en un papelito.

—Nachito, déjelo así. No le rasque. Si me paro aquí,
con este sol, me va a dar un ataque. Este calor de marzo,

este polvo, este camino. Le propongo otra cosa mejor. Si no se me poncha una llanta y llegamos a Tala, después de que paguemos en la oficina recaudadora de Hacienda, le voy a invitar una cerveza.

—¿Una?

—No quiero ser preciso.

—Sería capaz de tomarme seis, una tras otra.

—¿Está usted crudo?

—Licenciado, cómo va usted a creerlo. Lo que pasa es que los campos así de secos me ponen la carne de gallina.

Nuestra gestión en Tala fue rápida. Alrededor del zócalo había una especie de tejavanes mal hechos, y bajo ellos mesas y sillas.

—Licenciado, buena la hicimos: es la feria de Tala, ¿no había oído hablar de ella? ¿Qué tal si nos quedamos? Vea usted los músicos, están afinando sus instrumentos.

—Para tocarle a los perros. No veo a nadie.

—Ya verá usted cómo esto se compone. ¿Dónde nos sentamos?

La primera cerveza la tomamos casi en silencio, escuchando a la banda. Aparecieron primero algunos niños, se pararon frente al kiosco, después corrieron por los arriates y se fueron. Desganados, como arrastrando penas o fatigas de siglos, llegaron unos rancheros, cada uno por su lado, sin entusiasmo, atraídos por el ruido. Nachito me vio a los ojos. Vi su copa vacía. Ordené otras.

—Licenciado, cuando dije: "Estos campos me ponen la carne de gallina", usted subió las cejas ¿o no es cierto?, como si no me creyera, como si yo le dijera una mentira. ¿No es así?

Usted sabe, sí, sí sabe, creo que le he contado que a mí me gusta mucho el fut, y como espectáculo nada me satisface tanto como las películas de Bruce Lee, el karateca chino. ¿A usted cuál le gusta más? Yo no tengo preferencias. Varias de sus películas las he visto como cinco o seis veces. Yo era del equipo de la prepa. No vaya a creer que de kung-fu. Ahora creo que hay un club, pero cuando yo estaba allí, no había nada de eso. Me refiero al fut. No fui fundador. ¿Por qué iba a serlo? Ya existía el equipo. Usted sabe que en la prepa no hay vehículos, como en las prepas particulares, para llevar a sus equipos. Usted conoce la movida: no falta algún contacto con los de la FEG y ahí estaba el camión. No muy bueno, ni tan cuidado como los de las prepas particulares. El lujo para qué se necesita. De tanto gusto de que iba a ir a jugar a las seis de la mañana ya estaba en pie, sin que mi abuelita me despertara. A las siete ya había desayunado y no sabía qué hacer. La cita en la prepa era a las ocho. Todos sabíamos que el camión no partiría de las escuela sino a eso de las diez. Y mucho antes de las ocho me encontraba con otros semejantes a mí en el patio de la prepa.

No faltaba un nervioso que declarara que tenía dudas de la certidumbre de que llegara el camión. "Alguna vez en que íbamos a ir a Cocula no vino el camión, y esperamos en vano todo el día. Cómo nos dolió, perdimos por default." Y total, licenciado, que una vez metido en el camión, de cansado que estaba, me dormía. Y de repente alguien me tironeó. Ya íbamos a llegar a Santa María del Monte, o Santa María de la Cruz o Santa María del Tajo, o Santa María de las Flores, un pueblito como hay tantos aquí en Jalisco. Bajamos con las bocas secas. El atrio de la iglesia desierto. Desde los corrales se oía el ladrar de los perros, nada acostumbrados a nuestros gritos. En una tiendita nos tomamos unos refrescos y allí nos aseguraron que pronto vendrían a recibirnos. Los organizadores estaban en el campo.

Yo me estaba enojando con Melesio, dizque el representante de la FEG. Éste no sabía hacer bien las cosas, como se dice: bien. En una organización como ésa hay que estar demostrando que se es en todo momento, no nada más en las trompadas a la hora de las elecciones. ¿No lo cree, licenciado? Le decía que empecé a dudar de la habilidad de Melesio. Ya teníamos sed, después de que nos tomamos unos refrescos tibios. Imagínese, licenciado, en un pueblito como ése unas cheves como éstas que nos estamos tomando. Y el polvo aquel, y el sol. Entonces apareció el hambre. En la tiendita a donde nos refugiamos, y que por cierto no cabíamos, sólo vi unas galletitas de ésas de animalitos, unos alfajores, que tan sólo de verlos se me acabó la saliva. La cosa no andaba muy bien para Melesio. Algo pasó. Los vi a todos animados. Aníbal, un amigo con quien hablaba, me volvió la espalda. A codazos me acerqué a Melesio. Hablaba con un ranchero. Pronto supe que era el presidente del comisariado ejidal. Alguien gritó: "Tenemos hambre, tenemos hambre." Y a coro respondimos: "Mucha, mucha." El presidente del comisariado ejidal nos invitó a que lo siguiéramos. La casa donde nos condujo era grande, de ésas de pueblo. En un corredor largo, a donde había varios montones de mazorcas de maíz, nos sentamos en ellos o en donde pudimos. Al rato aparecieron unos refrescos. El presidente del comisariado entraba y salía él solo, como si no hubiera mujeres, y sí había. Yo había ya vislumbrado una carita, bastante bonita mi licenciado, bastante bonita. No sé si por eso, o por lo mal servidos que íbamos a estar me acomedí a ayudar al presidente. Ya ve cómo es la gente de campo, medio recelosa. Apenas si me presentó con la que ha de haber sido su esposa, y a otras muchachas, y a la de la cara muy bonita, que tenía por cierto, un cuerpecito, y unos ojos. Todas enrollaban tacos. No crea que muchos. Nos han de haber tocado, cuando mucho, de a cuatro por piocha. Lo que no faltaba eran los refrescos. Nos llenamos de aguas de colores, no como estas cheves, licenciado. Esto sí es vida. Nos quedamos en el corredor descansando. Yo me dormí. Cuando desperté algunos jugaban a las cartas. Las puertas de la casa que daban al corredor cerradas, como si desconfiaran de nosotros. Melesio no estaba ni el presidente del comisariado ejidal. No faltaba ninguno de nosotros… Afuera en el corral, de tanto sol, ni las gallinas se movían. Estaban acurrucadas debajo de un mezquite. Han de haber sido las tres y media, cuando mucho las cuatro. No sé bien qué hora sería. Entonces, mi licenciado, no tenía dinero para tener un reloj, siquiera como éste, que no es como el suyo, que ha de ser bueno, sino que compraría uno de esos modernísimos, que se les aprieta un botón y aparecen las cifras en colores. Usted sabe cómo son esos rancheros. Me imagino que así lo planearon. Han de haber sido las tres y media de la tarde.

Le dije a usted que cuando llegamos a Santa María de no sé qué, no había nadie. A la hora del partido vi mucha gente. Eso sí, todos con sus sombrerotes, y las mujeres con sombreros o cubriéndose la cabeza con sus rebozos. No nos fue bien en el primer tiempo. Apenas los adelantamos con un gol. Estábamos rendidos. Ese Melesio, el representante de la FEG, apenas si nos animaba. Los de Santa María, como las gallinas de la casa del presidente del comisariado ejidal, se protegieron también debajo de un mezquite en el descanso. Nosotros nos tomamos unos refrescos, que cada quien pagó, en la tiendita. Después aquellos rancheros, me imagino, y usted también lo creerá, que por el sol, al que no estábamos acostumbrados, y mejor comidos y en su terreno, se subieron tanto que nos ganaron 3 a 1. Y qué gritos los del público, a pesar del calor y del polvo. Melesio, que no jugó, parecía estar más jodido que nosotros. Uno se siente mal cuando pierde así, licenciado, y con ésos. Yo recogí mi ropita y ya me iba para el camión. Ya me bañaría en Guadalajara, aunque no me gusta andar así de sudado y lleno de polvo, estaba pegostioso. "¿Dónde van, muchachos?", nos preguntó el presidente del comisariado ejidal, dirigiéndose a mí que iba adelante. "A Guadalajara, señor presidente." "No nos van a dejar con los gastos hechos. Hemos organizado una fiestecita para celebrar…" Me imagino que no hubiera habido la fiestecita si no nos hubieran ganado. Nos vio mugrosos. Con un gesto nos indicó que lo siguiéramos. Subimos lo que podría llamarse una calle. Desde allí nos señaló unos juncos que debían estar a unos trescientos metros, y nos dijo que por allí había un nacimiento de agua, que no nos bañáramos allí, sino más abajo, que nadie nos molestaría. Si le digo licenciado que todavía había más polvo en el camino hacia el nacimiento de agua que en el pueblo. El juncal era grande. El olor, cómo le diría, a como dicen que olía antiguamente Guadalajara, a barro nuevo, a tierra mojada. No hubiera necesitado habernos dado tantas instrucciones el presidente del comisariado ejidal. A donde nacía el agua había lodo y muchos juncos, en cambio corriente abajo, y eso de corriente es una exageración, apenas si era un arroyito, se encharcaba un poco, en una hondura de rocas. No echamos mucho relajo, pues teníamos prisa para estar en la fiesta. Ya de regreso me di cuenta de que el sol estaba muy alto. La estrellota ya se dejaba ver. En el mismo lugar a donde habíamos jugado se habían reunido. En el centro una tarima, no muy grande. En dos mesas de madera había botellas, me imagino que de tequila, y muchos refrescos.

Todos los del pueblo estaban muy contentos. Obsequiosísimos. Yo, como siempre, pedí mi tequila con *squirt*. Y sí tenían la fiesta organizada. Los refrescos estaban fríos. A la segunda copa me olvidé que habíamos perdido. No sé si a usted licenciado le pase, pero a mí las copas me animan. Los rancheros seguían hablando del juego, como si no hubiera otra cosa de qué platicar. Yo empecé a ver a las muchachas, y todavía las vi con luz. Le conté de la hija del presidente del comisariado ejidal, por allí andaba. Usted sabe que soy discreto, muy discreto, con cualquier pretexto me retiré de los rancheros. Me acerqué a la tarima que estaba en el centro de la plaza. Ya para entonces la luz eléctrica ya se veía. En ese momento comenzó la música. Primero oí los discos medio rayados. Apenas principió a bailar uno de los muchachos del pueblo, me agarré a la hija del presidente del comisariado ejidal. ¡Qué cuerpecito! Y fíjese licenciado, solamente olía a jabón corriente, pero qué olor. Y bailamos muy pegadito. La muchacha se creció, me respondió pegándose. ¡Cómo me voy a olvidar de ese baile, licenciado! Los rancheros aquellos emborrachándose. "Vamos", le dije a Margarita, "vamos a tomar un refresco." Luego de beberlo la tomé de la mano y la guié para el único lugar que sabía, hacia el juncal. La muchacha a nada me decía que no. La besé, bueno, para qué le cuento: le hice cosas, y en un barbecho, por eso le digo que se me pone la carne de gallina cuando veo uno, nos acostamos. Ahí empezó a poner algo de resistencia, en eso escuché un balazo y unos gritos: "¡Margarita, Margarita!" Los gritos los reconocí como los del presidente del comisariado ejidal. Me levanté asustadísimo. La ayudé, y créamelo licenciado, a bajarle la falda del vestido. La empujé hacia donde venían los gritos. A través del juncal vi las luces, que me supuse eran de ellos. Las luces se dividieron. Pensé en mi abuelita, en lo joven que era yo, en que no tenía escapatoria. Me iban a matar. Si me apartaba del juncal me atraparían, si me quedaba en él también. Arrastrándome me fui por el rastrojo, sin importarme las serpientes, a que les tengo tanto miedo, ni las espinas. Después le cuento cómo quedaron mis manos. Los gritos los escuchaba más cerca, y también los disparos. No sé a qué distancia del juncal, cuando ya no pude más, me incorporé un poco. Las luces y los gritos por el juncal. Me iban a alcanzar. Entonces, y yo creo que algún santo me ayudó, por intercesión de mi abuelita, vi un espantapájaros. Me paré detrás de él y me encomendé a la virgen de Tala, a la de Guadalupe, a la de San Juan de los Lagos. Las voces se acercaban. Venían muy borrachos. Un disparo me pasó cerca de la cabeza. Entonces oí que alguien gritó: "No seas pendejo, es el espantapájaros." Todavía dispararon hacia otros lugares. En ese momento me temblaron tanto las piernas que me caí junto con el espantapájaros.

El frío de la madrugada me debe haber despertado. Hacia el pueblo se veían las lucecitas de la plaza. Me dolían las manos, las rodillas, y cuando me paré me temblaban todavía las piernas. Me senté, y entonces me sacudí todo, de frío, de miedo. Y en el campo hay muchos rui-

dos que uno no se imagina, pensé que eran víboras, o
para consolarme, tuzas. Mi primera intención fue acercarme al pueblo para tomar el camino hacia la carretera,
pero deseché el proyecto, y a pesar del temor a las víboras, caminé a campo traviesa en dirección a donde yo
creía que pasaba la carretera. Licenciado, los huevos en la
garganta no me dejaban ni respirar. Del lado del pueblo
se escuchaba el ladrar de los perros. No sé cuántas veces
me caí, me espiné, subí cercas, atravesé rastrojos. Por fin,
a lo lejos, vi las luces de un carro rumbo al pueblo. Eso
me dio ánimos. Al llegar a la carretera me volvieron a temblar las piernas de sólo pensar que si pedía un aventón y
si en el coche o camión venía alguien del pueblo me iban
a matar. Me senté al borde de la carretera. Ya empezaba a
clarear y hacía frío. Dejé pasar tres camiones. Pensé en mi
abuelita que me estaría esperando e hice la parada, con
los huevos en las narices. Era un camión lechero. Me subí
en la parte de atrás con los tambos de leche. Me toqué la
cara y estaba llena de tierra, de briznas de paja. Las orejas
igual, y para qué le digo del pelo. Me bajé en las afueras
de Guadalajara. Ningún taxi me quería llevar. Mi abuelita
al verme me dijo: "Nachito, Nachito, ¿qué te pasó?" Y
hasta ahora licenciado no le he contestado su pregunta.

DE LOS DEPORTES

Ya le he dicho licenciado que me gusta jugar al fut. Se
divierte uno y se conserva en forma. Ahora sólo juego los
sábados, pero cuando estaba en la prepa entrenaba hasta
tres veces. Esto me mantenía ocupado y no me venían los
malos pensamientos. Usted me comprende. Cuando se va

por ahí a la calle faltan los centavos, muchos centavos. Un día después de uno de los entrenamientos, me senté en la acera, frente a la escuela, para esperar el camión. Me sentía triste. Ni siquiera podía ir a jugar: a mis zapatos de fut le faltaban casi todos los tacos, rotos por un lado, y las agujetas deshilachadas no servirían para la próxima vez que me los pusiera. Y para qué le cuento que esos zapatos los debía, y todavía más, le adeudaba diez pesos a un zapatero por los anteriores. A mi abuelita no podía pedirle. Todo lo poco que tenía me lo daba, como se dice, hasta la camisa. Creerá que de un blusón suyo me hizo una camisa. No me quedaba como éstas que me pongo ahora, pero salía decentemente para la escuela. Un día en que no vino un maestro nos pusimos a jugar futbolito, y uno de mis amigos me jaló la camisa, no ésa que me arregló de su blusón, sino otra nuevecita.

Le di de trancazos, nos dimos, y de tanta pena que me dio me senté en el brocal que protege el fresno del patio de la escuela y me puse a llorar. La Chela Ochoa, pero para qué le digo el nombre, si usted ni la conoce. Me gustaba y creo que yo a ella, se me acercó y me preguntó si me habían lastimado. Después me arrepentí por lo que le contesté. "No, yo le di más duro, más fuerte, pero me rompió mi camisa nueva. Qué va a decir mi abuelita. Me la acababa de comprar." "Quítatela", me dijo. Me dio pena, estaba muy sudada. Y la Chela de su portafolio sacó una aguja con hilo, y en un dos por tres me la cosió. Hasta la fecha le estoy muy agradecido. Claro que a mi abuelita no la hago tonta. El domingo siguiente me indicó que yo había roto la camisa. Fue por ese entonces que me empecé a fijar en las camisas de mi abuelita. Tenía unas viejas y desteñidas para la casa, y aunque sólo fuera a comprar las tortillas se cambiaba por otras mejores, pero nunca tan buenas como las mías. Ahora que me acuerdo licenciado, a ver si nos detenemos en El Arenal y le compro unas tortillas. Las de Guadalajara ya no son como las de antes. No crea usted que me las encarga, yo se las llevo porque me acuerdo de ella. Ahora, y así como me ve usted de cabrón, le compro sus blusas, ya no anda con aquellas descoloridas.

Le contaba del día aquel en que estaba muy triste sentado en la acera de la calle frente a la escuela esperando mi camión. Sentí una mano en la espalda, sin volverme a verlo, levanté mi mano haciendo un gesto de despedida. Oí una voz: "¿Nos tomamos las cheves?" Más tristeza me dio. Dije: "Lo siento, no tengo ni para un refresco." "Te las disparo." En ese momento sí me volví y reconocí al Gato Luna. No me levanté, ya que no creí que era cierto, pero al verlo me di cuenta de que la cosa era verdad. Usted me conoce licenciado. Me tomé una, y por discreto no pedí la otra, pero llegó. Fue en ese momento cuando el Gato Luna se puso serio. "Tenemos que organizarnos." Yo lo vi licenciado, como si no fuera a mí a quien decía eso. "Sí, tenemos que organizarnos. Ya hablé con el secre de la prepa. Yo le planteé el problema del orden en la escuela, de las amenazas que siempre hay para que se rompa, de los rumores. Para qué te la hago larga: al final estuvimos de acuerdo. Nosotros vamos a vender los suéteres y él y el director los zapatos. Como tú debes comprender 'nosotros' somos tú y yo, y cuando digo el secre y el director no van a ser ellos directamente quienes los vendan, pero van a mandar a toda la escuela a que compren los zapatos a una tienda determinada." Lo he de haber visto raro, quizás hice el bizco como usted dice que a veces lo hago.

Me explicó. "Me vas a decir que no tienes dinero. Lo sé. Yo tampoco. Ésa es la razón porque vamos a hacer esto. El secre me va a dar una carta para que nos den crédito en una fábrica. Ahí compramos los suéteres. Como van a ser 2 258 suéteres nos los darán muy baratos. No todo mundo compra esas cantidades, ni en los almacenes. Ya te explicaré más tarde los detalles. ¿Nos tomamos la otra?" Licenciado, como usted bien ha calculado, me la tomé. Al día siguiente nos vimos en la mañana. Fuimos a la fábrica. Nos dieron los suéteres a ochenta pesos. El problema se presentó con las tallas. Dudamos un poco, pero hicimos el pedido. Nos los entregarían en tres semanas. Licenciado, usted sabe, bueno y por qué iba a saberlo, verdad, pues el caso es que el Gato Luna me buscó porque yo era el jefe de grupo y tenía algunos conocidos, esto es, compañeros. Casi todos del equipo de futbol. Grandes, como Roberto el bodeguero, y tan pendejos como él. Yo les arreglaba exámenes o presionábamos al maestro para que se portara como cuate, usted sabe esas cosas que se hacen aquí en Guadalajara. Usted me contó de esa muchacha, muy cuero, por cierto, que lo fue a ver a su casa, ya muy noche con su mamá, y que le ofrecieron una botella de buen cognac francés, y que la señora lloró. Bien que me acuerdo licenciado de lo que le decía a usted la mamá: "Pásela usted licenciado. Usted sabe que se casa en una semana, y si reprueba esa materia, va ir al matrimonio sin haber terminado la prepa." Verdad que se acuerda licenciado. Bueno le decía que de la fábrica fuimos a la imprenta. Ahí mandamos hacer unos volantes en el que se daba a conocer al alumnado, perdóneme licenciado el de "el alumnado", pero así lo pusimos, que debía presentarse a deportes con un suéter determinado por la sociedad de alumnos, y que los delegados de ésta seríamos el Gato y yo. También señalamos el precio, licenciado, nada más costarían doscientos pesos. Sabíamos la reacción que iba a provocar esto, y la hubo. Algunos protestaron, y se acercaron a la dirección. Ahí fue donde entraron nuestras fuerzas de choque. A los más habladores les pusimos la boca así. No me mire licenciado de ese modo. Yo no pegué, pero sí mis muchachos. Después hubo otra protestita, y la arreglamos del mismo modo. Todo iba a salir perfecto, y aquí vino el "pero", un gran pero con el Chúpelas, quizás usted haya oído hablar de él. Entonces era el presidente de la sociedad de alumnos. Era, pues no sé si viva, muy "farolón." Se movía al caminar, subía los codos más de lo normal para que le vieran sus brazos. En cierto modo, y en muchas maneras, nosotros lo manejábamos o eso creíamos. Bueno, para qué me adelanto. Un domingo, no, miento, fue un sábado, como tantos otros nos habíamos citado para jugar. Iba a ser muy cerca de Guadalajara. Usted conoce Cuquío, pues ahí mero. La FEG nos había prometido un camión. Estaba el equipo completo, más tres o cuatro amigos más. Estábamos todos afuera de la escuela jugando futbolito, y de repente licenciado dos apariciones: dos viejas como usted nunca las haya visto. Estaban tan buenas, tan chulas, tan sonrientes, bien bañadas y peinadas, carajo licenciado, que no vi que en medio de las dos venía el Chúpelas, y como usted comprenderá venía encantado. Dejamos de jugar. Todos y estoy seguro que todos, envidiábamos al Chúpelas. "¿Y el camión?", preguntó, y al no verlo dijo: "A estas niñas no las vamos a hacer esperar. Faltan dos minutos para las nueve en mi reloj. A las nueve en punto si no viene nos vamos." Primero no entendí esta amenaza, pensé que se iría con estas preciosidades, y me dio tristeza pensar que no las seguiría viendo, siquiera, ya que se irían con él. Mientras me sequé el sudor pasaron los dos minutos y el Chúpelas ordenó: "Vámonos." Mis compañeros habían entendido mejor que yo. Tomaron sus cosas y siguieron al Chúpelas. Me repuse y me reuní con ellos. "¿Dónde vamos?", pregunté. El Cho, un amigo, me respondió. "No sé. A lo mejor vamos a la FEG por el camión o a hablar por teléfono." Iba a preguntarle al Chúpelas cuando llegamos al cruce de Javier Mina y Gómez Mendiola y vi que el Chúpelas le hacía la parada a un camión de pasaje. Todos subimos corriendo, yo fui uno de los últimos. El Chúpelas junto al chofer del camión y sus dos preciosidades. La mano del Chúpelas sobre el hombro del chofer. Oí que le dijo: "Apaga el motor", y tan pronto como lo obedeció, se volvió y gritó. "Respetable público. Bájense inmediatamente pues este camión lo necesitamos con urgencia." Hubo un momento de silencio. Una voz de hombre se oyó: "¿Y nuestro pasaje?" El Chúpelas se acercó a un hombre robusto, quien era el que había protestado, y con una voz burlona le respondió: "Pues mano, lo perdiste." Mientras tanto los pasajeros se bajaron con rapidez. El chofer se quedó sentado viendo hacia adelante. El Chúpelas se fue al asiento último, el que está al fondo del camión. A su lado las preciosidades. "Vamos a Cuquío", ordenó el Chúpelas. "¿A Cuquío?", preguntó el chofer como si no fuera de Jalisco. "Yo tengo—." No terminó de decir qué tenía que hacer, pues en ese momento disparó el Chúpelas. No contra él, licenciado, sino hacia el techo. Yo me asusté, palabra. Qué tal si hubiera rebotado. El chofer prendió el motor, y nosotros repuestos del miedo cantamos la porra de la escuela. Licenciado, a mí se me iban los ojos por las muchachas, de cuando en cuando me volvía con cualquier pretexto. No era posible que existieran esas diferencias sociales: el Chúpelas con dos mujeres maravillosas, y yo solo, y a mi lado mi bolsa con mi equipo de jugar. Espinoza, un compañero, miraba también hacia atrás. Todo esto sucedió aún transitando en Guadalajara. En una de ésas el Chúpelas comentó: "La fiesta de atrás es mía, y al que no le guste." Entendí el mensaje, y al rato me fui a sentar con otro de mis compañeros más adelante. A la salida de Guadalajara el chofer se detuvo en una gasolinera. Pidió que le llenaran el tanque de la gasolina, y del dinero que llevaba pagó. Luego se acercó al Chúpelas. "¿Me dejas hablar por teléfono?", preguntó. "¿A quién?", a su vez inquirió el Chúpelas. "A mi casa." El Chúpelas lo miró fijamente, le dijo: "¿Y qué vas a decir?" Nervioso el chofer contestó: "Que voy con unos muchachos." "Ándale, pero no le digas a dónde, a ver ustedes", ordenó el Chúpelas, "vigílenlo." Cuando marcaba el número el chofer vi que le temblaba la mano. Repitió: "Voy con unos muchachos." Le han de haber preguntado cosas. Sólo decía: "No puedo. Avisa a la alianza. Avisa. Comprende." Luego el Chúpelas le ordenó que se dirigiera a un sitio cercano a la salida. Allí el Chúpelas se bajó con las chulas y nos indicó que vigiláramos al chofer. Volvió inmediatamente, pero no a pie, sino en un Chevrolet casi tan bonito como ellas. "Yo me voy en el coche, atrasito de ustedes." El muy cabrón ni siquiera nos dejaba que las viéramos.

El recibimiento en Cuquío fue estupendo. Las madrinas estaban en la plaza. El director de la escuela primaria nos dio la bienvenida. Iba a haber una comida, y a las cinco o cinco y media sería el juego. También le han de haber gustado las muchachas del Chúpelas al director de la escuela pues le preguntó a éste: "¿Qué las señoritas también van a ser madrinas?" "No había pensado en eso", repuso satisfechísimo. "Pues qué bueno", comentó el director, "una de ustedes sostendrá el trofeo por un lado y una de las nuestras por el otro, a la hora de la entrega."

En Cuquío todo estaba muy bien organizado. Nos enseñaron el campo donde íbamos a jugar. Dimos un paseo por la presa. Nos ofrecieron cañas de pescar. Yo nunca había pescado, así que me puse muy contento, pero una cosa era mi voluntad y otra la del Chúpelas. No quiso que nos separáramos, y como las preciosidades no querían asolearse nos regresamos al pueblo, y en unos portalitos jugamos a las cartas. La comida, licenciado, riquísima, abundante. Usted sabe cómo me gusta la cerveza, pues lo creerá que no pude tomarme ninguna. El Chúpelas nos prohibió tocar el licor, y no necesito repetírselo, pues es obvio, no quería que tocáramos a sus niñas, a las muchachotas. De sólo acordarme licenciado me da gusto de lo que le pasó después al Chúpelas, ya se lo contaré. Para mí era inexplicable el comportamiento de las gentes de Cuquío: gritaban, se abrazaban, cantaban y usted ya lo supuso licenciado, claro, las cheves y las botellas iban y venían. Las dos horas que pasaron después de la comida fueron muy aburridas para nosotros, para distraernos nos fuimos al portalito a jugar rayuela. En eso estábamos cuando apareció el Chúpelas con las preciosidades y el director de la escuela primaria. Ellas tenían sus chapas, los ojos les brillaban y yo supe por qué. Se habían tomado ellas también sus copas y como se sentían las reinas del lugar, y debo ser justo, lo eran, y con mucho. Las vi sacar, como si lo tuvieran ensayado, a las dos unos pañuelitos y se secaban, así muy coquetas, el sudor del bozo y qué bozo, licenciado. "Muchachos, a entrenar, vamos, el juego empezará en unos minutos." Nos ordenó el Chúpelas como si fuéramos de su propiedad.

Al llegar al campo el sol estaba alto. Venía de la presa una brisa maravillosa. Si me hubiera tomado una cerveza en ese momento… Los juegos en esos lugares tienen mucha importancia. Todo el pueblo estaba allí. Las madrinas en el graderío. Muchos gritos, muchas porras. Por supuesto para los de Cuquío. Del primer tiempo ni de qué hablar. Empatamos, pero en el segundo nos crecimos, palabra. A cada gol nuestro los gritos de los de Cuquío eran más fuertes. A mí ni a mis compañeros nos importaron. Les dimos una paliza. Nosotros seis goles, los otros uno. Imagínese. Los muchachos de Cuquío, serios. No hubo ni abrazos. Fue entonces que empecé a oír gritos. Usted sabe, que los de Guadalajara son así y asado, y nuestras mamacitas empezaron a relucir. Yo había oído algo de un baile. Entre mí pensé que iba a ser peligroso. Andaba buscando agua para quitarme el sudor y el polvo, porque usted sabe que me disgusta después de jugar andar de mugroso. Ya estaba medio oscuro. Oí más gritos. Uno de mis compañeros se estaba dando de golpes con uno de los del equipo de Cuquío. El Chúpelas los separó. Por ahí cerca estaban las madrinas y las preciosidades y muchos sombreros. Le juro licenciado que tuve miedo, bastante. Entonces me acordé del chofer. A lo mejor se había ido. No lo vi, y me temblaron las piernas. Escuché varias veces la palabra: trampas, que el árbitro como era de un pueblo de por ahí les tenía envidia a los de Cuquío. Usted sabe de esas cosas. El Chúpelas, muy hábilmente, debo reconocerlo, dijo que era mejor que no nos lleváramos el trofeo, que lo disputaríamos en un próximo juego. La noche ya casi estaba encima. Bonilla, otro compañero, me dijo: "Dice el Chúpelas que nos vayamos poco a poco al camión." "¿Dónde está?", pregunté. "Ahí, pendejo." En el extremo opuesto de las gradas estaba el camión. Primero tan absorto jugué que no me di cuenta y luego el miedo me lo borró. Los gritos, más alaridos que gritos, las figuras borrosas. Yo corrí, y como tenía desatado un zapato, lo perdí. Tenía sus méritos el Chúpelas. Pensaba rápido. Frente a aquellos sombreros amenazantes se presentó con su automóvil y las chuladas. Encendió súbitamente los faros. Hizo un intento como si los fuera a atropellar. Los de Cuquío corrieron. Todo esto lo vi por la ventanilla trasera de nuestro camión, cuando nos retirábamos. El camión saltaba. Todavía pude ver cuando las luces del automóvil del Chúpelas hacían una curva. Pasaron unos momentos y no sé si oí, pues el ruido que al saltar el camión producía era muy fuerte, pero sí vi las balas. Nosotros seguimos saltando en aquel camión. Todos sujetos fuertemente a las bancas para no pegarnos en el techo. Por fin llegamos a la carretera. Los fanales del coche del Chúpelas detrás de nosotros, y todos temblando, temerosos de que los borrachos de Cuquío nos persiguieran en sus automóviles. Hubo muchos sustos, pero por fortuna, quizás por lo borrachos que estaban no nos siguieron. El chofer, sin decírselo, pues todos permanecimos callados, nos llevó a la escuela. Ahí antes de bajarnos echamos una porra por la escuela y otra por el chofer. El Chúpelas presente con las preciosidades, aunque éstas, ya para entonces, estaban despeinadas, y a una se le había caído una pestaña. "Muchachos", dijo el Chúpelas, "una cooperacha para el chofer." Licenciado, no juntamos ni quince pesos. Yo creo que lo que el chofer quería era irse. No aceptó los quince pesos. Nos gritó un "Hasta mañana", como queriendo decir: "Hasta nunca."

Le platiqué licenciado de las camisas de mi abuelita, también de las mías. Cómo son las cosas, yo que pensaba en definitiva arreglar esa situación. Me vi comprándole a mi abuelita una docena de blusas, algunas muy catrinas. Usted sabe lo que es la cifra de 251 600 pesos, contantes y sonantes. Todo se paga, pues para lograrlos, más bien dicho para juntarlos se pasaron dos semanas. El distribuir los suéteres en los grupos, y sobre todo cobrarlos. Algunos, sobre todo los últimos, no les venían las tallas, y si protestaban, pues había que apaciguarlos. Al Chúpelas también le costó su trabajito. Ahí andaba con nosotros. "Claro que te queda", le decía a algún descontento. Le dije que no iba a clases. Ese trabajo era trabajo licenciado. Y en viernes, a eso de las cinco, ya teníamos todo el dinero. El Gato Luna encantado me contó: "Qué temprano terminamos." En eso el Chúpelas nos invitó, o más bien nos ordenó que lo siguiéramos a él y a dos chavos. Nos subimos en su carro, y qué carro. Se detuvo en una cervecería de por el barrio, de ésas de obreros. Salvo por cuatro muchachos que tomaban cerveza en una mesa al fondo, no había nadie. Hacia ellos se dirigió el Chúpelas. Nos hicieron campo y nos sentamos en los asientos pegados a la pared. Vinieron las cheves. Pagó el Chúpelas, aunque yo hice el intento de hacerlo. Al guardar su cartera sacó el pistolón aquel con que disparó al chofer y lo puso sobre la mesa, y de inmediato, muy serio, ordenó: "Las cuentas." Y eran perfectas: 1 258 estudiantes por doscientos pesos de cada suéter daban la cantidad, bien bonita, de 251 600 pesos. Licenciado, cuando hizo la distribución el Chúpelas no podía creerlo, me pareció que soñaba, sí, que era un sueño. Cien mil para el presidente de la FEG, cien para él. Para qué sigo. Al Gato Luna y a mí nos dio a cada uno dos mil pesos. Yo ni miré al Gato Luna. Se fueron contentos, riéndose. No llegaban a la puerta de salida cuando las lágrimas se me escurrieron, de rabia, de impotencia. Al sacar mi pañuelo, vi también que el Gato Luna lloraba. Me contuve cuando ordené otra cerveza. "¿Les hizo algo?", preguntó el mesero. "Aquí viene seguido con esos muchachos, muy raramente con otros, y cuando lo ha hecho ésos se han quedado como ustedes. De veras ¿qué les hizo?"

Le compré a mi abuelita con esos centavos una blusa. Todavía se la pone los domingos.

De la familia

Licenciado, cómo le diré, hay cosas que parecen raras. Por ejemplo, yo no conocía a mis hermanas. ¿Cómo le diré? Yo tengo dos, pero nada más son hermanas mías por parte de madre. Yo quería preguntar. Pero ¿a quién? ¿A mi abuelita, a mi madre?, pues como que no, antes no hablaba de esto con nadie. Yo era muy vago cuando me refería a mi familia, y debo de confesarle que maté a mi padre. No lo tome así. Sucede que cuando me preguntaban "¿Y no tienes papá?", pues que les contestaba que ya había muerto. Una tarde, que por cierto fue muy calurosa, me había acostado en el patiecito. Mi mamá y mi abuelita estaban sentadas en unos equipales, comiéndose unas pitayas. Lo único que oí, pero comprendí que se referían a mi padre, fue su nombre: Ignacio. "Hoy en la mañana me encontré a

Ignacio. Salía de una papelería y ahí frente a mí." Refirió mi madre. "¿Te dijo algo, le dijiste tú alguna cosa?", preguntó mi abuelita con sobresalto. "Ni la mano nos dimos." "¿Estás bien?", me dijo él medio chiviado, y yo. "¿Y tú cómo estás?" Entonces mi abuelita inquirió: "¿No preguntó por su hijo?" Y mi mamá con un tono impaciente: "Te digo mamá que eso fue todo lo que nos dijimos."

No crea que es fácil hablar de esto. Todavía no sé cómo llegar. De veras. Pues le diré que ya cuando era hombre, ya en la prepa, volví a oír a mi abuelita decir que mi padre tenía dos hijas, como de mi edad. Licenciado, y que me empiezo a preocupar. Lo creerá. Yo me decía si te las encuentras o te encuentras a una de ellas... No es que me haya ocurrido, pero puede suceder que vaya uno en la calle y vea a una mujer y ésta lo mire a uno, y se guste uno mucho y se vaya uno a la cama. Ésa era mi preocupación. Así que un día le dije a mi abuelita, para ser exacto casi no era de día, al pardear. Los dos sentados en los equipales del patiecito. Yo mismo me dije. "Ánimo, muchacho." Y le pregunté. Y me respondió: "Trabaja en la oficina de estadística del gobierno del estado. Sabes que se llama igual que tú." Y me pareció, pues ya para ese entonces no se veían bien los rasgos, que ella también estaba contenta de haberme dado la información. Dejé pasar varios días. Volví a ver a las muchachas de la calle. La misma aprehensión, el mismo miedo. Y una mañana en que no hubo clases fui a su oficina. No fue fácil. Desde un mostrador una muchacha me lo señaló. "Es ése que está parado junto a aquel escritorio. Pasa." Mentí: "No, ahorita no puedo." Licenciado, ni lo pude ver bien.

Al mirar tantas muchachas en la calle y tan guapas me hicieron valeroso. Desde muy temprano decidí que iría a verlo. Me vestí con mi mejor pantalón y camisa. Me paré frente a un escritorio. "¿Desea algo?", preguntó sin alzar la cabeza. "Sí, conocerlo." Me vio con asombro. "¿Conocerme?" "Usted es Ignacio Fernández Alba, pues yo soy Ignacio Fernández Aguirre." Se levantó. Me vio de pies a cabeza. "Entonces tú…" "Sí", sólo alcancé a decir. Tanto él como yo no sabíamos qué hacer. "Ven." Lo seguí. Habló del tiempo, usted sabe cómo es eso. Entramos al salón Cué, y pidió dos cervezas. Yo frente a frente a mi padre. A media cerveza comentó: "Hubiera sido mejor haber pedido algo más fuerte, pero este calor…" Después principiaron la preguntas. Parecía que no sabía ni siquiera mi edad. Y yo, qué, quiere usted que podía haberle dicho, aun ahora de qué me puedo jactar que haya hecho, de nada, y entonces todavía menos, y cuando acabé, yo fui el que pretexté alguna tarea por hacer. Y cómo caminé después. En la tarde fui a la escuela y cuando salí de nuevo me puse a caminar, y ya muy noche, llegué a la casa para que nadie me viera.

No le dije nada a mi abuelita, aunque me preguntó a la mañana siguiente si tenía dolor de cabeza. Olvidé decirle licenciado que mi padre me citó para el próximo viernes para que conociera su casa. Nos volvimos a ver en el salón Cué. Creo que él también necesitaba una copa. Licenciado, debo confesarle que si me hubiera encontrado a mis hermanas en la calle no hubiera pasado nada. No es que sean feas, ni monstruosas o mal hechas, pero no son mi tipo. ¿Usted tiene alguna preferencia? Debo decirle que a mí me gustan casi todas, palabra. Mi madrastra fue amable conmigo. Salieron todos a despedirme. Me creerá usted que me tomé tres cubas en la casa de mi padre, y ni siquiera se me subieron. Esto que le cuento fue hace casi cuatro años, y han de ser como cuatro veces que he ido a ver a mi padre, casi siempre voy por la navidad. En esta última me pasó algo, cómo le diré, desagradable. No vaya a creer que me trataron mal, lo contrario, licenciado. Salieron a despedirme mi padre, mi madrastra y mis hermanas. Mi padre me acompañó a tomar el camión. Para mi mala suerte casi al llegar a la esquina donde debería tomarlo, pasó. Me dio pena por mi padre, por Ignacio, como le gusta que le diga, para no sentirse viejo, dice. Se acuerda licenciado de la gratificación anual que nos la dieron un miércoles, pues yo fui a verlo un jueves. Ignacio comenzó hablando de las dificultades económicas por las que pasaba, y de un pago urgente que tenía que hacer, que a él no le gustaba que en su casa supieran de sus apuros, para no preocuparlas, y para qué le cuento más, me pidió tres mil pesos. Y se los di. Yo tenía mis planes; iba a conocer a la ciudad de México, digo conocerla. Pues ni modo. No fui, y en cambio estuve en Melaque. Se acuerda que nos organizamos los de la oficina. No son agradables las vacaciones con las gentes con las que se trata uno todo el año, pero salía barato, y era, con el poco dinero que me quedó, el único lugar a donde podía ir. Llegamos de noche, muy noche. Al día siguiente nos fuimos a la Manzanilla. ¿Ya ha estado usted allí? ¡Qué lugar tan padre! Nos tomamos nuestras copas, y ya casi de noche regresamos a Melaque. En la playa, cerca de los acantilados, había dos fogatas. Abrazados Roberto el bodeguero y yo nos dirigimos a ellas. Los que estaban cerca de las fogatas sí que tenían su buena borrachera. Había viejas. ¡Qué escandalosas son las mujeres cuando toman! Nos acercamos a ver si nos caía algo. Y qué cree licenciado, lo primero que veo es a mi padre besándose con una de esas gritonas. Dejé, sin decirle nada, a Roberto el bodeguero a que hiciera su lucha. Esa noche no pude dormir, y a la mañana siguiente, muy temprano, me vine a Guadalajara. Licenciado, y me creerá, ahora, y ya son cuatro años de que conocí a mis hermanas, no me he topado con una mujer en la calle, que me guste, bueno, y que yo le guste, y que nos vayamos a la cama.

NOCHE EN EL TREN

Entra en el torso el tren, con su silbido.
Un espectro anacrónico.
Duele como una flecha, ciega y sin rumbo,
un mal recuerdo.
Pero luego se pierde su voz a la distancia
y se vuelve indoloro.

EDUARDO LIZALDE

Para Eduardo Lizalde

EL AMBIENTE en la casa se hizo tenso. En una ocasión al llegar yo interrumpió mi padre una llamada telefónica. Después sorprendí a mi papá pensativo, con el ceño fruncido. No duró esta situación más de una semana. El domingo, antes de que saliéramos, nos llamó mi padre a todos los hermanos. En esta ocasión no se sentó frente a nosotros, como solía hacerlo cuando había algún problema que discutir, ni tampoco estuvo presente mi madre, sino que, paseándose por la estancia, nos informó que mi madre, a su edad, estaba embarazada, con problemas graves, y sería necesario practicarle un aborto, el cual presentaría riesgos. Dos días después iba a ser operada. A la mañana siguiente iba a llegar el abuelo Carlos de Guadalajara; deberíamos ir Gabriel, mi hermano mayor, y yo a recogerlo a la estación del ferrocarril. Tendríamos a nuestra disposición el coche de mi papá. Rosaura, nuestra hermana, tendría que irse a su escuela en lo que pudiera. Después nos exhortó a actuar con naturalidad, a prescindir en esos días de nuestras actividades sociales, ya que se necesitarían los esfuerzos de todos y cada uno. También tendríamos la ayuda de sus dos cuñadas, o sea nuestras tías, quienes ya tenían sus permisos, en sus respectivos trabajos, para no asistir.

El tren donde llegó mi abuelo arribó puntual. Gabriel y yo habíamos planeado no emplear a ninguno de los cargadores, ¿acaso no estábamos jóvenes y fuertes? Pero no contábamos con las resoluciones de nuestra abuela, llamada Rosaura como nuestra hermana. Gabriel se quedó junto a las máquinas del tren, por si acaso a mí se me pasaba la presencia de mi abuelo en esa confusión de gentes. Con pasos decididos recorrí todo el convoy. Mi abuelo no aparecía. De regreso lo localicé, ya fuera del carro dormitorio, sentado, para sorpresa mía, en una silla de ruedas.

Lo abracé e imprudentemente inquirí: "¿Qué te pasó, abuelito Carlos?"

—Nada, muchacho. Ya arrastro mucho la edad. Por favor llévame este sombrero nuevo, no se me vaya a caer. Lo acabo de estrenar.

Creo que a mi abuelo fue el último al que le entregó el *porter* su equipaje, lo que me pareció normal, ya que éste consistía en una petaca grande y seis bultos de regular tamaño. No esperé la aquiescencia de Gabriel, sino que de inmediato contraté a un cargador, y mientras recorríamos el andén me enteré que los seis bultos contenían carne adobada de Tepatitlán, limas, tortillas especiales —de las muy delgaditas para flautas—, unos frascos con blanco de Chapala en escabeche, chiles de distintas clases y no sé cuántas cosas más.

Si el propósito del abuelo era animar a mi madre, lo logró. A pesar de verlo en su condición ella comentó: "Papá en la silla de ruedas no se ve jorobado, y cuando camina lo hace mejor que cuando no la tenía."

Durante la mañana me percaté de que mi abuelo había llamado tres veces a Guadalajara, lo que consideré normal dadas las circunstancias de la próxima operación, la que por cierto fue un éxito. Tres días después ya estaba mi madre instalada en la casa, dispuesta a dar las mínimas molestias, con la intención de no distorsionarnos en nuestros quehaceres. El día de su regreso a la casa no registré cuántas veces vi al abuelo hablar por larga distancia, casi todas ellas con mi abuela Rosaura. El jueves, para ser preciso, Gabriel y mi hermana Rosaura, así como yo, partimos a nuestras respectivas escuelas. Cuando llegué, mi abuelo pegado al teléfono, hablando, era obvio, con mi abuela Rosaura.

Cuando cenamos mi padre, después de cerciorarse de que mi abuelo estaba en el piso superior acompañando a mi madre, nos anunció: "El sábado en la noche Gabriel y tú, Mario —se refería a mí—, van a acompañar a su abuelo a Guadalajara." Vi la intención de Gabriel de interrumpirlo, pero mi padre le hizo una seña: "No pude conseguir boletos para el viernes, en realidad fue un milagro que lograra esa alcoba con tres camas. No perderán ninguna clase. En la tarde o en la nochecita del domingo toman un camión de regreso. Pensé en el avión…"

Gabriel lo interrumpió: "El boleto es muy caro y ahora con este…"

—Por fortuna, muchachos, todo salió normal y los gastos no fueron… de todos modos hay que llevar al abuelo: lo que no gastamos en la operación lo vamos a derrochar al pagar la cuenta del teléfono. No sé cuántas llamadas ha hecho. No vayan a creer que por eso se va, él fue quien así lo deseó. Se preocupa por la abuela de ustedes, y sobre todo se aburre, aquí no tiene nada qué hacer…

El abuelo salió un poco perturbado de la casa. Tengo la certidumbre de que mi madre hizo todo el esfuerzo para evitarle cualquier patetismo a la despedida. El abuelo se sentó en el asiento delantero junto a mi padre. Pude ver que dirigía su mirada a la ventana iluminada del segundo piso, que era la recámara de mi madre. Caminamos en silencio varias cuadras. Rosaura mi hermana lo rompió con el comentario: "El tránsito está muy fluido. Vamos a llegar con sobra de tiempo." El abuelo se vio obligado, como ocurre con la gente de Guadalajara, a comparar el tráfico de la capital con el de la Perla de Occidente. No empleamos ningún cargador. La petaca grande del abuelo pesaba poco y nuestra petaquita prácticamente contenía nuestras piyamas, cepillos de dientes, una brocha para rasurar y dos mudas de ropa. No fue como otras veces en que llevábamos regalos para la abuela y algunas otras personas de la parentela. A mí me tocó conducir la silla de ruedas con mi abuelo muy acomodado, con una frazadita sobre sus piernas con que lo cubrió Rosaura.

El *porter* intentó ayudar a subir al abuelo al carro. Mi abuelo rehusó con una gran sonrisa, dándole a entender que todavía tenía fuerza. De todos modos nos sentimos deudores con el *porter*. Por nuestra falta de práctica no pudimos ni Gabriel ni yo plegar la silla de ruedas. El *porter* levantó el asiento de cuero por en medio de la silla y el asunto quedó solucionado. Él mismo la llevó a la alcoba. La acomodó y en esta ocasión mi abuelo se sostuvo del brazo derecho del *porter* para poder sentarse.

Mi padre fue breve en su despedida y Rosaura lo mismo. Yo los acompañé hasta la puerta.

Encontré a Gabriel virtiendo un líquido oscuro de un termo de vidrio. "Es el jugo de uva con que cena el abuelo", me explicó. "Mira, sosténlo cuando no lo beba. Yo me voy a ir a comer un sandwich y a tomarme una cerveza. No tardo, y luego vas tú." Todo fue tan repentino que he pensado y repensado en esos momentos. Le ofrecí el vaso al abuelo. Bebió como si tuviera mucha sed. Le pedí que sostuviera el recipiente mientras iba al baño. Acaso di un paso. Lo oí toser. Me volví. Un líquido negro le salía de la boca. Su cabeza hacia adelante, exánime. Lo enderecé. Pensé que estaba muerto. Se me escapó un "¡Papá!" Solté su cabeza y volvió a su posición anterior. Abrí la puerta. Por supuesto no estaba Gabriel. Desde arriba del carro le pregunté al *porter,* que estaba en el andén, sobre la dirección del carro comedor. "Está a seis carros adelante", creí oír. Bajé del carro, caminé de prisa, pero sin correr a lo largo de nuestro carro, después eché a correr. Encontré el carro comedor pero no había manera de subir en él, tuve que entrar al convoy dos carros más adelante, esto es, pasé a lo largo del carro fumador y me encaramé al carro delantero, también dormitorio, sin darle tiempo al *porter* de este carro a pedirme el boleto. En el carro fumador solamente estaba el cantinero abriendo estantes. El carro comedor, a medias luces, apenas ocupado por dos parejas de ancianos. Lo que sí no sé es si fue en el primer carro, después del carro comedor, o en el segundo cuando encontré a Gabriel.

Yo no pude proferir palabra. Él fue quien preguntó: "¿Qué le pasó al abuelo?" Alcancé a decir: "Está…", y Gabriel me tapó la boca con brusquedad. "¿Dejaste la puerta abierta?" No repuse nada porque no recordaba nada. Me ordenó: "Camina aprisa, sin correr y no vayas llorando." Observó su reloj. Cuando llegamos a nuestro carro, deliberadamente se paró en la plataforma para que lo viera el *porter*. Éste ni caso nos hizo. Gabriel entró primero a la alcoba. "Echa el seguro", me ordenó. Obedecí. Cuando levantó Gabriel el rostro del abuelo vi que éste tenía los ojos abiertos. Gabriel le cerró los párpados. Luego se volvió hacia mí. "¿Qué hacemos?" No esperó mi respuesta. Volvió a consultar su reloj. "Mi papá todavía no llega a la casa. Faltan diez minutos para que salga el tren. Si avisamos al conductor se va a armar un lío tremendo. Se va a retrasar el tren. Imagina a mi mamá con esta noticia, y a mi papá con los gastos. Nos lo vamos a llevar a Guadalajara. Allá correrán con los gastos, que serán menos pues imagina si se viene toda la tribu aquí a México o si se decidieran a embalsamarlo… Todo esto sería mucho para mamá…" Se quedó pensando un momentito. "Trae una toalla." Volví con las tres minúsculas toallitas que proporcionan en el *pullman*. Me vio y se sonrió. Tomó la petaca del abuelo. Creo que sacó una camisa, no lo sé con precisión, y empezó a limpiar al abuelo. Inmediatamente después sacó esta vez una camisa limpia, blanca y me pidió que se la colocáramos al abuelo. Todavía estaba caliente. Yo tiritaba. Gabriel se me quedó viendo. "Tenemos que acostarlo, porque si se queda así sentado no va a caber en el ataúd." Después de muchos trabajos lo tendimos. Acercamos sus brazos a su cuerpo, pero de inmediato se contuvo. "Mario, si lo dejamos así ¿cómo lo sacamos mañana?" Iba yo a contestar. Gabriel se me adelantó. "Tenemos que volverlo a sentar en la silla, y en ésta lo sacaremos."

—¿Cómo? —tontamente pregunté.

—Sentado en su silla, y no preguntes cosas que no sé responder. La silla no cabe por la puerta, pero recuerda que es plegadiza. Ya veremos. Ahora, y fíjate bien: mientras yo tiendo las camas tú ponle la frazadita en la cara —obedecí, lo vi terminar su tarea. "Ahora voy a—."

El tren comenzó a caminar y como si siguiera el ritmo de éste comencé a sollozar con la cabeza gacha, como si con este gesto pudiera liberarme de la mirada de Gabriel. Me levantó la cabeza por las mechas, me dio un bofetón. "¡Cálmate, con un carajo! Ya tendremos mucho tiempo de llorar. Yo voy a irle a avisar al *porter* que no nos venga a hacer las camas, con el pretexto de que puede despertar al abuelo. Yo voy a ir hacia el lado izquierdo, y si por las moscas no lo encuentro y viene por el lado derecho, tú de ninguna manera lo dejarás entrar. ¿Entendido?"

—¿Me vas a dejar solo?

—¿Y el abuelo? —a mí me pareció que contestó con ese sarcasmo, para que no hubiera dudas.

—Párate aquí en la puerta para que se ventee la pieza.

Desapareció. Me volví a ver la silueta del abuelo y me precipité para cerrar la puerta. Las emociones y este pequeño esfuerzo me hicieron sudar. Escuché las conversaciones de los pasajeros que quizás iban hacia el salón comedor o eran solamente los vecinos del carro que se acomodaban. A mí me pareció mucho tiempo. Oí unos toquiditos y yo mudo. De inmediato unos golpes, que me sobresaltaron más y la voz de Gabriel: "Abre, rápido."

Exclamó: "¡Mira cómo estás de sudado!" comentario que se quedó sin respuesta.

Saqué mi pañuelo y me enjugué el sudor y por nerviosidad expresé: "Tengo sed." Con un presto movimiento tomó Gabriel el termo con el jugo de uva y después de llenar la tapadera a guisa de vaso me la ofreció, y yo, como nunca, obediente empecé a tomarlo. Me vino la visión de la bocanada de sangre con jugo del abuelo. Me precipité al bañito a vomitar sin término, apenas unos breves respiros. Entró Gabriel, mojó una de las toallitas del *pullman* e intentó colocarlas sobre mi frente. Sin mejoría, en uno de los respiros, oímos los dos claramente unos toquiditos persistentes en la puerta. Gabriel dejó de colocarme las compresas. Escuchamos los toquiditos. El gesto de Gabriel de que estuviera tranquilo fue innecesario. Mis vómitos habían cesado. Entreabrió ligeramente la puerta, le oí decir: "No, no, señor, muchas gracias, el abuelo está dormido y no queremos que se despierte. Pasó muy mala noche con un dolor de muelas y hoy tuvieron que sacársela. Imagine usted, con su edad. Muchas gracias." Ya para ese entonces yo lo estaba viendo desde la puertecita del baño. Así he de haber estado yo: sudando a chorros. El ulular del tren, el ruidero de los carros han de haber impedido que yo oyera los latidos de mi corazón.

—Tengo una sed terrible. Ahora que me acuerdo no tomé agua desde la hora de la comida. ¡Y no me vayas a ofrecer de aquello! —señaló el termo. Volvimos a oír el movimiento del tren. "Iré a tomarme una copa y una cerveza."

—¿Y me vas a dejar solo? —pregunté sin poder contener un puchero.

El tren y sus movimientos acompasados. "¿Si le digo al *porter* que nos traiga algo va a sospechar que pasa algo, ya que somos dos? Mira… Ve tú por dos cervezas para mí o cuatro o tres si tú quieres tomar… Ya veo que no quieres, entonces compra unas aguas de Tehuacán frías. ¿Tienes hambre?"

Le hice señas de que no tenía. No fue necesario que me lo ordenara: fui al baño a lavarme la cara y a alisar mi cabello.

—Ve tranquilo. Yo mientras tanto voy a abrir la puerta para que se ventee esta alcoba. Todo me huele...

Yo iba a decir a muerto, me contuve. Salí, caminé unos pasos y Gabriel apostado en la puerta. Si no hubiera encontrado la mirada firme de mi hermano me hubiera regresado a acompañarlo. Los carros me parecieron infinitos y como perro me dio por olfatear: el persistente maligno olor se repetía. El salón fumador estaba lleno y cerca del bar había una fila de pasajeros que hacían cola para poder entrar al carro comedor. La barra del bar, llena. Me acerqué. Un chorrito de sudor me escurrió por en medio de la espalda. Levantó la barbilla el cantinero dirigiéndose a mí. No pude proferir palabra. "¿Desea algo?", y tampoco pude contestarle. Creyó que era sordomudo, pues me ofreció un *block* de papel y un lápiz. Mi mano me tembló al hacer mi pedido. Él escribió explicándome que debía dejar un depósito por los recipientes. "Sí, sí, tómelo", expresé en un tono más alto que lo normal. Todos los pasajeros que estaban en la barra se volvieron a verme, y el cantinero me vio entre divertido y asombrado. Mientras tomaba las cervezas y las aguas minerales sentí todas las miradas sobre mí y otros chorritos de sudor bajaron por mi espalda.

Encontré a Gabriel en la puerta. En tono de reproche me dijo: "No te destaparon las cervezas ni los refrescos... Ven, vamos a ver cómo le hacemos..." Su tono era de comprensión. Él cerró la puerta con el seguro. Volvió a abrir la maleta del abuelo. El tren seguía ululando. Vi mi reloj, apenas teníamos una hora de camino. "Aquí está el estuche. Sabía que tenía que estar, el abuelo a donde quiera lo lleva" (yo pensé: "También a la tumba"). Se volvió Gabriel con el conocido estuche y unos perones. Destapó Gabriel sus cervezas, hizo lo mismo con mis aguas minerales. Rehusé el perón que me ofrecía, y a boca de botella y casi al mismo ritmo nos tomamos las bebidas, con la diferencia de que Gabriel se comió tres perones.

—Pero ¿no tienes…? —interrumpió su pregunta.

—¿Qué ibas a decir?

—Hambre.

La matraca del tren continuaba. Los dos sentados al borde de la cama, con los ojos fijos hacia la puertecilla del baño. Oímos los imprudentes gritos de unos pasajeros al parecer borrachos. Se incorporó Gabriel, se cercioró de que el pasador de seguridad estaba bien colocado. Fue al baño, luego ordenó: "Recostémonos. No ganamos nada aquí sentados." Lo hicimos en la cama inferior, él del lado de la división con el otro carro; a mí me dejó el borde. Pensé que creía que mis vómitos podían reaparecer. Había olvidado anotar que Gabriel dejó prendida la luz del bañito, lo que nos permitió ver durante toda esa noche de duermevela el rígido oscilar de la silueta del abuelo.

Cuando oímos el tintineo de las campanitas anunciando que el desayuno estaba presto, nosotros ya estábamos de pie, rasurados, lavados y peinados. Entonces sentí el acoso del hambre. Por supuesto que no iría solo al carro comedor, pues podía ocurrírsele lo mismo a Gabriel. Pudo más el hambre que mi terror.

—¿Quedaron perones?

—Tres.

—Yo con uno me conformo.

—Cómetelos todos, si quieres, yo no tengo nadita de hambre.

—Me lo comeré allí afuera.

—Aquí huele feo. Me voy a parar un rato en la puerta.

El aire fresco de la mañanita acicateó más mi hambre y volví a la alcoba. Gabriel, hecho un fiero centinela. Yo hubiera sido capaz de comerme los dos perones restantes, pero, por si acaso le venía el hambre a Gabriel, preferí dejarle uno.

A mi regreso de sopetón me dijo Gabriel: "¡Qué bueno que no destendimos las camas!"

—¿Por qué?

—¿No comprendes que va a venir el *porter* a cambiarlas?

—No había pensado en eso.

—Asómate y ve que ya lo está haciendo en las alcobas de los que se fueron a desayunar.

—¿Y qué vamos a hacer?

—¿Cuánto traes?

—Dos mil.

—Yo tres. Dámelos.

Me vio dudar. "Nos quedaremos sin nada. Pero no importa. No necesitamos dinero para nada."

—¿Y si no nos van a recibir a la estación?

—Piensa positivo, y si no lo haces cuando menos no lo expreses.

Faltaba media hora para llegar a Guadalajara cuando oímos los esperados toquecitos. Gabriel respiró profundamente. Abrió la puerta con desplante y en una voz queda, de la que sólo oí fragmentos, le explicó que el abuelo dormía sentado, que viera que las camas no era necesario cambiarlas y le alargó esa enorme cantidad de dinero para aquel entonces. Escuché claramente las palabras de agradecimiento del *porter*.

Poquito antes de llegar recurrieron los toquecitos. ¿Queríamos que nos condujera nuestro equipaje? Gabriel no contestó, se volvió con precipitación y le entregó nuestras pertenencias. No sé qué cara habré puesto, ya que Gabriel me explicó: "Necesitamos tener las manos sin nada para la maniobra. Tú te colocarás en la puerta. Cuando veas que han salido todos los pasajeros, *todos*, me lo dices; tú tomas al abuelo, lo abrazas, un solo momento, mientras yo saco la silla y luego nos vamos volados a la salida cuando todavía haya gente. Yo llevaré la silla hacia atrás, y así la bajaré, mientras tú sostienes la piesera. ¿Entendido?"

Tampoco pude decir esta boca es mía y me aposté en la puerta. Los pasajeros, en fila por la puerta de salida. Los pitidos del tren, la marcha aminorándose. Empezaron a salir los pasajeros, me volví a un lado y otro: nadie. "Ya, ya." Empezamos la maniobra, medio sostenía a mi abuelo, cuando vi avanzar de la alcoba de junto a un hombre grande, de barba. Acabé de recibir al abuelo, yo medio agachado, el pasajero me vio asombrado, interrumpido en su precipitado avance. Depositó su maletín y me ayudó a sostener a mi abuelo. Gabriel sacó a la perfección la silla, con un movimiento rápido tomó el sombrero de mi abuelo de la cama superior de la alcoba, me lo alargó, yo lo recibí y lo puse sobre la cabeza cubierta del abuelo. Y en ese momento de apuro Gabriel y yo nos echamos una brevísima carcajada al ver la macabra figura. Creo que esto nos salvó de que el pasajero gritara, ya que por unos instantes se quedó parado frente al bulto del abuelo, con las manos abiertas, con un gesto de perplejidad y de horror... Sentamos al abuelo. No tuve tiempo de ver nada más. Gabriel avanzó hacia atrás. Yo lo seguí frente al abuelo. No supe si Gabriel también recibió la sorpresa: la puerta del carro estaba casi al nivel de la plataforma, no como en México, en que había que subir varios escalones, solamente había una altura de unos cuarenta centímetros de diferencia, que para salvarla utilizaban un banquito, el cual el *porter*, comprensivo, quitó. Gabriel no le dio tiempo a que lo ayudara, jaló la silla, se oyó el golpe seco de ésta sobre la plataforma y el estremecimiento del cadáver. Atónito se quedó el *porter*, quien no se acomidió a recoger el sombrero que se le resbaló de la cabeza del abuelo. Sin quitársele su desconcierto empezó a entregar nuestras maletas. Gabriel se me adelantó, yo alcanzaba a oír su exaltada voz cuando pedía permiso para pasar con mi abuelo y al volverme lo vi con el sombrero del muerto encasquetado.

Lo alcancé cuando mi tío Carlos y él, cada uno al lado de la silla, descendían para esos momentos la interminable escalera que conducía a la salida. Mi tía la Güicha y mi prima con los ojos saltones, como si no pudieran creer en lo que sucedía. En la base de la escalera Gabriel les hizo un gesto imperativo de que se calmaran, y por si no hubiera sido necesario, susurró: "Si nos sorprenden vamos todos a la cárcel." Salimos sin despertar sospechas, el automóvil de mi tío Carlos lejísimos, tal vez lo había estacionado tan distante para no pagar el estacionamiento. Gabriel subió los arriates que se presentaron a su paso, así como los bordes de las aceras, como si llevara un bulto de papas.

Al llegar al carro hubo un momento de duda colectiva. ¿Sentaríamos al abuelo en la parte delantera? Se determinó hacerlo en la parte trasera. Gabriel le ordenó a mi tío Carlos que se metiera al carro para que sostuviera el cuerpo. Entre Gabriel y yo lo sacamos de la silla. Apenas si pudimos con él, en la maniobra se le cayó el chal, todavía fuera del automóvil. El grito de Carlos, cortante. "Pónganselo." Mi tía Güicha y mi prima con caras de idiotas obedecieron. Medio acomodado mi abuelo. Gabriel de pie vio a la concurrencia. "Usted tío va a manejar, calmado, sin prisas, no vaya a ser que nos detenga un policía. ¿Y a dónde lo llevamos?"

—Mi compadre Asunción tiene una agencia de inhumaciones —anunció mi tío.

—Tú —me ordenó Gabriel— vete atrás, como si conversaras con él; yo me iré adelante, al lado del tío, y ustedes —se dirigió a mi tía y a su hija— toman un taxi y nos siguen.

Todo salió perfecto, con la circunstancia de que apenas llegados a la agencia de inhumaciones Gabriel perdió todo control sobre él mismo, se soltó a llorar, a temblar. Ni aun el anuncio de que vendría un médico amigo a dar el certificado de defunción, sin previa autopsia, lo hizo reaccionar. Desde ese momento en adelante se me consultó sobre todos los problemas de comunicación con la familia, a quiénes se debería de enterar, a quiénes no. Desde una sala de velación me hizo señas el compadre de mi tío Carlos, Asunción, de que me acercara. El abuelo Carlos ya estaba en el féretro, se veía la pirámide de sus rodillas. Cuando observó esto el compadre Asunción y un muchacho mulato muy fortachón estaban junto al féretro del lado contrario de donde yo estaba, y como mera formalidad, ya que no hablé, dijo el macabro compadre: "Tenemos que hacerlo." Oí claramente la rotura de los huesos del abuelo, un sonido que me aterra hasta ahora, y me desmayé.

LOS DOS FILOS

Para Juan Soriano

MAYO 10 de 198…

Al despertar de mi siesta me senté en la cama. Ya había pasado el festejo en la escuela. El trajín empezó antes de las seis de la mañana, ya que a mi hija Feliza tenían que hacerle un complicado peinado. Nada más, nada menos vestida de japonesa. A mi hijito Carlos, más comprensiva la maestra se le ocurrió que fuera de chinaco. Con todo y todo me dio gusto verlos inquietos, listos para mostrarnos sus excelencias en la escuela. Había mencionado el peinado de mi hija pero olvidaba el de Clara, mi mujer. ¡Ojalá y el inventor del malhadado día se enfrentara con los gastitos! La comida de lujo (¡a Dios gracias fue en la casa!) para nuestros estándares sería injusto si no asentara que estuvo excelente y me sobrepasé. Además de este largo y cansado día era posible que a Clara se le fuera a ocurrir que asistiéramos a un centro nocturno, mis fuerzas daban cuando más para ir a un cine, después unos antojitos callejeros, que son tan buenos aquí en Guadalajara, más tarde a dormir, a descansar del maldito día de las madres.

Los dos papelitos, con sus respectivos recados, me sorprendieron. Leí primero el de Clara, mi esposa: "Te vi tan dormido que no pude despertarte. Espero que la siesta no la hayas prolongado demasiado. No quiero desvelarme.

Por lo que voy a decirte comprenderás que mi día ha sido largo y lo será, y tú no tienes la culpa. Te explicaré: decidimos Estela y yo que por qué íbamos a imponerle a nuestras madres, vuestras suegras, todo el día. Así que las cuatro nos vamos a ir a cenar temprano, y tú puedes ver tu partido que tanto te gusta. Ni a los niños tendrás. Esperancita Terán tiene una fiesta de niños. Ya los vinieron a recoger y ya sé quiénes los vendrán a dejar. Que la pases bonito."

El otro era de Jerónimo Astudillo. "Te vine a buscar. Para eso de las siete estaré en el bar Cué. No vayas a llegar antes de la hora. Hay mucho de qué hablar. Si no puedes asistir deja dicho con el cantinero. Se llama Ramón." Venía el número del teléfono del bar. No me decidió la idea de la plática, sino la visión de un espumoso, friísimo tarro de cerveza. Me bañé. A la hora señalada estaba en el Cué.

Tal vez por la misma razón por la que había llegado habían asistido las demás personas que llenaban prácticamente el salón. Por cerciorarme acerca de mis gustos en ese anochecer caluroso eché una mirada a las mesas: en casi todas menudeaban los tarros sudorosos de cerveza. En esa actitud de observador me encontró Jerónimo Astudillo. El Indio Astudillo, como todo mundo lo conoce. Se le dice el indio no por su color sino por su nombre de Jerónimo. Él es todo lo contrario: un hombre blanco, de ojo azul, y barba del mismo color, sonrosado, para resumir: un hombrón de los Altos de Jalisco, descendiente, sin temor a equivocarme, de las tropas francesas que acompañaron a Maximiliano. Es un hombre sereno, de hablar pausado. De a veces desesperantes silencios entre frase y frase.

—Poncho, llegué a pensar que te la ibas a seguir de largo. Festejabas a tu suegra.

—Según supe tú hiciste lo mismo, ¿o fue en la casa de alguna de tus cuñadas?

—Me estás embromando. ¿Acaso no nos vimos en el festival de la escuela? Al despedirnos ni se me ocurrió decirte que nos viniéramos a tomar nuestras copas.

—Cervezas, con este calor no se me antoja ninguna otra cosa.

Se quedó callado, yo me volví a constatar el consumo de la clientela. Los meseros atareadísimos. Ya acostumbrado a las pausas inauditas del Indio Astudillo no me extrañó que continuara su discurso: "Yo creía que íbamos a tener que festejar a las suegras, como ha pasado otros años, con una cenita en un restaurante. Cuando me anunció lo contrario Estela no supe qué pensar. Yo sin quehacer, y después me dije: pues voy por el rumbo de Poncho y que te encuentro dormido. Tenía miedo de que no hubieras podido venir, porque a mí no me gusta llegar a estos lugares solo. Si no te hubiera encontrado ten la seguridad que me hubiera tomado una sola cerveza y para hacer tiempo me hubiera regresado a pie a la casa."

—¿Pues cuántas cervezas te piensas tomar?

—Las necesarias para calmar esta sed. Por eso no me gusta tantito este mes en Guadalajara.

—Y por el día de la madre, el que nos da…

—Ni sigas Poncho. A decir verdad ya pasó para nosotros, ¿verdad?

De la conversación hasta aquí recuerdo. No se crea que con tres tarros de cerveza se pierde la memoria, sino que no hubo nada digno de almacenarse en los cajones del cerebro. El Indio Astudillo me acompañó hasta la merita puerta de la casa. Todavía no había vuelto Clara, mi mujer. Mientras me cepillaba los dientes me vi en el espejo. "¿Por qué me había invitado el Indio a la cantina?" Llegué a pensar que Clara le había contado a Estela del premiecito que me había sacado en la lotería, y éste quería que yo le prestara unos centavos y no se había atrevido a hacerlo. ¡Qué bueno! En verdad no se podía confiar en las mujeres. ¡Tanto que se lo dije a Clara!: "¡Ven caballo y se les ocurre viaje!"

Mayo 24.

El calor, como el del mes en que estamos: insoportable. No creo en la telepatía, pero así ocurrió. Pardeaba la tarde. Soplaba una ligera brisa. Iba a haber luna llena, según el calendario. Yo sentado en mi patiecito. Dejé de leer cuando se fue la luz. Ninguna de las lámparas de la casa estaba encendida, y era natural: Clara con Estela a su reunión mensual del club de costura o de tejido, nunca he sabido de qué es. Los niños a un cumpleaños, y todo resuelto en cuanto a quién los iba a traer a la casa. Y a pesar de la falta de luz había ya claridad lunar, sin que pudiera ver al asteroide. ¡Qué nombre tan pesado! ¿Verdad? En eso el timbre de la puerta. Lo dejé sonar. Que bajara la muchacha, entonces recordé que había creído oír un ruido: quizás había ido por el pan o cualquier pretexto para ver al novio. Al escuchar un repiqueteo más del timbre me levanté. Por la transparencia del vidrio opaco de la puerta no pude ver a nadie. Al abrirla me sorprendió ver, distante de la puerta, al Indio Astudillo, quien miraba hacia la parte superior de mi casa.

—Pensé que no había nadie.

—Casi.

—Ponte unos zapatos y vámonos a echarnos unas frías.

—Tengo unas maravillosas en el refrigerador.

—Se platica más a gusto en una cantina. No tardarán en volver tus hijos, tu mujer. Ellas se van como americanas a sus cosas y nosotros les cuidamos sus casitas.

—Anda, vamos.

Nos fuimos en el coche del Indio. No habló en todo el camino. La cantina tan llena como la vez anterior.

El Indio no pidió cerveza, sino un bacardí doble en las rocas, y mientras yo me entretenía con la espuma de mi cerveza se tomó su trago y pidió otro.

—Sabes, Poncho —me dijo—, que me siento raro.

Cesó su discurso, como ya expresé antes es su costumbre, miró a su alrededor, como si lo que fuera a decir fuera muy íntimo, entretanto yo pensé que me iba a comunicar que le habían indicado algunos exámenes y que temía fuera cáncer, lo que me hizo que lo observara con atención: el mismo hombrón, rubicundo y blanco.

—Yo no sé Poncho —continuó— cómo te sientas. Esto es, tanto tú como yo viajamos mucho. Es cierto que mi rumbo es el sureste, pero para el caso no tiene importancia el que tu rumbo sea el centro y a veces el norte del país. Tú eres un hombre que no se queja, como deben ser los machos, pero creo que tú, como yo, nos aburrimos en los joles de los hoteles, o vemos de desesperados películas que no nos interesan, y entonces te acuerdas de tu casa y cuentas los días que faltan para el regreso. ¿O no es así?

—A veces me pasa. Es cierto también Jerónimo que no viajo tanto como tú. Aunque eso tiene sus ventajas. En la casa lo esperan a uno con gusto.

—Se me figura Poncho que has de tener tus entregos en Morelia o en San Luis, por ahí hay muchachas muy jaladoras. ¿O no es cierto?

—No me digas Jerónimo que no hay mujeres en Oaxaca o en Tapachula o en Villahermosa…

—Jaque mate.

—Pero me decías que te sientes raro…

—No sabría cómo explicártelo. Estoy aquí en Guadalajara… Y ya ves, no estoy en mi casa, sino aquí contigo en el bar Cué, como si estuviera con otro agente de ventas en Tuxtla Gutiérrez o en Villahermosa.

—No la chingues Jerónimo. ¿Cómo vas a comparar a Guadalajara con esos pueblos?

—Ya te salió lo jalisquillo.

Después se bebió, casi de un trago, su segunda copa doble, y nos enfrascamos si no en una discusión en un intercambio de frases agresivas sobre el regionalismo de los tapatíos. Nos comimos unas tortas, por cierto muy sabrosas, y ya pasadas las diez salimos del bar.

Desde la escalera pude ver que Clara había apagado la luz de nuestra recámara. Era seguro que había oído el entrar de mi llave en la cerradura y, tranquila por mi presencia en la casa y sin ganas de hablarme, se disponía a dormir. ¿Y por qué no complacerla? En el pasillo prácticamente me encueré, sin hacer ruido coloqué mi ropa en un sillón y me fui a lavar los dientes y a leer en el baño una de esas revistas semanarias que le oprimen a uno el corazón, todos sus comentaristas hablan del mismo fenómeno político del país, de acuerdo con las asignaciones económicas que tengan en las secretarías de Estado. Apagué la luz, a tientas llegué a mi cama. Clara dormía. Y ahí estoy sin poderme dormir y sin el remedio inmediato: prender la luz, tomar un libro y beberme una cervecita bien fría del bar del cuarto del hotel. Recordé al Indio Astudillo. Era injusto. Pared de por medio estaba mi hija Feliza y un poco más allá Carlitos. El gusto a la mañana siguiente en levantarme para después acompañarlos a la escuela, con lo cual le aliviano la tarea a Clara. Cuando estoy aquí puede quedarse, cuando menos una hora más en la cama, a mediodía tiene libertad en irse con sus amigas de compras e igual opción tiene en la tarde: o al cine, o al club de costura o a lo que se le pegue la gana. Uno que otro día no la ayudo por obligaciones inherentes al trabajo, aunque le aviso con tiempo. Yo no sé cómo sea el Indio Jerónimo. Creo que su trabajo es más matador que el mío. A decir verdad, cuando tengo que viajar lo hago con gusto. En realidad yo no tengo que ahorrar, que escatimarle a la compañía lo que se dice un solo centavo. Desde aquí en Guadalajara se hacen las reservaciones para el mejor hotel. Nunca le he preguntado al Indio sobre sus viáticos, o será de ésos que se van a hoteles medianos, que quiere decir malos, y se ahorran esos centavos. Y eso sí deprime. Yo a veces cuando me invitan los gerentes de las empresas tengo que persuadirlos de que no paguen, y algunos con buen sentido del humor han propuesto que juguemos a águila o sol para ver cuál empresa será la pagadora.

El sueño no me venía. Empecé a recordar los joles de los hoteles, las caras de algunas amables meseritas, la complicidad amistosa de ciertos conserjes de hoteles y antes de dormirme me propuse, si es que había otra excursión a la cantina con el Indio Astudillo, de preguntarle ciertos pormenores. Si él me había inquietado ya vendría mi turno, si no de inquietarlo, cuando menos molestarlo con mi interrogatorio.

Mayo 31, Morelia.

La meserita no pudo haber sido más buena y complaciente. No sé por qué esa mañana desperté clasista, a que tan apegadas son las mujeres, ya que Carmina fuera de su trabajo se comporta como una dama, con virtudes que otras hembras no tienen. Los detalles no me los dijo, pero los intuyo: pidió la tarde. Fuimos al cine. Sin decírmelo sugirió que fuéramos al hotel, allí nos tomaríamos los tragos y si yo quería también la cena. No es que temiera por su reputación o que la vieran conmigo. Era lo contrario, se preocupaba en que su presencia no me comprometiera. Yo había llegado en ocasiones anteriores al hotel con Clara y mis hijos.

Desde el balcón del hotel, con las luces apagadas del cuarto, no porque nos fueran a ver, sino por los moscos, que no por "si las moscas", nos entretuvimos viendo a las parejas de noviecitos, a los borrachines, a la luz que se iba y con la ventana abierta. Es verdad que nadie podía vernos, hicimos el amor como hacía tiempo que no me ocurría, con la respuesta inmediata, en silencio, sin ese perenne temor de despertar a los niños o de que éstos nos sorprendieran. Después Carmina, pudorosa, se bañó, y mujer previsora había traído consigo una gorra de hule para no mojarse el cabello. ¿Tenía yo algo qué hacer?, preguntó al llevarme a la cama mi media cuba libre, a la que le había agregado nuevos cubitos de hielo para mantenerla fresca y sabrosa. Le contesté que lo único que me esperaba era un libro, por cierto sin mucho interés. Me levanté de un salto, como inspirado, me bañé rápidamente. Carmina en el balcón, yo a mi vez inquirí si ella tenía planes, cómo eran sus padres.

—Si llego a buena hora no se inquietan, llegaré como si acabara de trabajar. ¿De veras no tienes nada qué hacer?

—Mira, me bañé para que vayamos allá abajo, al restaurante del hotel. La comida es buena, el servicio inmejorable, y no hay mucha gente —me arrepentí de la última frase y corregí: "Esto es, no hay ruido, con ese calor se me antoja una botella de vino blanco."

—Y un pescado del mismo color, aunque sea de Pátzcuaro.

Así lo hicimos. La acompañé a un lugar cercano a su trabajo. Era preferible que no me vieran cerca de su casa con ella. No tenía ningún compromiso. No quería tenerlo, y menos con ningún hombre casado. Si volvía era probable que pudiera salir conmigo.

—¿Te puedo mandar unas flores?

—Si regresas nos tomamos otra botella de vino, como esa fina que me ofreciste.

Y repasé sentado en el balcón del hotel las horas pasadas en su compañía. Me sentí agradecidísimo con ella. Decidí si volvía traerle un buen regalo. Escuché una melodía tocada por una estudiantina, cada vez más claramente. Vi al grupo que atravesaba la plaza, los oí perderse. ¿También estaría el Indio Astudillo en un hotel?

Antes de la primera conversación con Jerónimo Astudillo en el bar Cué, en Guadalajara, nunca me cuestioné sobre mi soledad al ir a emprender un viaje. Venía preparado a sufrirla, a soportarla, y después de todo tenía sus ventajas. De otro modo cómo hubiera podido conocer a una mujer como Carmina. Solamente Carmina, sin ningún prejuicio clasista. Si Clara hubiera tenido alguna vez la espontaneidad de esta muchacha trabajadora, que se vino a la cama sin ninguna condición, sin ningún previo aviso, y se despedía sin querer echar un pial, un amarre, y al comparar el recién acueste me arrepentí de no haber hecho

98

una cita tempranera, bien hubiera podido haber hecho un huequito a mis actividades. Esta mujer sí se entregaba… Palabra que antes no hacía comparaciones: tomaba la cosas como eran. La vida en el hotel también tenía sus ventajas: dormir a pierna suelta, jamás ser despertado por una fruslería, levantarse a discreción y no verle la jeta a Clara, atribulada por el quehacer del día, como si no tuviera dos criadas, con una madre que se encarga de nuestros hijos cuando hay que salir en la noche o en el día, sin suegra en la ciudad (mi madre vive en Irapuato), con automóvil a la puerta, sin preocupaciones económicas de ninguna clase. Total, dice: "Necesito esto o aquello." Dentro de lo razonable. Me sorprendí meneando mi cabeza de un lado para otro como si quisiera desechar tantos pensamientos, y el culpable de todo esto no era otro que Astudillo. Con toda seguridad sus problemas eran más graves que los míos.

Me asomé al balcón. Vi la luz del bar en uno de los portales. Ni sueño, ni ganas de leer. En una situación como ésa qué hubiera hecho en mi casa. Probablemente ir al refrigerador, sin hacer ruido, y si hacía calor, tomarme mi cerveza en el patio de mi casa, y si tenía suerte detectar un aerolito y desear tres cosas.

Pedí mi cerveza en la barra. Me volví hacia la concurrencia. Me imaginé al Indio Astudillo y yo sentados. De nuevo la burra al trigo. A la chingada con el Indio y sus inquietudes.

Junio 22.

Me había molestado tanto el verme en el espejo de mi realidad que asumí mi situación como clavadista en un estanque, dedicado a mis quehaceres, agotado en las noches por el trabajo y el calor inextinguible. Si agregamos a esto que el Indio Astudillo no me había propuesto ninguna otra excursión.

En mi oficina, desde días antes, se habían cruzado apuestas, yo participé en ellas, sobre cuándo caería el primer gran tormentón, anuncio del comienzo de la temporada de aguas, y del aminoramiento del agotante calor. Comí en casa. Todavía de regreso a la oficina el cielo estaba limpio. Me enfrasqué en resolver varios problemas. Uno, precisamente en Morelia. ¿Vería a Carmina? Sonó el teléfono. Era el Indio Astudillo. ¿Podíamos vernos? ¿A qué hora me convenía? Vi mi reloj y calculé que mi trabajo podría terminarlo en una hora más, y por fin concerté la cita para las siete y media.

Tan embebido estaba en mi quehacer que de repente me di cuenta de que ya no podía ver. Prendí la lámpara de mi escritorio y sólo entonces me di cuenta de la negrura de la nublazón. Después le seguí dando la vuelta a la noria. Más tarde el silencio, fue cuando volví a ver mi reloj. Las siete treinta y cinco. Todo mundo estaba ya fuera de la oficina, así que tuve que apagar luces y cerrar con tres cerraduras la puerta de la salida. Molesto conmigo mismo por la distracción, lo que me iba a obligar a disculparme por mi tardanza con el Indio Astudillo.

Al abrir la puerta del edificio me reconfortó la frescura del aire, preludio, casi cierto, de un aguacero. Efectivamente estaba yo, como el libro de Agustín Yáñez, *Al filo del agua*. Las tres cuadras para llegar al bar Cué las tuve que caminar, casi a la carrera, los goterones se hacían cada vez más gruesos, la última media cuadra tuve que echar una buena carrera, y mientras se calmaba mi respiración, pude ver junto a la puerta de la cantina el gran aguacero sobre la plaza, lo que hizo borroso al templo de San Francisco. El ruido del tormentón era más apabullante que el de la cantina. El Indio sentado, con una cuba libre enfrente.

—Creí que te iba a pescar el aguacero —comentó.

—Las copas son por mi cuenta. El tormentón me ha hecho ganar muy buenos centavos.

—Me las voy a tomar dobles.

—No importa.

No sé si ya había aleccionado al mesero: el caso es que mi copa también fue doble. El Indio pidió un cubilete, el que por cierto en toda la velada nunca jugamos, y que después comprendí era un pretexto para cuando decía algo no mirarme a los ojos.

—¿Creerás Alfonso —me dijo a mí—, que llegué a pensar que Estela me engañaba con un hombre?

—¡Qué bueno que ya no pienses más en eso!

—Tú lo sabes: uno se acostumbra a los olores, y la primera noche me pareció que Estela olía a jabón de hotel. La base de su cabello en la nuca estaba húmeda, pero esto era explicable, todavía en ese momento seguía lloviendo. Lo olvidé, cuando volvió a ocurrir me quedé muy inquieto. Había sucedido en un día del club de costura, cuando yo de ninguna manera me puedo desprender de mi trabajo. En la tarde de los jueves, por si no te acuerdas, tenemos una junta general, y nunca se sabe cuándo terminará.

Se fue la luz. Tres veces nos deslumbró la luz de los relámpagos, y cuando los previsores meseros encendían los quinqués de gas oímos horrendos estallidos. El vocerío cesó, no así la voz pausada del Indio Astudillo: "Pues esa vez también fue jueves, y al siguiente Estela olía como siempre, así que lo olvidé. Pues pasaron otros jueves, y en otro lo mismo, y no llovía y Estela tenía húmeda la base de la nuca. Cuando calculé que tenía el sueño pesado me levanté. Abrí su bolsa y me encontré una gorra, por cierto, muy delgadita de nailon para cubrirse la cabeza. Como comprenderás no pude dormir. La gorrita no era prueba suficiente. Ella me hubiera podido decir que la había dejado allí no sé cuánto tiempo. Llegué a pensar en alquilar un detective. Ya te dije antes que no puedo de ninguna manera abandonar mi trabajo los jueves…"

Vino la luz, los meseros apagaron los quinqués de gas. El aguacero en su punto.

—No sabía qué hacer. Repasé a todos mis conocidos, incluso a ti, como el posible amante.

—Ya ni la chingas.

—Así fue. Te decía. El martirio no duró tanto, para convertirse en otro: verás. El Gordo Perezsánchez me encontró el siguiente sábado en el centro. Me invitó una copa. Puse como condición que una sola, ya comprenderás cómo andaba, y casi para empezar que me dice: "Vi a tu mujer el jueves en la tarde."

—¿Sí?

"¡Cómo son las mujeres! —agregó el Gordo—. Estaba tan embebida en su conversación que cuando le hice señas ni siquiera me vio."

—Bueno ¿y con quién estaba? —pregunté yo, ansioso de resolver el misterio.

—Con tu mujer, con Clara.

—¡Ah, pues si las dos van al club de costura!

—Pues se fueron de pinta.

De nuevo los rayos, de nuevo el apagón. Un breve silencio de la concurrencia, lo que nos permitió oír el inacabable tormentón.

"Te acordarás, claro que te acuerdas, cuando nos la pusieron bonita: 'La Chata Ascencio no puede venir a vernos. Su niño está enfermo'. Y no, si tú Alfonso, les propusiste que se fueran a verla y nosotros nos haríamos cargo de los niños, salvo Jeromín, mi hijo, que estaba muy chico. Nos hablaron en la tarde ¿Era conveniente que se vinieran con la tormenta que estaba cayendo? Y se quedaron a dormir en Chapala."

No sé si entonces ya era la tercera ronda de copas dobles. El Indio continuaba con sus enumeraciones: todas ciertas. Se habían ido a Melaque, con mi madre que había venido del Bajío y la del Indio, éste se había enterado, al cuestionar a sus hijos, que en una recámara habían dormido mis hijos con mi madre y los suyos, obvio, con la suya y ellas solas. Dejaban a la familia, es cierto, con todo arreglado, y se marchaban a comer ellas solas a Careyes o a la Manzanilla. ¿Acaso no me había dado cuenta que sus hijos estaban en la misma escuela que los míos? Allí se veían, sobre todo cuando no estábamos en la ciudad en la mañana, a mediodía, y si no fuera bastante dejaban a los niños jugando en el parque y ellas se tomaban sus cocteles de mariscos. Era yo tan distraído de no darme cuenta que nunca iban al mismo cine que ellos, cuando pretextaban llevar a los niños. Y también cuando estábamos en la ciudad, y para no ser transparentes, se pasaban un día en mi casa, el día entero, y el otro en su casa.

Ya he dicho que el hablar del Indio es pausado, arrastrado, y en todas sus interrupciones prestaba oídos a ver si la tormenta dejaba de caer.

Es probable que las copas aflojaron mis reticencias: agregué dos o tres ejemplos de la conducta de ellas. De paso el Indio me comunicó que desde hacía una semana la compañía le había asignado algunas de las plazas que yo frecuentaba, y lo había relevado de las de Oaxaca y Chiapas. Iba a ser un descanso.

Los tragos míos no fueron menos de cuatro y dobles. Merecidos. La tormenta por fin había cesado. En el estacionamiento me tomó de las dos manos el Indio:

"¿Y a nosotros qué nos toca hacer?"

Interrogante que, como hierro de herrar, me empezó a quemar inmediatamente.

Julio 10.

Noches de insomnio, de pesadillas despierto. Si Clara se me acercaba, oí o creí escuchar el nombre de Estela; si intentaba un abrazo me imaginaba que lo hacía para guardar las apariencias; si se volvía hacia el otro lado quizás lo realizaba al darse cuenta que no era la otra. Lo más grave fue al pensarme lejos de la casa, sin mis hijos, solo, divorciado. ¿Y la causa al público, a la familia? ¿El por qué? Pues hay que decir algo. En mis primeras visiones, imaginaciones, un sudor frío me dejaba helado, sin capacidad para pensar en el futuro, y todavía más aterrador el que se fuera a saber la realidad: entonces, además de la desgracia, el descrédito, el ridículo total. ¡Qué clase de cornudo era! Y lo que recaería en mis hijos, sin capacidad aún para defenderse. Iban, seguramente, a quedar traumados, carne de cañón de psiquiatras, rebeldes con causa.

Baste con asentar que bajé varios kilos de peso. Mis ojeras no eran oscuras sino negras. El gerente entre veras y bromas sugirió unas vacaciones. Le contesté que de ninguna manera: sin dinero, sin poder llevar a mis hijos ni a mi esposa. Era una imposibilidad. Tuve la tentación de llamar al Indio Astudillo, pero me contuve. Estaba en perspectiva un viaje a Morelia. Algún consuelo iba yo a tener con Carmina. Le hablé por teléfono. Era casi seguro que en unos días yo estaría por allá. Para luego volver a agregar nuevas instancias que confirmaban las relaciones ilícitas de esas cabronas mujeres. Había vivido años con una venda sobre los ojos. Era yo un pendejo, un pendejo cornudo *sui generis*. Siquiera no era del montón. Por fin supe que en tres días más estaría en Morelia. Eso lo supe en la mañana. Me dispuse a telefonearle en la tarde a Carmina, al comienzo de su turno, para que no fuera a comprometerse en esos días, si terminaba pronto mi trabajo podríamos irnos al mar, aunque fuera por un par de jornadas. En eso el teléfono: el Indio Astudillo. Salía al día siguiente para Morelia. De casualidad yo no iba a ir. Después de mis explicaciones me indicó que él se encargaría de apartarme mi cuarto. Esta noticia me impidió llamarle a Carmina.

Al llegar a Morelia no encontré el cuarto a mi disposición. Me informaron que compartiría la habitación con mi amigo. Me contrarié: no iba a tener un momento en que estar solo, menos ver a Carmina. Me entregaron un recado del Indio. Si llegaba a tiempo podría encontrarlo a la hora de la comida en un restaurante determinado. Y fui en busca de mi destino: el hallarme a un Indio triste, medio borrachón.

Y mientras caminaba retornó la maldita frase: "¿Y a nosotros qué nos queda hacer?"

En la mesa del Indio no había una copa ni una cerveza. "Mira Alfonso —empezó a explicarme antes de que me sentara—, es mejor que no tomemos en la comida, en la tarde ya será otra cosa. Yo apenas tengo tiempo para que comamos. Bien sabes que es mucho mejor hacerlo acompañado que como perro callejero. Pero no hay que exagerar: nos tomamos un tequilita, mientras llega la comida." Después me contó un detalle gracioso ocurrido en Guadalajara de un conocido. Yo me quedé esperando la cuenta, perplejo. El humor del Indio excelente. "¿Y a nosotros qué nos queda hacer?" ¿Qué había hecho el Indio para tener tal ánimo?

Cerca de las siete ya estaba en mi cuarto. Volví a pensar en Carmina. Hombre joven como soy mis necesidades son apremiantes, urgentes. Podía excusarme con el Indio, pero entonces tendría dos clases de explicaciones, llenas de pequeñas mentiras, tanto a Carmina como al Indio. Sonó el teléfono: era el Indio Astudillo. Las copas no serían en el hotel, menos en el cuarto. Me parecía bien que nos viésemos en la cantina que se veía desde la ventana del hotel. Y quince minutos después ya estaba con una cuba doble frente a mí. Yo no podía creer en lo que veía. El Indio era otra persona, dicharachero, alegre, esto con sus asegunes, no se debe olvidar que es un hombre de hablar pausado.

Estábamos en la segunda copa cuando propuso:

—Tengo ganas de tomar un baño de vapor. Si ellas lo hacen por qué no nosotros —lo vi tan decidido, contento, entusiasta, como si fuera un gesto de liberación, que a pesar de mi disgusto tan acusado por los baños —el tener que enseñar mis desnudeces y ver otras me repugna—, acepté. En tanto nos fumábamos un cigarrillo en nuestro apretado cubículo ordené otras cubas libres. Luego confirmé mi repulsa: viejos gordos, jóvenes lascivos, posibles enfermedades en los pies. Todo esto no tiene importancia, lo que sí fue cuando, casi al entrar, con otra faceta que no le conocía, el Indio Astudillo enrolló la delgadísima toalla, y a guisa de cuerda me golpeó mis nalgas, al tiempo que decía: "¡Ánimo muchacho, ánimo!", y la toalla húmeda producía un chasquido como de látigo, o cuando menos así me pareció. Y no fue una vez, sino varias, ya que entrábamos y salíamos de la sala de vapor. Mi reacción, cuando mucho, fue tratar de cubrírmelas con las manos, pero siempre me sorprendió el Indio. En las regaderas ocurrió lo mismo, entonces reaccioné y cuando estábamos en la regadera gigante, ya para salir, quise emplear su método y fallé, para gran regocijo de Jerónimo Astudillo. Al tiempo de vestirnos nos terminamos la cuba. Acompañamos la cena con otra. Inmediatamente nos fuimos a acostar, y apenas puesta mi cabeza en la almohada me quedé dormido. Me daban de latigazos, me dolían, uno tras otro, y repentinamente había eyaculado, solo, como cuando tenía trece años. Fui al baño a lavar el calzón, la parte manchada, la sequé con la toalla, todo esto sin prender la luz, y en el suelo, al costado de mi cama la extendí para que terminara de orearse.

Agosto 12.

Después que retornamos de Morelia nos volvimos a ver. El mismo bar Cué, las dos cubas libres dobles y al baño de vapor. Volví a ser sorprendido por los latigazos húmedos que tan bien sabía dar el Indio Astudillo. Lo único que varió fue que no cenamos en un restaurante y lamenté no haberlo hecho. En mi casa nadie, Clara y los niños habían ido a un cumpleaños de una prima de ella. No oí cuando llegó Clara.

Dos días después pasó a recogerme el Indio. En vez de irnos al bar Cué me llevó a los baños. Me explicó que era mejor así. Si nos daba la gana podríamos tomarnos otra copa o bien podríamos cenar. ¿Acaso con los baños no había dormido mejor? Admití que sí. Cuando recibí la toallita me preparé a resistir las agresiones del Indio. Como el combate fue en el cuarto de vapor sudé mucho más. Salí con el rabo ardiéndome y me imagino que colorado, ya que pude apreciar en el del Indio las huellas de los pocos latigazos que le atiné. Al día siguiente, en el desayuno, y sin la presencia de Clara, me preguntó Carlitos, mi hijo, que adónde había estado. Le dije la verdad, lo que no le conté fue que tuve que lavar de nuevo, a ocultas, el calzón de la piyama.

Desde esa ocasión a la fecha vamos martes y jueves a los baños, después de tomarnos nuestras cubas y a jugar cubilete. Un día fuimos al cine, después de que el Indio dijo: "Ya que no nos extrañan." Después cenamos. La declaración del Indio exacta. Ni Carlitos mi hijo me ha preguntado nada.

El Indio ayer en el vapor me tocó el bajo vientre entre veras y bromas, amonestándome: "Está demasiado grande. La barriga es la que hace a los hombres viejos. Hay que rebajarla." Sentí una sensación extraña.

Afuera de nuestro cubículo extendió dos toallas y me enseñó varios ejercicios. ¡Con razón tiene ese cuerpazo! Se podría dar una lección de anatomía. Músculos largos y firmes. Daba gusto verlo.

Después al bar Cué, sin preocuparnos del tiempo. Ayer cambiamos de juego: le dimos al dominó. Ha habido un compromiso tácito: no hablar de lo que pasa en nuestras casas. Sin embargo, el Indio comentó:

—El sábado muy de mañana voy a ir a Tapalpa. No sé si te conté el martes que se cayeron las dos recámaras. Ya sacaron los muebles y los encimaron en los de la sala. Lo único que quedó fue mi recámara, el comedor y la cocina. Si no fuera porque tengo tanto que hacer hubiera ido desde el lunes en que vinieron a avisarme. Ya ordené lo necesario pero tengo que ir a ver las obras. Si esto no hubiera ocurrido en la temporada de aguas ni me preocuparía...

Continuamos con el juego. Cenamos. El Indio me llevó a donde estaciono mi coche. Ya había descendido y cerrado la portezuela cuando me hizo señas el Indio de que me acercara: "¿Podrías acompañarme el sábado? El domingo alrededor de las seis ya estaríamos aquí." Iba a preguntarle: "¿Y yo en dónde dormiré? Sólo hay una cama." No lo hice, y acepté.

Ahora tengo una gran perplejidad. Como si entrara por un camino desconocido. Tres frases me recurren: "¿Y a nosotros qué nos queda hacer? Estoy al filo del agua. En el filo de la navaja."

HOMENAJES

Para Alberto Ortiz Guijarro

A LA BANDERA

Es un decir: "Me iniciaron en el amor, pero algo parecido a esto me sucedió…"

Estaba en sexto de la escuela primaria. Todavía me duele pensar en los sacrificios que hacía mi pobre madre para poder sostenerme los estudios en ese establecimiento de monjas. No es ésta la ocasión de recordar los pormenores y sufrimientos de esos años. De las monjas sólo recuerdo a la madre Consuelo, y es de las pocas personas con nombre piadoso que le hacía honor a su nominación: desde su paciencia para hacernos comprender algún problema de matemáticas; su dedicación; su calma, nunca la vi impacientarse, si acaso un gesto, que podría interpretarse como de cansancio cuando, sentada en su escritorio, recargaba su cabeza en su mano derecha y cerraba los ojos, hasta que alguien, aprovechando la situación, hacía algún ruido inoportuno.

En verdad muchas de las cosas que sucedieron en sexto año sólo se me revelaron años después. En ese entonces yo tenía por maestra a la madre Reyna.

—¿Entendiste bien, Alberto? —me preguntaba. Yo estaba en la obligación de demostrarlo, y si mi comprensión

110

era buena, ella daba por sentado que toda la clase había comprendido.

Llegaba yo a la escuela muy temprano, a veces a las siete y media. Entre mis obligaciones, como si hubiera sido el violín primero, estaba copiar en el gran pizarrón varios textos u operaciones aritméticas que me había encomendado la maestra Reyna el día anterior. Me gustaba apresurarme con el encargo y luego, desde el corredor, divisarla cuando se acercaba a la escuela vestida de blanco.

Ella odiaba cualquier retraso. A todos aquellos que lo hacían no los dejaba sentarse, sino que parados al lado del pizarrón esperaban a que ella terminara de explicar, y no sé si de propósito prolongaba la exposición más de lo debido. Si alguno de los castigados se movía o expresaba de algún modo su cansancio o aburrimiento era expulsado de la clase y enviado a la dirección.

Tenía la madre Reyna una virtud extraordinaria: sabía cómo despegar mi vista de su figura. Me sentaba en las primeras filas, y sólo cuando venían los regaños me daba cuenta de que mis compañeros no se portaban como era debido. Ya que nos había preparado bastante, no tengo idea qué tiempo después de iniciado el curso, una media hora antes de la salida nos hacía resolver algún problema. No es presunción: yo era de los primeros: "Señorita Reyna, aquí está", y ella me daba una cachetadita en la mejilla o me despeinaba afectuosamente: "Ya te puedes ir a tu casa."

La hora en que empezaban los problemas estaba cercana a la comida. El primer día que hizo aquello no fui el primero en entregar la solución. Frente a mí, es decir, sobre su escritorio apareció un plátano amarillo, bien maduro. Pensé que a lo mejor sería un premio e incliné mi cabeza sobre mi cuaderno. La señorita Reyna hizo un movimiento y levanté mi cabeza. Pelaba el plátano. Tal vez ella no había desayunado y se lo iba a comer. Y no pude retirar mi vista. Del cajón sacó un cuchillo y sobre una hoja de papel empezó a rebanar el plátano. Luego remangó las mangas de su vestido. Y con su vista hacia el final del salón principió a colocarse dos rebanadas en la frente y una en la nariz, después puso las restantes rebanadas en la parte inferior de sus antebrazos, brazos, y con estos levantados sobre el escritorio, en el aire, se mantuvo inmóvil. Yo no dejaba de mirarla. ¿Estaría enferma? ¿Y qué enfermedad curaría el plátano? Al pasar Rodríguez con la hoja de soluciones para entregarla, me apresuré a resolver el problema. Casi fui uno de los últimos en terminarla, y los dos o tres que se habían quedado guardaban un silencio respetuoso. Afuera no estaba nadie.

Al día siguiente la vi venir, como siempre, de blanco. En el camino se le reunieron algunos de mis compañeros. Fue una jornada como tantas otras, solamente que al final, después que había puesto el problema en el pizarrón, sacó otro plátano. El silencio se hizo. Al oír mi nombre no creí que era yo, y permanecí sentado: "Alberto, ¿qué no me escuchaste?: Rebana y ponme el plátano." No me apresuré como solía hacerlo al ir al pizarrón, sino que con cobardía ante lo desconocido subí al estrado. Antes de que terminara de rebanarlo ella ya estaba en trance. Toda la clase atenta. No se oía ni un respiro, y en cambio sí los ruidos del campo: el alborozo arrítmico de los tordos, el ladrido de un perro, y lejanísimo, como si no fuera de la escuela, la marcha de unos niños.

Bajé del estrado y terminé el problema. No me fijé si fui el primero o qué lugar tuve al entregarlo. De puntitas, y sólo viendo de reojo a la señorita Reyna, abandoné la clase.

Desde entonces fue raro escuchar un regaño o una amenaza de un castigo. La clase fluía de una manera extraordinaria, y desde antes de que comenzara el rito un nervioso silencio caía en el salón.

Desde dos meses antes de que fuera el día de la bandera fui elegido para recitar una poesía. La memoricé en la tarde del mismo día en que la señorita Reyna me había designado.

A la mañana siguiente, antes del rito, la señorita Reyna me dijo: "Alberto, me esperarás." Al terminar mi problema no supe si entregarlo o quedarme en la clase. Por varios segundos permanecí sin saber qué hacer. Por fin me decidí a entregarlo y me regresé, sin hacer ruido, a mi lugar. Vi cómo mis compañeros entregaban sus soluciones con respeto y desaparecían por la puerta.

Nos quedamos ella y yo en el salón, como si viniera de la tumba, escuché su voz que me mandaba: "Ya, quítalos." Sus manos no estaban a la altura de los hombros, sino muy bajas, casi parecían tocar el escritorio. Al quitar la última rebanada los apoyó en la superficie de éste y escapó de su boca una exclamación de alivio.

Pestañeó varias veces. Con la voz habitual me ordenó: "Limpia el pizarrón." Me sacudía el polvo del gis cuando mandó: "El sábado, aquí, a las once ensayaremos la recitación."

Mis amigos me invitaron el sábado a que fuéramos a bañarnos al río. Me excusé con orgullo: "Voy a ensayar el poema." Desde las diez y media emprendí el camino hacia la escuela. El día invitaba a irse al río. El sudor, con la ascensión, comenzó a resbalárseme por las mejillas. Me detuve un momento y me pareció oír los gritos de mis amigos, como si me llamaran de un lugar lejanísimo. Al aguzar mi atención escuché a los pájaros, los cantos se turbaron con el relincho de un caballo. La escuela estaba cerrada. Miré hacia abajo y la figura blanca que esperaba no apareció. Me recargué en la puerta. Me vi en el teatro recitando: "A la bandera." Las palabras atoradas en la garganta. Mi padre me veía ferozmente desde la primera fila. Mis compañeros se reían a carcajadas: "Para hacer eso no fuiste con nosotros al río", y volvían a reírse. Mi madre, detrás de mi padre, lloraba, y mis hermanos no querían verme. Si momentos antes había sudado ahora las gotas corrían por mi espalda. Me sentí cansado. Sobre una piedra me senté. Y si en ese momento me fuera. Y me vi el lunes, solo, sin nadie, frente a la madre Reyna llena de rebanadas de plátano y con sus brazos en alto, y el pensamiento de la huida desapareció.

Por fin surgió la figura. Apenas un puntito blanco. ¿También traería un plátano y yo se lo iría a rebanar? Mi sudor se volvió frío y el corazón palpitó con insistencia.

Se detuvo, precisamente, a donde yo lo había hecho. También pareció escuchar. De una de sus mangas sacó un pañuelito blanco y se secó el rostro. Se fue acercando con lentitud, como si no quisiera agitarse, y sin embargo llegó sudorosa y con la cara roja. Me dio unos "Buenos días", y no me vio a los ojos. Lo único que se escuchaba era su respiración agitada. Yo, parado junto a ella, miré hacia el horizonte: ni una nube, las copas de los árboles brillaban, y los mosaicos de la cúpula de la iglesia se veían más alegres que nunca.

—Alberto, ten la llave, abre y deja que se ventile el salón. No me gusta el olor de las piezas cerradas.

Lo único que olí fue a gis. Todavía no terminaba de abrir la última ventila, de una de las ventanas, cuando oí sus pasos.

Entre ella y yo, por supuesto que por órdenes de la misma, hicimos a un lado la mesa escritorio. Bajó la señorita Reyna del estrado y se sentó en el medio del salón. Ni una mosca, ni un grito, ni un canto de pájaro. Nada.

—Empieza.

En ese momento nos llegó el sonido del batir de innumerables alas, de alas pequeñas. La parvada se había posado en el patio. Volví mis ojos hacia la puerta y estaba cerrada.

—¿No te dije que empezaras?

El salón se llenó de los rostros conocidos, pero los únicos ojos que me miraban eran los de ella…

Recité sin parar.

—Te la sabes bien. Ahora repite. Cuando levante la mano izquierda harás una pausa breve, y cuando alce las dos, la pausa será larga. Volví a recitar y memoricé las pausas. Y las repeticiones siguieron no sé cuántas veces.

—De todo estás bien, lo único que falta es la emoción —subrayó, acercándose al estrado. Hizo una media genuflexión y allí se quedó. "Ven, Alberto. Abrázame como si fuera la bandera." Obedecí. "Más fuerte." Tomó mi mano derecha y la colocó en su nuca, y me empujó la mano para que la acercara más a mi cuerpo. No sé ni cómo recité. Ella ha de haber oído los tumbos de mi corazón, su rostro estaba sobre mi pecho. "Repite", ordenó. Tampoco me di cuenta cómo lo hice. Se desprendió de mi abrazo. Una palomita torcaz comenzó con su lúgubre canto. Me di cuenta que yo sudaba. La señorita Reyna se arregló su vestido y acomodó con sus dedos, como si fueran un peine, sus cabellos. La palomita torcaz seguía cantando. Sin cambiar palabra salimos. Ella cerró la puerta.

Descendimos con lentitud. Yo deseaba echar a correr, pero ella marchaba como deben hacerlo las gentes bien, paso a paso, sin perder la compostura.

Durante cuatro sábados ensayamos "A la bandera", y el rito no varió, pero la bandada de pájaros no llegó al patio ni la palomita torcaz cantó.

Con una blusa muy almidonada, mi cabello peinado con limón, y con un deseo ferviente de que todo terminara pronto llegué al teatro a recitar "A la bandera." Tal como lo había soñado despierto vi a todos los rostros conocidos, en vez del aleteo toses impacientes; en lugar del olor a gis el polvo viejo se metía al respirar. Mi pecho lo sentía apretado, no por el rostro de la señorita Reyna, sino por una angustia sofocante. Frente a mí el vacío: no estaba el rostro de ella sobre mi pecho. Apreté mi mano derecha sobre mi estómago, como si tuviera un dolor. Vi, en una de las plateas, los ojos de la señorita Reyna, parecían decirme: "Me necesitas para recitar bien." Y recité.

No sé si hice las pausas, ni tampoco me acuerdo si hubo aplausos.

Los ritos con el plátano continuaron, y yo seguí siendo el oficiante, y como si a todos nos hubiera prohibido hablar, la obedecimos, sin hacer comentarios entre nosotros.

Pasé el año con pausas de tranquilidad; a cada fiesta, patriótica o religiosa, temía ser el elegido, y no sé por qué, un terror anticipado de estar con ella, en la escuela solitaria, se apoderaba de mí.

—Alberto, tienes que ir a buscar a tu hermana, ya son las ocho —me ordenó mi madre.

—Falta todavía un cuarto.

—No importa, ve. Es preferible que tú esperes a que lo haga ella.

No contesté nada. Cerré la puerta del zaguán y me recargué sobre él. Me horrorizaba tener que ir en búsqueda de mi hermana. Había que saludar a tanta gente y eso me daba mucha inquietud. Todavía no lograba tener novia. No conocía la forma de hablar sueltamente con ellas, mis expresiones eran retorcidas, si es que lograba darle forma a algún pensamiento, pero si no mi tartamudeo alcanzaba a exasperar a la muchacha con quien hablaba, o lo que es peor, a mí mismo.

Llegaba por Lucía, mi hermana, y aguardaba su salida en la esquina. Nunca salió sola y era necesario acompañar a sus amigas, y yo, muy a pesar, me sentía obligado a conversar con ellas, y era, precisamente, con las amigas de mi hermana con quienes más dificultades tenía para hacerlo.

Esa noche, mientras llegaba, prendí un cigarrillo. En la esquina de enfrente estaba un grupo de unos cinco muchachos, todos conocidos míos, pero ninguno amigo mío. Escuché pasos, pensé que eran mi hermana y sus amigas. Los muchachos de enfrente dejaron de hablar y volvieron sus rostros hacia donde venían los pasos.

—Alberto, ven. Mira, ésta es Juanita Ochoa, nuestra maestra. Te quiere pedir un favor.

—Alberto, me dice tu hermana que si tú quieres se puede quedar hasta más tarde. Yo te ruego que la dejes, necesitamos ensayar más —y como si yo hubiera dado mi aquiescencia me tomó del brazo y, sin preguntarme, me condujo hacia su casa.

Apenas llegamos comenzó a oírse un disco, y toda la concurrencia, unas diez parejas, se puso a bailar. Olvidé mi timidez y me senté a verlos. Me encantó la forma en que lo hacían. Cerca de las diez nos despedimos.

La próxima noche, lluviosa, me di un pretexto, como buen tímido, para tocar en la puerta de la casa de Juanita Ochoa. Una muchacha me abrió y corrió a tomar su posición en el baile. Busqué mi silla, pero no estaba, y parado, sin poder contenerme, con una pierna seguí los ritmos. No me había dado cuenta que faltaba el hombre de una pareja y al comenzar a ensayar otro bailable lo noté. Fue entonces que en la forma más natural la señorita Juanita me tomó del brazo, como la noche anterior, y me indujo a bailar. Por supuesto, apenas sabía mover los pies, y a pesar de eso me sentí lleno de entusiasmo: iba a aprender a bailar.

A la hora de la comida me dijo Lucía, mi hermana: "Dice Juanita que te espera desde el comienzo, pues el muchacho que no fue anoche sigue enfermo." Me gustó la invitación y junto con Lucía, esa noche, nos fuimos a las clases de baile folklórico. Al finalizar me advirtió Juanita: "Tienes mucha facilidad, pero… prácticamente no sabes nada. Te voy a dar a ti solo, después de que acabemos, una lección. El muchacho Padilla tiene hepatitis y tú lo vas a suplir."

—Tengo que ir a dejar a Lucía —le expliqué.

—No te preocupes, yo voy a ver con quién la envío.

Esa noche me hizo trabajar muchísimo. Salí como a las diez y media, las calles estaban solas, y yo contento.

Antes de partir a la clase la tarde posterior me lavé los dientes, volví a pasarle un trapo a mis zapatos polvosos y me puse mis mejores ropas, aunque no las de domingo.

Repasamos lo visto la noche anterior. Después Juanita buscó un disco. Creí que sería un nuevo bailable. Una melodía muy romántica llena de violines y acordeones, salió del aparato. No hubo intercambio de palabras. A la tercera pieza dijo Juanita: "Si alguien llegara, tú dirás que estamos descansando del ensayo." Eso fue todo y continuamos bailando, como si fuera una lección.

Ni en la mañana, ni en la tarde del otro día, no pude hacer nada. Lo único que me consolaba era ver cómo corrían los minutos en el reloj. Desde mucho antes de que Lucía estuviera lista yo ya lo estaba. Me vi varias ocasiones en el espejo y rectifiqué mi peinado.

—Nunca me imaginé —le dijo Lucía a mi madre, a la hora de la merienda— que a Alberto le fuera a gustar el baile.

—A tu papá le gustaba mucho. No sabes cómo bailaba el jarabe tapatío. A mí también me gusta.

—Estoy adelantando muchísimo —expresé para poner un punto final. Dejé mis alimentos intactos, y sólo me tomé un vaso de leche.

Una inquietud, que jamás había sentido, me asaltó cuando un grupo se quedó platicando después de la clase. Parecía que no querían irse. Mi inquietud se transformó en impaciencia. La señorita Juanita daba la impresión de alegrarse con sus pláticas y sus risas. Yo, junto al tocadiscos, esperaba que cerraran la puerta para sacar el disco y esperar a que Juanita hiciera la selección. Al volverse Juanita, después de cerrar la puerta me reprochó: "¿Qué haces? No quites el disco." La obedecí y ensayamos, hasta que se acabó. Luego vinieron los violines. No sé cómo hizo que acomodé mi rostro en su cuello. Mis brazos la estrecharon y bailamos. Al terminarse el disco dijo: "Mañana los voy a despachar más temprano. Así podremos ensayar un poco más."

Y así lo hizo. Y luego que ensayamos puso un disco con danzones, al terminar lo volteó y continuamos bailando. Olvidé que lo hacía y le di besos al borde del cuello y en la mejilla. Finalizó la música y me despidió. En la calle me molesté conmigo. ¿Por qué no me había quedado? ¿Por qué no le había pedido que bailáramos más? Dormí mal, muy mal y me juré proceder de otra manera. Mi inquietud fue tal que casi no desayuné, ni comí, ni merendé, lo único que podía pasar eran líquidos. Me tenté la frente, me pareció que tenía fiebre: nada.

La clase la pasé nervioso, me equivoqué más de lo acostumbrado, y el ensayo particular fue tedioso. No esperé a que acabara el disco. La besé en la misma parte que la noche anterior y luego le busqué la boca. A pesar de mis propósitos no repliqué cuando, al finalizar el disco, dio por terminada la lección. En la esquina me dije que era un pendejo. Me devolví hacia su casa, apenas había dado unos pasos cuando me detuve, todavía más enojado conmigo mismo, porque no me atreví a llegar a su casa.

Entonces era yo muy piadoso y al mediodía me acerqué al templo. No le hablé a Dios, como quizás debí haberlo hecho, sino que me dirigí a la Virgen. Mi deseo no lo concreté, sólo le pedía que tuviera valor y que pudiera pedirle a que me dejara quedarme un poco más en su casa.

Comenzó nuestro ensayo. Al bailar no me dejó, quizás por el ritmo, a que recostara mi cabeza en su cuello, aunque al final la besé. Y el disco se acabó. La señorita Juanita hizo el mismo movimiento para despedirme, y yo dije: "Otro", no sé cómo. Lo puso y resultó un cha-cha-chá. Por supuesto que lo bailamos separados, y la señorita Juanita parecía no darse cuenta que me moría de ganas de abrazarla. Esos discos tenían seis piezas de cada lado y al último cha-cha-chá, forzándola un poco me acerqué a ella. La besé, no sé si bailando la estreché y le tomé los dos senos. Oí que dijo: "Se acabó." No comprendí si se refería al disco que se había terminado o a lo que estábamos haciendo. Su cara roja, y también como la monja de la escuela primaria, no me veía a los ojos. Abrió la puerta.

—Hasta mañana —dije al despedirme.

—Nos vemos en el teatro.

—¿En el teatro?

—Sí, para el ensayo con trajes.

—Yo creía…

La noche se me hizo más oscura. Yo la acompañaría después de la función, y si no al otro día vendría a verla.

De algo habían servido las clases: no bailé tan mal en el ensayo general, aunque pésimos fueron mis cálculos, ya que ella con un numeroso grupo se fue a su casa comentando los aciertos y defectos. Y por mi parte, apenas había terminado nuestra actuación, al día siguiente, ya estaban presentes mis padres con nuestros abrigos. Mi madre dio por supuesto que me iría con ellos a la casa. Me tomó del brazo: "Vámonos", ordenó, y no encontré una razón para quedarme. "Vámonos, vámonos", apuró, "mañana temprano nos vamos a Guadalajara."

—¿A Guadalajara? —pregunté con voz de tonto.

—Tú sabías que no nos íbamos porque esperábamos a que tu hermana saliera en el festival.

Y yo que ni siquiera me iba a despedir de la señorita Juanita. Me dormí muy tarde. Lloré tanto por tener quince años y ser tan torpe. Eso sí, tan pronto llegara a Guadalajara, le iba a poner una carta y enviarle unas tarjetas postales.

Tal como lo había anunciado mi madre: salimos muy temprano, todavía no clareaba. A la salida del pueblo vimos a unos lecheros. En nuestro carro todos iban bien contentos.

Los primeros días en Guadalajara me sentí triste, sin entusiasmo por nada. Mi madre me repetía: "¿Estás enfermo? Dime qué te pasa." Yo imaginaba lo que iba a pasar, tan pronto como regresara, con la señorita Juanita. No me importaría si había disco o no: la besaría toda, la desnudaría. Entonces me faltaba la respiración e intentos abortados de vomitar me venían. En uno de esos días me contemplé, de cuerpo entero, en un espejo inmenso de mi tía Chonita. Comprendí que si ella se oponía yo no iba a poder forzarla a nada. En un principio creí que era ilusión óptica mi delgadez. Al pesarme vi que era la realidad: escasos cuarenta y tres kilos. Esos asomos a la verdad pasaron pronto y regresé a mis sueños. Y éstos con su recuerdo no me dejaban comer ni dormir. Enflaquecí, tal vez no más de dos kilos, pero mi padre, temeroso de que tuviera tuberculosis, me llevó con un médico. Recetó lo previsible: tónicos, jarabes y vitaminas.

Al ver en el calendario la fecha tan lejana del regreso me vino un periodo de terribles masturbaciones. Cuando mi madre continuó preguntándome qué me pasaba, al verme tirado en la cama, o en un sofá, opté por irme a los parques, y bajo los árboles, tirado a su sombra, o recargado en sus troncos, soñaba o las lágrimas fluían. No soportaba ninguna compañía.

Ahora sí mi atención registró la fecha de la salida. Me fui a cortar el pelo, y pedí, contra mi costumbre, que me compraran un par de zapatos.

Llegamos a Tamazulita muy noche: cansados, sedientos, y llenos de polvo. Cuando terminé de bañarme vi el reloj: las diez y media. Era imposible hallar un pretexto para salir. La noche se obstinó en ser larga, y no fue tan silenciosa, como se supone que son: maullidos de gatos, cantos de tecolotes agoreros, el reloj con sus cuartos, medias horas y las horas completas, y al fin los gallos.

—Alberto, Alberto —oí la voz de mi madre—. ¿Qué estás enfermo? —me incorporé: "¿Qué horas son?"

—Las doce.

Y me dio un gusto incontenible. No tendría que esperar tantas horas.

—Te hacía falta tu tierra —señaló mi madre, con su perenne regionalismo.

Comí con apetito. Me molestaron los pelos incipientes de mi barba y me rasuré. A partir de este momento no supe qué hacer. Me acordé de la Virgen, con su fama de milagrosa, y me fui a verla: "Dame fuerzas, dame fuerzas", le pedí, sin decirle para qué. Al fin ella, con su gran sabiduría…

Me encontré con mi hermana en la tarde, a la hora en que los pájaros hacen su gritería más desordenada, como si esperaran el toque de queda. No sé por qué creí que adivinaba mi pensamiento, y para destantearla le dije: "Ya se te olvidaron las danzas."

—¡Ah! —fue su única respuesta, como si fuera yo su inferior. Me tomé un gran vaso de leche con desgana, y en un descuido de mi madre le eché la carne a nuestro perro. Después de lavarme los dientes me escurrí por la puerta: eran tan sólo las siete y media y yo me había fijado, no sé por qué, las ocho de la noche para tocar en la puerta de la señorita Juanita. Fue entonces que noté que la noche estaba rasa y había estrellas a montones, como limas en noviembre o pitayas en mayo.

Estaba seguro, pero para estarlo más, recé a la Virgen otro rosario. Mi corazón se agitaba, desaforado, en mi pecho. La casa de la señorita Juanita iluminada. Toqué. Más de lo debido esperé. No fue ella quien abrió sino un hombre. Al preguntar por ella la señorita Juanita acudió a la puerta.

—Pasa, pasa.

Al llegar a la salida se volvió hacia el hombre que se había quedado atrás para cerrar la puerta, y señalándome explicó: "Alberto es uno de mis alumnos más aventajados."

Me volví. Él me tendió la mano y no dijo nada.

—Siéntate —me invitó ella.

La obedecí. Juanita habló, pero era como si no hablara, lo hacía para destrozar el silencio. Por fin dije: "Señorita Juanita, como no pude despedirme, ahora vengo a hacerlo."

—¿Te vas?

—No, regresé.

—¡Ah! —dijo, como mi hermana.

Me despedí. Apenas cerró la puerta eché a correr, y bajo la sombra de un árbol lloré mucho.

EL TÍO ABELARDO

—A veces he pensado cómo hubieras sido si me hubiera casado con tu tío Abelardo.

—¿Mi tío Abelardo Calles?

—Que yo sepa es el único tío Abelardo que tienes, porque primos con ese nombre son muchos. Ésa es una de las razones por las que no me casé con él.

—¿Y las otras, mamá?

—No seas malicioso. Supón que hubiera otras y yo no quisiera decírtelas. Había razones para querer casarse con él.

"Apenas salía yo de la casa hacia la de tu abuelo Sebastián, escuchaba el golpear de herraduras sobre el pavimento, bien fuera con rumbo al río o hacia la vía del ferrocarril. Entonces no era como ahora: nadie quiere que las vean con un bulto o una canasta o un morral. Te digo, apenas traspasada la puerta, yo con mi canasta extendida copeteada con las camisas rancheras de tu abuelo Sebastián, detrás de mí las pisadas. Ahora, no como entonces, las muchachas se vuelven a mirar quién las sigue, tal vez con una sonrisa, yo no: seria, con el mismo paso.

Las pisadas del caballo más cerca.

—¿Quihubo prima? ¿A dónde tan de prisa? Dame la canasta.

—¡Un charro con una canasta con ropa planchada!

—No soy un charro cualquiera. Anda, dámela. No seas ranchera. Una ranchera no me la daría. Anda.

Ya para entonces parecía que iba a atravesar la montura sobre la acera, y antes de que me la arrebatara yo se la entregaba. Al inclinarse a recogerla me llegaba el olor a Heno de Pravia, un jabón que quizás hayas visto, pero que no es el mismo de antes. Aquel caballo negro, él también vestido del mismo color y toda la botonadura de plata; los alamares, como se debe decir, con ese ruido al roce, que me estremecí, como el sonido que creo debe de producirles a los hombres el fru frú de la seda. Colocaba la canasta sobre la cabeza de la silla y ahí vamos los dos rumbo a la casa de tu abuelo Sebastián.

No debería contarte esto, pero así fue. Mis salidas, según el mandado, no eran siempre en la misma dirección, o si no, yo a propósito tomaba el rumbo indebido, aunque diera un rodeo, y ahí está detrás de mí el ruido, no creas que repito o quizás trates de imaginar que era el de las pisadas del caballo, no, era un sonido que si no fuera católica me atrevería a calificar de divino; sentía, desde no sé dónde, para arriba un cosquilleo, como una caricia que se extendía hasta envolverme, hasta que llegaba a mi boca. Creía no poder caminar, no dar un paso hacia adelante, pero no me detenía, si acaso en el momento en que me dirigía él la palabra. ¿Sabes lo que era ese ruido del que nunca podré sustraerme?: el repiquetear de las espuelas en los adoquines de la acera. A veces he pensado que Abelardo sabía el efecto que me producían o lo adivinaba. Al hablarme me sentía indefensa, incapaz de negarme, ni con una seña, a que me tomara del brazo o bien cargara el morral o el bulto que yo llevara. Entonces, m'hijo, no se usaban esas bolsas, como ésa de cocodrilo que ves tan catrifacia ahí enfrente de ti. A propósito, pásamela, deja ver si tengo tres alamares de plata que me regaló Ofelita, la hija de Abelardo.

Sí, aquí están. Ve el trabajo de la plata. Les voy a mandar a poner un broche y me van a servir para prendedor. Antes le pediré su opinión al joyero. A propósito, la primera prendita. No me veas con esos ojos, quise decir la primera joyita que tuve me la regaló Abelardo: era un prendedor de oro, simple: dos palomitas sosteniendo una coronita, como esos que ahora raramente se ven en los mercados, pero el mío era de oro macizo. Lo di como óbolo para la construcción del Santuario. Quizás no debí haberlo hecho: era un recuerdo, pero también se me hacía como traición llevarlo puesto o juntarlo con las otras joyas que me dio tu padre. Si yo hubiera podido no lo habría aceptado, pero él, Abelardo, me lo colocó en uno de esos momentos que ya te dije, me desarmaban, cuando él me seguía haciendo repiquetear sus espuelas.

Quizás pienses ¿y por qué no se casó con él si le atraía tanto? Bueno, es difícil de explicar y todavía lo es más si se trata de hacerlo frente a un hijo. Deja decirte: vivía yo en mi mundo, realmente no me importaba éste. Soñaba con cosas locas, como una casa en una loma que me gustaba mucho, sin agua, sin árboles, sin jardín, en una noche con lluvia, con truenos. ¡Locuras, locuras! Prontito me bajaron a la realidad: Mariquita Aguirre pronunció la sentencia, como si estuviera en el púlpito: "Cuidado, cuidado con el primo"; las gemelas María Amparo y María Olimpia: "En el rancho de mi hermano Pedro tiene un hijo y creo que la mujer está esperando otro. Es el vivito demonio." La beata Dolores: "Para casarse con un primo es necesario una dispensa, no sé si papal." Y si me acercaba a cualquier otro grupo, obviamente de mujeres, surgía el tema de Abelardo, como si yo no supiera nada: "Se sacó a una muchacha en Ixtlahuacán de los Membrillos, le puso casa, ahí en las afueras, cerca en la zona de las muchachas, cuando se aburrió de ella, ella se desaburrió en la vecindad." "Las mujeres le sobran, por eso se siente como se siente. Que yo sepa ninguna muchacha de este pueblo, ni en muchos de a la redonda le hacen caso. Se queman, se queman todititas." Tal vez ésa era la razón por la que se ausentaba con tanta frecuencia: tendría que ir a lugares lejanos donde nadie conociera de su fama y vendría dejando regadas a una por aquí a otra por allá, para que cuando él pasara un coro ininterrumpido le gritara un "Papaaaaaaaaaaaaá", que no terminaría sino ya casi al llegar a nuestro pueblo. Tantas manitas, tantos pañuelitos blancos, tantos encargos, tantos adioses, tantos ojos tristes.

No me creas tonta: comprendí que me tenían envidia porque conmigo la cosa iba a ir en serio, iba en serio. Pero yo también sabía escuchar a la única mujer a la que le tenía confianza, a tu abuela. "Qué gallardo es el tal Abelardo, como todos tus parientes Calles. Yo no me quise casar con su padre, por la misma razón por la que tú no le has hecho caso. Sería una abandonada, como doña Rita, doña Encarnación, doña Chencha, doña Eduviges y tantas otras, dejadas por los militares."

Pues me casé. Ya había cumplido año y pico tu hermano Ricardo, y te estaba esperando. Entretanto, no sé si porque ya se le había llegado la hora de casarse o por aquello de "matrimonio y mortaja del cielo baja", Abelardo contrajo nupcias nada más nada menos que con una de las gemelas, con María Amparo. Al parecer vivían felices y contentos como se dice: los dos altos, bien parecidos, claro que más él. Su casa estaba a menos de dos cuadras de la nuestra rumbo a la vía del ferrocarril. Una mañana, ya bien tarde, el tren de Nogales hacía mucho que había dejado de pitar, a mí ya me dolía la espalda, a una de mujer le resultan muchos achaques con el embarazo, en determinados meses no encuentra una cómoda ninguna postura: si estás mucho tiempo parada te duelen las piernas; que sentada, la espalda. No creas que estaba quieta, sin hacer nada: bordaba tus iniciales en unas toallitas con las que te estaba esperando. Porque eso sí, tu padre y yo habíamos convenido cómo te ibas a llamar. Al oír que rayaban una bestia, casi enfrente de mi ventana pensé en algún borracho tempranero, uno de esos rancheros que vienen al pueblo y no saben otra cosa sino embriagarse. Claramente escuché cómo desmontó, el espueleo rápido sobre las baldosas de la acera, y después sobre los ladrillos del zaguán. El campanilleo del timbre del cancel me llegó cuando ya estaba incorporada. Una voz, que reconocí como la de Abelardo, con urgencia llamó a tu padre. Salí al corredor. Traía las manos ensangrentadas. Al verme expresó:

—Ernestina, María Amparo, María Amparo…

Se quedó parado viéndose las manos. ¿Lo habría herido ella?

—Siéntate, siéntate —dije sin pensarlo.

—No, ven. ¿Qué no está tu marido? —estiró su mano ensangrentada como si intentara dármela para conducirme. Retiré la mía.

—¿Pero, qué pasa?

—Ven, corre —me vio—. Súbete al caballo.

—Pero, ¿dónde vamos?

—A la casa.

—Entonces me voy a pie. Deja avisar.

Al salir a la calle lo distinguí adelante jalando el caballo por la rienda. ¿Estaba herido Abelardo? Al parecer no: sus pasos eran firmes y rápidos. En eso encontré a tu tío Quintín.

—Busca a mi marido —le ordené más que suplicarle—, y dile que estoy en la casa de Abelardo. Algo pasó.

Le vi casi aflorar la pregunta, quizás observó mi apuro y echó a correr rumbo al río, como si tuviera la certeza de que allí estaba tu padre.

Frente a la casa de Abelardo la bestia con el cabestro anudado a la silla y con las riendas sueltas intentaba comer la hierba del empedrado. Nadie en la calle. Nunca había entrado en la casa de Abelardo, ya de casado. A pesar de la premura me detuve en el cancel del zaguán, grité "Abelardo, Abelardo". Mis gritos debieron ser débiles, pues no logré ni siquiera espantar a unos golosos gorriones que en el suelo se disputaban el alpiste caído de las jaulas de los canarios. Me di ánimo, empujé la puerta. Sonó la campanilla. No esperé a que saliera alguien. Me asomé en la sala. La mancha que vi era de sangre. Seguí el reguero. Como tú sabes las piezas en los pueblos se comunican unas con las otras, la de junto era la recámara principal. Sobre la cama María Amparo apoyada sobre cojines y almohadas. La vista fija hacia el corredor. Junto a la ventana, sentado, como si todo hubiera terminado, Abelardo, con sus manos acomodadas en una silla de brazos y sosteniéndose la cara.

—¿Qué le hiciste? Dime.

—¿Yo? Nada. Ella…

—¿Y la vas a dejar así: morir? El doctor, el padre…

Al oír esta última palabra María Amparo movió la cabeza. Abelardo en la misma postura.

Salí de la pieza gritando: "Auxilio." Unos brazos me sujetaron: era Abelardo: "Te van a oír, te van a oír."

130

Me desprendí de su abrazo y corrí hacia la calle. Vi venir a tu padre y a tu tío Quintín. No recuerdo qué les dije. Me volví a la recámara. Abelardo se paseaba por la pieza sin saber qué hacer.

Me acerqué a María Amparo. "Dime, ¿qué quieres? Ya viene el doctor, el padre. ¿Te duele algo? ¿Qué te pasó? ¿Qué te puedo hacer?"

No contestó a ninguna de mis preguntas: en la misma postura, viendo hacia el corredor, sin un quejido. Sentí la presencia de Abelardo detrás de mí. María Amparo lo vio de reojo, entonces hizo un movimiento violento de repulsa a su marido, el cual le provocó un fuerte dolor, era evidente que no quería verlo. Le vi un hilillo de sangre en una de las comisuras de la boca. En mi apuro, en mi impotencia sólo se me ocurrió pedirle a Abelardo: "¡Alcohol, alcohol!" Y éste me acercó una botella de coñac Martell. Palabra que pensé beber un trago. Oí pasos, varios, apresurados. Casi todos se presentaron al mismo tiempo: el padre, el doctor Lara, el delegado municipal, mi marido, tu tío Quintín y muchos curiosos del pueblo. El padre y el doctor se vieron, como preguntándose: "¿A quién le toca primero?" Entonces el delegado municipal preguntó: "¿Qué pasó?", al tiempo que miraba las manos todavía ensangrentadas de Abelardo. Al fin éste informó: "La encontré en la sala, tirada, con mi pistola escuadra. Se pegó un tiro en el pecho."

—Que se salgan todos —ordenó el doctor Lara—. Tú —me dijo a mí— Ernestina, quédate y usted padre —este último, pude verlo, no sabía qué hacer. El doctor Lara acomodó a María Amparo. Yo para ese entonces había conseguido unas tijeras. ¡Hijo, no sé cómo no te perdí! Esta bárbara se había hecho un hoyo tremendo. El doctor Lara no pudo evitar un movimiento de cabeza. Le tomó el pulso y le hizo señas al padre de que se acercara a cumplir con su labor. Se aproximó, y al igual que lo había hecho cuando estuvo frente a ella Abelardo volvió a hacer el gesto de rechazo. Yo espantada, sin poder comprender le pregunté: "¿María Amparo, no te quieres confesar?" El doctor Lara había abierto la puerta. Alguien sugirió, más bien ordenó: "Que declare." De nuevo hizo el gesto de rechazo y lo repitió. Me di cuenta de que no era por la declaración sino que enfrente de ella, solícito, estaba Abelardo. Escuché con claridad la voz del delegado municipal: "¿Qué pasó?" Débilmente respondió María Amparo: "Yo me pegué un tiro." Empezó a entrecerrar los ojos. Entonces me retiré. Alcancé a oír: "Ya murió."

No te voy a contar los pormenores de aquel día ni los cuidados que tuvieron para conmigo. Después de cenar tu padre y yo acudimos al velorio. Cómo sería el calor que casi todos los concurrentes se encontraban en la calle frente a la casa de tu tío Abelardo. Cuando digo "que casi todos los concurrentes" quise decir los hombres del pueblo, a nosotras las mujeres nos tocaba el bochorno, los rezos, el permanecer adentro. Tu padre, al igual que todos, después de que me acompañó a través de todos ellos salió a la calle, después de advertirme: "En una hora regreso por ti."

Al darme cuenta de que se rezaba el quinto misterio me arrepentí del plazo fijado: ni siquiera un rosario completo por la pobre de María Amparo, pero también tuvo su compensación: no permanecí mucho tiempo hincada, me pesabas mucho. Bien sabes lo católica que soy…

—¡Cómo crees que no lo sepa con la cantidad de misas, maitines, rosarios, triduos y ramilletes espirituales que nos impusiste!

—No vamos a discutir eso: he sido la que he sido y soy la que soy. A propósito, lo que más me había impresionado del crimen…

—¿Crimen?

—Bueno, del suicidio de María Amparo, fue su negativa a confesarse, a pedir perdón, como si hubiera estado satisfecha de irse al infierno.

—¡Mamá, cómo lo sabes!

—Todas las mujeres murmuraban esa noche el mismo comentario. Hubo algunas que frente a mí interrogaban al padre: sobre si habría alcanzado la gracia, el cielo. Iba a decir: la muy maldita de María Amparo no había sopesado la pena que les dejaba a la familia. ¿Iban a poder sepultarla en el camposanto? ¿Le iban a decir la misa de difuntos? ¿Se podría casar la gemela María Olimpia?

”Tú no has frecuentado los velorios de pueblo, tan citadino que eres: a la vez se lamenta, se duele uno de la suerte del difunto y también se divierte uno o se entera. Lo último fue lo que me ocurrió. Dolores Montes, la hermana de tus amigos los Montecitos, ¿te acuerdas? Claro que te acuerdas, nada más que ésta, de la que te hablo, mucho mayor que ellos, se sentó a mi lado. Como es natural expresó los mismos comentarios, pero al finalizar dijo: “¡Quién iba a creerlo! Yo la vi dos veces por el rumbo de la vía del ferrocarril. Pensé que esperaba a alguien, y se protegía del sol bajo la sombra de ese grupo de camichines. ¿Ya sabes dónde, verdad? La saludé y no me detuve por temor a que fuera a creer que yo estaba interesada en saber a quién aguardaba. Más tarde regresé y todavía estaba recargada en un tabachín. ¿Sabes que murió embarazada? Y todavía de nuevo la volví a ver cerca del parque. Yo me había detenido a platicar con las muchachas, todas ellas amigas suyas y no se detuvo, como si tuviera prisa, y la tenía para pegarse el tiro. Ya había pasado el tren para Nogales, aunque un poco retrasado."

"Vi a tu padre en la casa preocupado, pero tan hermético como siempre, y tal como yo no se podía dormir, con la diferencia que había: tu padre con varias copas y yo sin poder hacerlo. Al día siguiente acompañé a Jovita, una muchacha que me servía, al mercado. De sobra conoces mi disgusto de ir de compras. Tú estabas de por medio: el doctor quería que caminara, que me distrajera. De regreso, me encontré con un grupito de muchachas del pueblo, amigas mías. Fíjate que entonces a cualquier amiga o conocida se le guardaba luto. La que menos vestía un traje blanco con motitas negras. "Ernestina, no sé si sabrás", inmediatamente después del saludo, me espetó Chana Sóstenes, "María Amparo recibió una carta hace tres días."

—¿Y eso qué tiene que ver?

—Era de Tampico.

—¿Y eso? No ato, no entiendo.

—¿Te acuerdas de Evaristo?

—Sí, Evaristo Riego, su novio.

—Nadie supo el porqué se había ido del pueblo. Dice Esperancita, la encargada de la delegación postal, que María Amparo recibió varias cartas, de diversos lugares, después nada.

En el camino de regreso pensé en Evaristo Riego: lo había tratado poco, tres, cuatro veces y había bailado una tanda de piezas. Parecía no importarle nada, siempre sonriente, despreocupado. En aquel entonces, no como hoy, se fijaban reglas y había que cumplirlas. Por ejemplo, en los buenos bailes los hombres debían de ir de saco y corbata, así estuviera haciendo un calorón de los buenos.

Pues creerás que este Evaristo apenas se animaba la fiesta lo veía con gran desparpajo, mismo enfrente de uno, quitarse la corbata, hacerla un puño y colocarla en una de las bolsas del saco, sin importarle que se viera un bulto desagradable. Yo realmente ni lo extrañé, y que yo recuerde nadie lo mencionó después. Y yo también nunca más lo hubiera traído a mi memoria.

Entonces en el pueblo no había agencia del Ministerio Público. Si ocurría algo tenía que venir alguien, que de esas cosas legales no sé nada, de Tequila. Del suicidio de María Amparo todos estaban seguros. Era una pena saber que el pobre de Abelardo sería interrogado o más bien lo interrogaban todos los días. Según me contaban el funcionario que lo hacía regresaba meditabundo a Tequila. Como al cuarto día me informó tu padre:

—Parece que ya no van a seguir molestando a Abelardo. María Olimpia, la hermana, se presentó en la subagencia del Ministerio Público con una carta.

—¿De Evaristo Riego?

—¿Cómo lo sabes?

—¿Qué no habías oído?

—No.

Le relaté lo que sabía. Se quedó tu padre oprimiéndose el labio con su dedo índice, yo a su lado en la mesa viéndolo. Expresó: "¡Pobre Abelardo!"

—Él está vivo, en cambio…

—Por eso le digo "pobre". Un hombre tan orgulloso… su mujer lo rechazó ya para morir y ahora se entera de que ésta se casó con él por despecho.

—Haz un esfuerzo. Haz como si me leyeras la carta.

—No podría hacerlo. Más o menos dice así: "Anduve de la Seca a la Meca. Te escribí varias cartas. Después ni dinero para los timbres… ¿Qué te podría proponer? No me ha ido mal en la compañía en que trabajo. Me cambian a Hermosillo. Pasaré en el tren para Nogales, en la mañana del miércoles nueve. Si todavía me quieres te estaré esperando en el primer carro de primera. Hasta luego."

Tan pronto terminó de leer la carta el agente del Ministerio Público se quedó viendo a todos los que estábamos allí, menos a Abelardo, como si le diera pena, y por decirle algo le preguntó a María Olimpia:

—¿Quién tenía la carta?

—Yo.

—¿Y por qué usted?

—Me la dio ella después de leerla. Yo se la entregué.

—¿Por qué?

—La carta venía dirigida a la señorita María Amparo y yo me llamo María Olimpia, nos parecemos, el cartero todavía ayer me dejó una revista para ella…

—Ahora sí lo entiendo todo. El caso está cerrado.

"Abelardo dejó que se fueran todos. Ni se levantó de su asiento cuando el agente del Ministerio Público le tendió la mano. Al ver al mozo que esperaba con un candado para cerrar la oficina se levantó. Yo no supe qué decirle. Caminamos juntos y nos metimos en esa última cantina que está al llegar al río. Hablamos de vacas, de lo escasas que estaban las lluvias en esa temporada…

—Los hombres eran así en Jalisco —pronunció mi madre, luego añadió: "¿Eran?" A tu papá no le cabía en la cabeza que una pudiera hacer cualquier decisión después de que un hombre había fijado su capricho en uno. En esa temporada estuvo irritable, ausente. De Evaristo Riego, como si hubiera desaparecido o quemado por los calores del norte. Él también, como no acudió a la cita María Amparo, se sintió ofendido. ¿Por qué no le había guardado fidelidad, cariño, hasta que se le diera la gana? ¿Y tu tío Abelardo? El único cambio que pude apreciarle fue que se le partió la frente en dos, del ceño entre cejas a la puntita de arriba del cabello. Como debes de comprender en un hombre tan apuesto, con dinero y joven no le faltaron mujeres. Por ahí andan varios primos tuyos hijos de él, de los que yo sé. Con Ofelia Güicochea —¡qué nombre tan feo!— vivió arrejuntado como veinticinco o treinta años. Esto es un decir: cada quién en su casa, aunque la casa de Ofelia también fuera de él. Un solo hijo tuvieron, mejor dicho hija: Ofelita, a quien tú conoces. Abelardo, tu tío, guardó tanto rencor que no reconoció a su hija: era su cara, aunque en feo... ¿creerás que sólo se casó con Ofelia Güicochea en *articulo mortis?* Dicen, y para serte sincera, también lo creo, que le arrancaron el "sí" a fuerzas, si es que lo dijo.

GÜERO DE MONTE

DICE usted, Rosaura, que no me enoje. El hecho es que hice mi bilis. Sé que me va usted a decir, como otras veces, que siempre sucede así con las consuegras. Lo que me molesta es la ligereza, claro que por ignorancia, con que juzgan. Rosita Andrade me transmitió la expresión como si fuera en grabadora: "La vida de Pachita no creo que haya sido fácil" —aquí dicen que cuando pronunció "fácil" las miró y se rió—, "cada uno de los tres hijos de Pachita" —o sea yo—, "tiene apellido distinto y ella además del propio lleva otro, el de su actual marido. ¿No creen que es una mujer con suerte?" Lo que me hace arder, por dentro, Rosaura, es el pensar que algún día, por quítame de aquí estas pajas, se pelee Polo mi hijo con su mujer y ésta repita el dicho de su mamá. El pobre de Polito va a estar indefenso. Yo con ninguno de mis hijos quise entrar en detalles sobre mi vida. ¡Bonita me hubiera visto! Una cosa sí le digo, Rosaura, nunca les conté mentiras, y si esto lo toma usted así, literalmente, sería una mentira. Lo que pasó y pasa es que nunca se ha abordado el tema. ¿Cree usted que me entenderían? Yo digo que no, y realmente no me comprenderían. Es muy distinto si lo cuenta uno a una mujer, a una amiga como usted, Rosaura, una amiga vieja, no porque usted sea mayor, sino por los años de nuestra conocencia. ¿Se acuerda? Las dos casi vivíamos puerta con puerta. Usted, casi sin saber me presentó a Valentín, mi actual marido. ¡Y qué marido! ¡Maridazo!

Una cosa sí le voy a decir: a las cosas hay que nombrarlas con sus nombres, a los hijos por los apellidos de los padres. Yo pude haber registrado a mi primer hijo con mi apellido. Ya ve usted que es necesario que el padre lo reconozca ante las autoridades. Él no podía hacerlo, ya que estaba en los Estados Unidos. Al juez le presenté mi acta de bautismo, y fue suficiente. Me creyó y le puso el apellido de su padre. Debe usted suponer, Rosaura, que conocía a mi familia; más bien era un amigo de toda ella, y qué más prueba que la ausencia de mi madre en las oficinas del registro civil. Usted no la conoció, Rosaura: era muy buena mujer. Yo debería de guardarle rencor. Déjeme explicarle. Fui una niña precoz. No se me adelante, Rosaura, permítame referirle cómo fue esto. Primero la época. Acabé la primaria a los diez, y mi madre, sin valerse de nadie, con mis boletas enseñándolas con orgullo, puros dieces, logró que me admitieran en la Escuela Normal, en Guadalajara. Me pasaba la semana allá con mi tía Chayo, y desde el viernes en la tarde, mi propia tía me colocaba, dije colocaba, en el camión para que viniera a ver a mi madre. Se me había olvidado decirle que prácticamente no conocí a mi padre. Pero eso es harina de otro costal. Cursé primero, segundo y tercero de normal. Me convertí en una señorita. Entré a cuarto y un sábado, en que ya pardeaba, mi madre me mandó al otro lado de la vía a que fuera por un vestido de virgen para mi hermana menor. "No te vayas a regresar sin traerlo. Tú ahí te quedas. Llévate uno de tus libros, por si tienes que esperar." Realmente no aguardé mucho, se dilataron más en decidir si me lo traía doblado o colgado en un gancho, esto último fue lo que se decidió. A fin de llegar más pronto no di el rodeo para llegar a la avenida de entrada al pueblo. La noche no estaba oscura: una luna en creciente. Las muchas vías de las desviaciones brillaban más que la punta encendida de un cigarrillo que divisé bajo un mezquite. A medida que yo avanzaba la punta colorada venía hacia mí. A unos metros reconocí a Tarsicio Maldonado. Yo lo había visto en la plaza. Buen tipo, de pelo como de cazo de cobre, patilludo.

—A ti te andaba esperando. ¿Qué no me has visto en la esquina de tu casa todas las noches? ¿Verdad que sí?

Ya para entonces me tenía agarrada de la cintura y me conducía hacia el mezquite.

—¡Cuidado con el vestido, que se va a ensuciar!

—No te preocupes, mi niña —dijo bajando su vozarrón.

No lo sé, Rosaura, si colgó el vestido en la parte posterior de su camisa ranchera o lo colgó del mezquite. Con sus besos no me dio tiempo de gritar, ni yo hubiera querido hacerlo por miedo al escándalo. Ya no sé si medio me sentó en la horqueta del mezquite, ni cómo me subió mis piernas. Usted como mujer sabe: mucho dolor y luego, pues le apreté las piernas sobre su espalda. Luego me preocupé por el vestido de virgen, él mismo me lo alargó, al tiempo que metió entre mis piernas un paliacate, después comprendí su gesto.

—Anda, vete, no te vayan a regañar. ¿No podrías salir en la nochecita? —yo no respondí, pero sí le hice señas con mi cabeza, ya fuera de la sombra del mezquite. Me dio un abrazo y agregó: "¡Es una lástima que me voy mañana muy temprano a los Estados Unidos!"

Entonces eché a correr, sin volverme hacia donde estaba él, sentí que se me resbalaba el paliacate, aminoré mi carrera, en el dintel de la primera puerta me lo acomodé, y para que no se me fuera a caer caminé como si no tuviera prisa.

—¡Pachita, Pachita, levántate! Yo soy la que debería de tener sueño. Tres veces me hiciste que fuera a calmarte. Ha de haber sido la misma pesadilla. Estabas toda sudorosa. Bien digo que no deberías de estudiar tanto, ve en cambio el sueño tranquilo de tu hermana Rebeca.

Rosaura, si yo hubiera tenido a quién acudir otra hubiera sido mi vida, créame. Recordaba el olor a tabaco y a sudor de caballo de Tarsicio Maldonado, y su declaración sobre su partida. De la que dudé.

Durante ese día no se apareció. Ideé entonces ir a su casa con el pretexto de que me vendieran una rama de toronjil. La mismita madre de Tarsicio me la dio y no quiso cobrarme nada. Yo comenté: "Está muy sola su casa, señora." Y ella: "¡Cómo no va a estarlo: ayer se fueron mis hijos, Tarsicio y Sebastián, para los Estados Unidos!"

"¿Y cuándo vuelven?", pregunté yo. "¡Mi'jita, si lo supiera...! Depende si les va bien. Sebastián la última vez tardó tres años sin volver. Ahora tengo miedo. Alguna mujerzuela..."

Rosaura, ya no oí más. Un viernes, de regreso de Guadalajara me entraron los ascos. Por lo que dijo mi madre después, pensó que era un mareo provocado por el viaje, yo creí que había sabido lo de Tarsicio y le confesé que no me había venido la regla. No me lo va usted a creer, Rosaura, nunca dijo nada concerniente a mí, todo era: "¿Y qué van a decir, y qué van a decir?" A mí me hubiera gustado confesarle cómo había sucedido aquello. Nunca me dejó. La veía pensativa, sentada en la ventana. Llegué a creer que era por mí, y sí lo era, pero más por ella. Esperó a que terminaran los dos meses que faltaban del año escolar, no crea que por mí, sino por mis hermanos. "Tú haz lo que quieras", me dijo. "Ahí está la casa", como si fuera una leprosa. Se me cerró el mundo, aunque usted lo sabe, Rosaura, siempre hay alguien que se lo abre a uno. No, no sea mal pensada. Me puse flaca, como perra hambrienta y con una tristeza como de animal sin dueño. Estaba en la normal recogiendo mis calificaciones cuando se me acercó Amparito López, a quien quizás usted conoció, que en paz descanse, y me preguntó, de corazón a corazón, si estaba enferma y le conté. ¡Claro que eran otros tiempos, no como ahora! Creerá usted que me dio una plaza de profesora en El Arenal. Con el tiempo me di cuenta de que yo sabía más que cualquiera de las otras profes, que María Rosales, aunque muy inteligente, apenas había acabado la primaria, y que Cristina Aguado, pero dejemos eso. Lo que le cuento no es la historia de mis trabajos, sino de mis amores. Y esto es una exageración. Mire usted, el primer año realmente no pensé en nada. Me tuve que organizar con mi trabajo, y por supuesto con Polito Maldonado, mi hijito. Cuando dije un año, pudo haber sido nueve meses o un año y cuatro meses, lo que no importa. De repente se me ocurrió ir a las vísperas del santo patrono del pueblo. Dejé encargado a Polito con una vecina. Oí el rosario, y a la salida me encontré con un grupo de profesoras. Las más jóvenes, las solteras, me evitaron, no crea usted que con ambages, sino brutalmente, como si no les gustara mi compañía. Di una vuelta por la plaza con las casadas, y como es natural tenían que regresar a sus casas, y de pronto ahí estoy como alma en pena. Y así son las cosas, ahí en público, ninguno de los hombres se me acercó, así como lo oye usted, como apestada, pero eso sí, ya rumbo a mi casa, ése, que usted ha de haber conocido,

Tito Muñoz, me siguió, diciéndome cosas, como si yo le fuera a abrir la puerta. De una cosa sí le estoy agradecida: al verme en el espejo grande de la casa, me di cuenta que estaba "buena", como dicen los hombres, y no exagero: "rebuena", nunca he sabido si para la cama o buena para el cielo. Y eso me dio cierta seguridad, la que se reforzó al tocarme la puerta el atrevido del Tito Muñoz. Yo, muy firme, le grité que se fuera con las putas y que si persistía lo iba a acusar con mi tío Aureliano. Y, Rosaura, aunque le parezca presunción, no fue sólo él, sino muchos otros, pero clandestinamente, y sí es cierto que me daba seguridad el ver sus miradas sobre mi cuerpo u oír sus requiebros, que en realidad eran unos requiebros brutales, que no me atrevo a repetirlos. No le voy a hacer una lista de tales pretendientes. Por ahí no fue…

Claro que usted no tiene por qué saberlo, le dije que me dio una plaza Amparito López, la inspectora. Sí, sí se lo dije. El primer año tuve un primero, ya sabe usted, en tierra de ciegos el tuerto es rey. Así que al siguiente tenía a mi cargo el sexto año. Al pensarlo ni yo lo creo, no, no es por el año, sino por lo que pasó.

Como sucede con nosotras las profesoras, nos damos cuenta de quiénes son nuestros alumnos a los pocos días: los latosos, los enredosos, los tontos, para qué sigo… En mi grupo estaba un tal Sevilla Aguilar Jorge, tal como venía en la lista. Y desde la primera pasada a la lista saltó la liebre: el pobre muchacho era un tartamudo imposible. La mención del resto de alumnos se suspendía mientras el pobre muchacho pronunciaba "presente". Tenía yo la costumbre de hacer las preguntas por orden alfabético, para que ninguno se sintiera excluido, y cuando le tocaba su turno al pobre de Jorge, la disciplina se rompía. Desde que se acercaba su turno se podía constatar la angustia en el rostro del pobre muchacho. Así que por caridad opté por otro sistema, que nunca me ha gustado, entre paréntesis, esto es, les pedía que alzaran su mano si querían contestar. Por supuesto que Jorge Sevilla Aguilar nunca la levantaba, y otros cuantos flojos. Yo me iba a mi casa con la preocupación del pobre muchacho. Un día de clases, a la salida, con cualquier pretexto lo detuve. En un comienzo era una tortura escucharlo, pero a medida que se fue calmando se suavizó su tartamudeo. Dejé pasar unos días y lo volví a detener a la salida, y no fue sino a la cuarta o quinta vez que me di cuenta de que era hijo de Celestino Sevilla, el ciego, casado con Baldomira Aguilar. Yo le tenía una gran admiración a ella, no razonada. Usted por qué iba a saber, claro que no, pero Celestino, o más bien Baldomira tenía una tiendita, eso sí, muy bien surtida, y un cierto día, según cuentan, un muchacho de por ahí cerca, cuando Baldomira estaba en la iglesia, entró a robar la tienda, aprovechándose el muy cabrón, permítame la palabrota, de que estaba a cargo del pobre ciego. Baldomira, por no sé qué razón, regresó antes, el sorprendido ladrón intentó huir subiéndose a un muro del patio, Baldomira se le colgó de los pies. Ya caído, antes de que se repusiera, ella le había echado ceniza en los ojos. Todo esto sin dejar de gritar. Los vecinos la encontraron encima del muchacho, quien pedía perdón dolorosamente, ya que en la meritita manzana del ladrón tenía, apenas encajado, un cuchillote que utilizaban para partir el queso añejo.

Baldomira era una mujer de pelo en pecho. También fue notable cuando le arrancó una oreja a un muchacho del pueblo. El caso es que estaba Baldomira sesteando en su tienda cuando una de tantas mujeres del pueblo entró corriendo para comunicarle que se estaban… no sé por qué me da pena entrar en detalles, en decir las cosas por sus nombres, pues se estaban cogiendo a su hijo, el grande, en un carro de ferrocarril. Baldomira dejó la tienda sin avisarle al ciego de su marido, y a las dos cuadras de correr que se encuentra a Pedrito Jiménez. Hasta sudo de contarle esto, Rosaura. Lo tomó de una oreja y lo arrastró hasta la plaza de armas. El delegado municipal ni escuchó la queja de Baldomira sino mandó por un médico para que contuviera la hemorragia de la media oreja desprendida de Pedrito Jiménez. Con decirle que se llevaron al muchacho a Guadalajara, y lo peor del caso, el culpable no era Pedrito Jiménez sino Pedrito Andraca. Intervino el señor cura y los padres de Pedrito Andraca se llevaron a su hijo a Guadalajara de puritito miedo.

Usted, Rosaura, puede colegir que ha de haber sido muy difícil vivir con una madre así, y un padre ciego. A mí me llenaba de ternura. Y de muchísima lástima ver a ese pobre chico, a Jorge Sevilla Aguilar, el hijo de Baldomira. Quedamos en un comienzo en que llegara antes de la entrada y yo lo hacía leer. Sus progresos eran evidentes, a solas, pero una vez en su relación con los demás muchachos recaía. No me crea jactanciosa, pero una, si es que tengo, virtud, es el ser tesonera. El muchacho ya no se apenaba tanto al contestar. Y sabe usted qué fue lo que me perdió: el agradecimiento de este muchacho. En los momentos de trance me miraba directamente a los ojos y yo lo animaba con mi vista. También debo decirle que nunca faltó una flor en mi escritorio que me traía diariamente Jorgito. Sabe usted que también influyó en lo que ocurrió: el cambio de nuestros hábitos. Como también había en la clase muchachos tempraneros, nos interrumpían nuestras lecciones. Así que opté por darle las clases después de que terminaba nuestra jornada. Cuando Jorgito se atoraba en los trabalenguas que a veces a propósito le ponía yo le acariciaba su pelo para calmarlo. Y mis intuiciones siempre han funcionado. Jorgito vencía los obstáculos.

Le dije antes, Rosaura, que Jorgito en los momentos difíciles para él me veía a los ojos y recibía todo mi apoyo, pues verá: después los ojos de él estaban en todo momento sobre mí, no solamente sobre los ojos, los sentía en mis piernas, en las puntas de los dedos de los pies, ya que con ese calorón que siempre hay en El Arenal me ponía zapatos sin puntera, o si no en mis hombros, en mi cuello. Un día en que le acariciaba su cabello para que brincara el obstáculo del trabalenguas se volvió hacia mí, con su cara suplicante, y la boca medio abierta, como pidiéndome un beso. Me dio tanta pena ver tantísima necesidad que se lo di. Y quiero que usted me crea, Rosaura, los dos aprendimos a besar, hicimos progresos, pues tan pronto como no había moros en la costa, Jorgito empezaba a recitar algún trabalenguas y yo a acariciarlo, y luego el volver de su carita… hasta que un día hicimos la prueba sobre la tarima donde estaba mi escritorio. Y dije "hicimos la prueba", ya que usted comprenderá que sabía bien poco de aquello, con sólo haberlo probado una vez, lastimada de las asentaderas con lo rasposo del tronco del mezquite. El Jorgito tenía sus agallas, a media tarde, con el pretexto de que le explicara algo me llegó a la casa. No lo dejé entrar y en voz alta, como si todo mundo estuviera viéndome u oyéndome le dije que al día siguiente se lo explicaría.

Mentiría, Rosaura, si le dijera que no hicimos progresos; fueron gigantescos, tanto que me atreví a recibirlo sólo dos veces en mi casa, a media tarde, a la hora de la modorra. Yo ya estaba desnuda. Ahora considero que hubiera habido menos riesgos haciéndolo en mi casa, pero le tenía mucho miedo a la gente, a mis vecinos. Y un día en que vino la madre de uno de mis otros discípulos a la escuela a indagar por sus bajas calificaciones, retardamos la cosa. Y ahí tiene usted que nos separamos al romperse un vidrio, que está muy alto, y oír la voz, ¡y qué voz!, de la madre de Jorgito, la Baldomira que le menté hace rato. Creo que fue el momento más penoso de mi vida: me cacheteó, me dio de patadas, ¡y qué boca!, y se llevó a Jorgito arrastrándolo por la oreja. Si no hubiera sido por mi hijo me hubiera suicidado. A la mañana siguiente llegué a la escuela temerosa de que me fueran a expulsar. Nadie hizo mención al escándalo, tal vez ninguna persona lo oyó. Como en todo pueblo es natural que después se supiese que a Polito se lo habían llevado a Guadalajara: la Perversión, así con mayúsculas, había descendido en El Arenal. Éste es el origen de mi hijo Jorgito; del otro, Polito Maldonado, me enteré que se había ido a Tijuana.

Usted comprenderá Rosaura, lo penoso que fueron esos arrastrados meses. Sola, como apestada, mi único consuelo era mi primer hijito y cuando desesperada acudía a la iglesia a confesarme, como si hubiera creído, infantilmente, que el pinche pueblo me fuera a acoger. Ya ni daba vueltas a la plaza con las profesoras, y yo con mi panzota necesitaba caminar, hacer un poco de ejercicio. Y sola lo hacía, para sentirme más. Los hombres, más envalentonados: ya no eran los requiebros groseros, sino las proposiciones más burdas; no creo que así hayan tratado a las mujerzuelas del pueblo. De esa época, una carta de

Polito, desde Tijuana, aminoró mis desazones. Una carta cándida: ya tenía novia.

A los seis meses de que había nacido Jorgito, volví a entrar en carnes, lo que es comprensible, dada mi edad. Le llevé al segundo nieto a presentárselo a mi mamá. Me recibió, pero de puritito compromiso. Me volví muy lastimada al Arenal. Con las vecinas hablaba, pero con la única que me mostró amistad, de la buena, fue con Angelina Rico. Con decirle que ella me dio los momentos más felices de mi vida, y eso, que ya se lo dije al comienzo de esta plática, que mi marido actual es un gran marido, un maridazo. Pues le contaba que me vine bien fregada de Guadalajara después de ver a mi mamá tan distante, tan seca. Los ojos me dolían de leer y llorar. Tocaron a la puerta; era mi vecina Angelina Rico. Aunque quise ocultar la rojez de mis ojos, fue imposible.

—No es bueno que te quedes tanto tiempo tan sola. Ya ni siquiera nos visitas. Yo que tú indagaría más en las vidas de la gente de este pueblo, y vería que no es para dar vergüenza lo que has hecho. Si yo hubiera sido tu madre... —no oí si acabó su frase, me le abalancé y lloré en sus brazos, como no lo había hecho nunca. Para qué le cuento más, había venido a invitarme a comer unos tamales en su casa. Eso pretextó. Y ahí me tiene: que entro a su casa y que me encuentro un güero sentado, con todo un sombrerote, con una sonrisa, que me hizo temblar las piernas, y yo sin hablar, como ranchera, y él luego, lueguito que me explica que era su sobrino, que de Los Altos. Estuve tan a gusto que no me preocupé si despertaban mis hijos. Ya al salir, Angelina me propuso que al día siguiente con su sobrino, con su Güero de Rancho, como le decía, iría yo a dar vueltas por la plaza de armas, era el último día del novenario del Santo Patrono. Me recordó que ya hacía mucho que yo no había visto ningún castillo.

Hay gentes seguras de sí mismas, como si el mundo no existiera: así era Patricio, el Güero de Rancho, el güero de monte, como a mí me gusta recordarlo. Va usted a creerme una presumida, Rosaura, porque, le repito, que estaba guapa, buenota, porque de otro modo no se explica uno las miradas de envidia que le echaban a mi güero. A él no le importaba, ya que desde esa primera noche que salimos a dar la vuelta por la plaza me dijo que buscaba trabajo, que estaba con Angelina porque desde El Arenal se podía ir y volver a Guadalajara. Al dejarme en la puerta de mi casa sólo me tocó las puntas del cabello, y sin más, como si yo ya hubiera estado de acuerdo, expresó al irse: "Mañana vengo", sin especificar hora. Y ésta fue cerca de las once de la noche, el muy discreto. Como comprenderá lo dejé pasar. Se me abrió el mundo, más bien no me importó el mundo. Se iba a Guadalajara en las mañanas, y en las tardes, Rosaura... Ya le dije que Angelina fue mi gran amiga. Me rogaba que le dejara a mis hijos, aduciendo que los quería mucho, y algo de eso, pero lo cierto es que quería un sobrino mío y de Patricio. Éste consiguió un caballo y nos íbamos a los cerros cercanos, y siempre previsor, llevaba una manta que extendíamos en el suelo, y no era precisamente para ver el cielo, y sí para hacérmelo sentir. Con decirle que nos fuimos a quedar dos noches a Guadalajara. Nunca prometió nada, nunca me demandó tampoco nada. Quizás tenía ilusiones, pero las veía lejos, muy lejos. La única vez que lo vi indeciso, más bien inseguro, fue cuando estuvimos en Guadalajara. Después de aquella noche, libres, desnudos, sin estar acechando el alba para mandarlo fuera, yo propuse que nos quedáramos otra noche. Él se quedó callado, sin responder de inmediato como era su modo.

—¿Tienes alguna cita? —pregunté yo amoscada.

De nuevo su silencio. Repetí mi pregunta. Me dio su espalda, y en unos registros de voz que no le conocía, me respondió: "No estoy preparado", queriendo decir con eso que no tenía dinero. Le dije que no se preocupase, y aún rejego. Sabe cómo lo convencí, y fue fácil, con el argumento de "¿con quién quieres que me gaste el sueldo?" Ese gusto, ese gran gusto me duró, Rosaura, solamente seis meses, que coincidieron con el fin del año escolar. Me lo dijo brutalmente: "El lunes me voy a los Estados Unidos. Para qué te digo, aquí no pude encontrar nada. Mañana sábado vamos a pasarnos la noche de despedida en Guadalajara." Fue una noche larga, la más larga de mi vida. Nos levantamos a las cinco de la tarde, porque había que volver al Arenal. Me dio un beso, nada más, cariñoso, y con una sonrisa de oreja a oreja se volvió en dirección de la casa de Angelina, su tía.

Me encontré un recado bajo la puerta: "Si en tres meses no te escribo, olvídame. Muchas gracias."

Rosaura, desde entonces soy más creyente. El pueblo aquel lo volví a sentir encima de mí. Si a eso agrega un recado del señor cura a donde me invitaba a que fuera a verlo. Invitación que rehusé. Y qué cree: la misma inspectora que me ofreció el puesto, me ofreció mi cambio a Guadalajara, lo que considero un milagro, dado lo difícil que es lograrlo.

No sé cómo es Dios. ¡Yo que quería tanto un hijo de él! Mis reglas en su día. Tuve la esperanza después de aquel nochezón en Guadalajara. Sólo me dejó su recuerdo.

No necesito repetirle cómo fue mi matrimonio, ni cómo es, y tal vez —cosa que sólo lo sabe Dios—, cómo terminará. Y lo voy a cuidar, con este tercer hijo ya de matrimonio. Lo que sí me da coraje, más bien me dio, es la ignorancia de Rosita Andrade, al decir que mi vida no fue fácil, para con eso implicar que fui fácil. Y sí lo fui tan sólo por seis gloriosos, inolvidables meses con un güero de monte, llamado Patricio.

REINA REYNA

Ya solos, sentados en las bancas frescas del jardincito, se volvió a verme, para calibrar mi estado de ánimo, el cual era confuso: enojo, estupor y resentimiento.

—Tú lo quisiste, Efraín.

—Yo no lo quise. Estaba obligado, estoy obligado, y con esto espero que ya estaré libre. ¡Cómo crees que le iba a negar a mi Reina Reyna el favor que me pide! Comprende: ella me crió, bueno, no así tan tajantemente, sino gracias a mi padrino Felipe, pero si ella no hubiera querido… ¿Qué hubiera sido de mí? Sé que me vas a decir que qué va a ser de tu negocio de vestidos. Déjaselo encargado a tu hermana. Mi compromiso no es eterno, a lo máximo será un año. Ten la seguridad de que si tienen sus centavos antes, esto es un decir, sus dólares, llegarán dos o tres meses *before*, como dicen ellos.

—Menos mal —contesté— que Felipito no va a la escuela. Bueno ¿y si me pongo mala hay alguien que pueda ayudarme?

—¿Cómo crees que nacimos yo y mis primos y siguen naciendo más? Hay comadronas en el rancho y si no te llevaré a Valle de Guadalupe o a Jalostotitlán. Allí hay buenas parteras y doctores. Por eso quise…

—Que viniera yo.

—A mí me latió cuando me habló por teléfono mi Reina Reyna de que era algo importante. ¿Qué tal si me hubieran pedido dinero? Yo nunca te he impuesto nada, así por mis calzones, siempre te he preguntado. ¿O no es cierto?

Levanté mi cabeza para verlo. Tenía su frente arrugada, preocupado por mi reacción; como a mí no me gustaba que sufriera, propuse: "Mira, vamos a tomarnos una nieve." Felipito mi hijo, al oír la proposición, dejó de empujar su cochecito y me tomó de la mano.

Tan pronto regresamos a El Arenal con un "Luego vengo", se despidió Efraín. Iba con absoluta seguridad a comenzar sus gestiones para salir del pueblo. Felipito, mi hijo, había llegado dormido, aún continuaba haciéndolo. A pesar de mi cansancio, ya con seis meses de embarazo, me dirigí a la casa de mi hermana, distante a dos casas de la mía, para proponerle que cuidara de mi negocio por un corto tiempo, ya que si le decía la verdad de que iba a ser por un año se iba a negar. Al salir me arrepentí. Si le hacía la proposición esa misma noche toda mi familia se iba a presentar a indagar sobre mi repentina decisión. Sin embargo mis nervios me empujaron. Efraín se iba a sentir complacido de que yo secundaba con mi acción el compromiso que se había echado hacía unas pocas horas.

No me costó trabajo convencer a Tere, mi hermana. Tranquila me fui a aprovisionarme para poder darles de cenar a toda mi parentela. Dejaría a Efraín para que les explicara los motivos de nuestra decisión. Mientras hacía mis compras reconsideré: en sólo tres ocasiones había visto a doña Reyna. El día que me pidieron, cuando nos casamos, y ese mismo día, y en todas esas veces fueron pocas las palabras que cruzamos. La recuerdo con su voz ronca, un bozo bien marcado y unos ojos grandes y negros. Eso sí: me fijé, apenas iba a llegar a un lugar soleado echaba su chal negro sobre su cara. Siempre estuvo entre mis planes, en caso de que fuera a comprar ropa a los Estados Unidos, traerle una buena sombrilla. Cosa que nunca se realizó.

Ya con mis compras hechas antes de llegar a mi casa me vino inesperadamente la pregunta: "¿Y cómo va a vivir?" "¿Con doña Reyna?" "¿Con sus otras nueras?"

"El rancho es grande, esto es el caserío", explicó Efraín. "Mi Reina Reyna tiene su casota, y el resto de la familia viven en casitas aparte. Así que Dora —se refería a mí— estará nada más que con mi Reina Reyna."

Llegamos al Alteño, tal era el nombre del rancho, a eso de las cinco de la tarde. Me dolían los ojos de tanto sol. Mi Felipito dormido y sudoroso. El rancho parecía deshabitado. Nadie salió a nuestro encuentro. Entré al corredor cargando a mi hijo. Me senté en un equipal. En apariencia a Efraín no le calaba el calor, la sequedad del ambiente, la luz inmisericorde, ya que sin tomar un descanso o procurarnos un vaso de agua o un refresco, sin transición, había comenzado a acarrear los muchos bultos que traíamos en el carro. Al terminar, corriéndole el sudor por el rostro, se acercó a mí. Me puso, tiernamente, su mano a la altura de la oreja y me atrajo hacia él. Los dos nos volvimos a uno de los extremos del corredor al oír un ruido: era doña Reyna, quien a pasos pausados se dirigió hacia nosotros, como si tratara de no hacer ruido.

—Hay agua de jamaica en la jarra de barro, Efraín.

—No me va usted a decir mi Reina Reyna que es la misma de entonces.

—No la misma, pero parecida y en el mismo lugar. Tu mujer ha de tener sed.

—Ni hablar puedo —repuse.

Al regresar Efraín con dos vasos le ofreció el primero a doña Reyna, luego a mí, y después de beber yo el primer trago lo tomó él para hacer lo mismo. Entonces doña Reyna dijo: "Toma del mío, yo acababa de beber." Efraín obedeció sin protestar y disfrutamos los dos del refresco. El niño se desperezó y alargó su mano para beber de mi vaso. Efraín fue por más agua fresca. Tan entretenida estaba en darle el refresco a mi hijo que me asombré al alzar mi vista: estaba rodeada de mujeres y de niños, muchos. Busqué la mirada de Efraín, como para comentarle: "¿No que íbamos a ser nada más doña Reyna y yo?"

Doña Reyna pareció leerme el pensamiento: "Éstas son mis nueras y nietos y unos sobrinos. Están aquí todos, ya que mañana se van a los Estados Unidos."

Me despertó el ruido de los motores, al que siguió una alharaca de voces, pasos. Efraín no estaba. Me arreglé lo mejor que pude. En el corredor había dos lámparas de gasolina, las que eran humilladas por los reflectores de los automóviles; conté seis. Acudí a la cocina para ofrecer mis servicios. Ya había niños desayunando, otros lloraban mientras los alistaban para el viaje. Doña Reyna en la cabecera de la gran mesa. No sólo se habían reunido los miembros de la familia, sino otros parientes y vecinos de los ranchos, según consté después. Todavía no clareaba cuando se montaron, como se dice por allá, como si los coches fueran caballos, en sus automóviles. Antes de hacerlo, cada una de las cuatro familias, se formaron en fila india, y comenzando por el paterfamilia de cada una le besaron la mano a doña Reyna, y ella les daba la bendición, hasta los niños de brazos. La caravana estaba formada por seis automóviles, al frente de cuatro los cuatro hijos de doña Reyna, y dos los conducían sus nueras. En los capacetes rejillas con bultos, parecía un grupo de gitanos.

El grupo que se quedó regresó a la cocina y lo presidió doña Reyna. Volví al cuarto a ver si mi hijo seguía dormido. Al retornar a la cocina oculté un bostezo. Comentó de inmediato doña Reyna: "Como sabrás Dora, en los ranchos la gente se levanta muy temprano. Hay que ganarle al sol. ¿Trajiste una sombrilla? Pues dile a Efraín que te la compre. A veces hay necesidad de llevarles el bastimento."

Efraín salió al quite. "No te preocupes, Dora. Al rato voy a tener que ir a Jalostotitlán a poner unos telegramas."

—¿Para quién? —inquirió doña Reyna.

—Son de sus hijos, avisan que regresan a los Estados Unidos.

Los parientes y vecinos comenzaron a despedirse. Nos quedamos doña Reyna, Efraín y un muchacho llamado Manuel, quien iría a ayudar a mi marido.

El día en el rancho era agitado. La verdad: nunca me levanté a la hora en que lo hacía Efraín. No por falta de ganas y en previsión de alguna observación de doña Reyna, el caso es que con mi embarazo tenía mucho sueño, y las labores me cansaban. Faltaban dos manos y las de doña Reyna parecían ser ocho. Después de comer Felipito se dormía y yo aprovechaba para descansar aunque fuera un breve "coyotito", como le dicen por allá a una siestecita. No bien me acostaba cuando oía los toquecitos en la puerta. Doña Reyna me necesitaba para cualquier cosa. Opté por sentarme en un sillón mecedor en el corredor, con la esperanza de que ella, por consideración, me dejara dormir unos cuantos minutos. Estratagema inútil: pasaba por mi lado taconeando o chancleando, según lo que usara de calzado, y como consecuencia a las ocho de la noche en que se sentaba en la cocina-comedor a ver la televisión, yo estaba acostada, si acaso con dos vasos de leche entre pecho y espalda. No daba para más.

Se vinieron las lluvias y los tormentones eran tales que muchas veces los habitantes del rancho se veían privados de ver sus programas favoritos en la televisión y tenía temprano a mi lado a Efraín, oloroso a jabón. No bien había empezado la temporada de las aguas cuando el campo se transformó: aquellas tierras rojizas dejaron de verse, todo se cundió de verdura, y en las lagunas cercanas a la casa se dejaban ver las garcitas blancas y otros pájaros migratorios que hacían las delicias de Felipito. Todos los días estaba muy pendiente cuando llegaba la hora en que yo le llevaba el bastimento a Efraín. Platicaba con él mientras comía y sabedora que se me esperaba para hacer lo mismo me regresaba tan pronto como acababa Efraín. El entusiasmo de Felipito por bajarse cerca de la laguneta me hacía olvidarme de mi regreso, y no se hacían esperar las preguntas:

—¿Dora, se te descompuso el automóvil? —inquiría doña Reyna.

—Me quedé platicando con Efraín —respondía, y aunque mi hijo eran tan pequeño me autorreprochaba de mi cobardía en no haber contestado con la verdad.

Todos los sábados en la tarde íbamos Efraín, el niño y yo a Jalostotitlán. El ginecólogo me examinaba y con un toquecito en la espalda me despedía dándome confianza. Hacía yo una que otra comprilla personal, nos tomábamos un helado y de regreso al rancho. A doña Reyna no le parecía bien que hiciéramos esos viajes, era una forma más de perder tiempo, y menos aprobaba el que yo me fuera a enfermar en la clínica de Jalostotitlán. ¿Acaso todos sus hijos habían nacido en maternidades? Tampoco fue el caso con Efraín. La esposa de uno de los ordeñadores era muy buena parturienta. Efraín se mantuvo firme. No la complació en ninguno de sus deseos en este respecto. Y así como nosotros íbamos a Jalostotitlán, a Jalos, como allí le dicen, ella y Efraín se iban el domingo en la mañana a hacer las compras generales, y las de algunos encargos que les hacían los trabajadores. Un domingo, después de que llegaron, me comentó Efraín: "Mi Reina Reyna se encabronó conmigo y sabes por qué, pues por dos cubas libres que me tomé en la cantina. Ella tenía una listota para comprar telas, y la acompañé a la tienda. No es una mujer que se decida pronto y me pedía mi opinión. Créeme, me chiveé, me sentí molesto, y si le agregamos que tenía mucha sed. Al volver los ojos le echaban chispas y eso que no había terminado de comprar. Me preguntó que a dónde había estado, y se lo dije. Ya ves, no me gusta mentir. Entonces se enojó más." "Fuiste a 'La Gloria' Efraín. Conque fuiste a 'La Gloria'. ¿No te da vergüenza Efraín, todo un hombre casado?" "Pues sí, dónde quería usted que fuese? Era la cantina más cercana." Con mi respuesta se enojó más, con decirte que no terminó de comprar sus telas. En el camino de regreso no me habló, ni durante la comida. ¿Creerás Dora que no me había dado cuenta del porqué de su enojo?, hace rato lo comprendí: hay unas cuantas mujercitas en la cantina."

—Si yo lo hubiera sabido me hubiera enojado. En el estado en que estoy…

—Nada más para que veas lo absurdo de los enojos de mi Reina Reyna, el próximo sábado te asomas a la cantina y yo me tomaré una cuba.

Cuando el sábado siguiente las pude ver, mis fingidos celos se disiparon como por encanto. ¡Pobres muchachillas!

A medida que fueron pasando los días el embarazo me limitaba más y más. Ya no iba a dejarle el bastimento a Efraín, y para distraer a Felipito tomaba el volkswagen rumbo a un cerrillo de fácil acceso. El camino no llegaba a la cúspide, nos bajábamos del automóvil y poco a poco subíamos, para ver hacia la lagunota o hacia el rancho. La transparencia del aire, maravillosa; a pesar de los dos kilómetros de distancia hacia el rancho se veían hasta los pollitos.

Y un mediodía, han de haber sido, ¡cómo que han de haber sido!, fue a fines de septiembre, empezaban los días secos, fui con Felipito al cerrillo, y al bajar del automóvil sentí los primeros dolores del parto, apenas un aviso. Ascendí, para no defraudar a mi hijo, para inmediatamente emprender la retirada. En lo que relataré nunca he sabido si tuvo participación doña Reyna, el caso es que no encontré a nadie en el rancho. Le di de comer a Felipito, lo acosté, a sabiendas de que la hora de la comida estaba próxima. A la segunda tanda de dolores pensé en tomar el automóvil e irme a Jalostotitlán. Me entró un sudor frío y me quedé petrificada en el sillón del corredor. Logré serenarme. Llamé en voz normal a doña Reyna, ni ella ni nadie. Subí en el volkswagen, para hacer el viaje más rápido y no dejar a Felipito solo, y fui a buscar a la esposa de uno de los vaqueros, de la que decía doña Reyna era muy buena comadrona, no con la intención de que ella me atendiera, sino para que me acompañara en el trayecto a Jalos. Le grité desde el coche, alcé la voz, desesperada, hasta que salió Emilia: "Señora ¿qué le pasa? No quería salir para que no me viera así como estoy." "No importa, acompáñame a Jalos." En vez de contestarme se volvió a su casa, meneó su cabeza, como diciéndose no hay de qué preocuparse, y subió conmigo. Nos bajamos en el rancho, volví a gritar. Nadie, Felipito no podía quedarse solo, y en esas dudas, un dolor intenso y en la misma recámara a donde dormía mi hijo, tuve a su hermanito. Un detalle curioso, cuando se alistaba Emilia para ayudarme con mi parto dijo: "Mis manos." Y se las vi: parecían tener guantes o al menos eso me pareció, para darme cuenta al instante que las tenía cubiertas con masa para hacer tortillas. Se las lavó ante mi presencia en el lavabo del baño y yo, personalmente, le eché alcohol, para desinfectarlas.

No olvido dos expresiones: la de asombro de Efraín y la de satisfacción de doña Reyna. Me molestó tanto que cerré mis oídos y no escuché su comentario.

No me quiero pasar de lista, en verdad no me di cuenta de nada hasta el momento en que no había nada por hacer. Pero sí hubo dos detalles que me hicieron sentido después. Uno: mi hijo Felipito nunca se acercó espontáneamente a doña Reyna, salvo cuando Efraín lo instaba a llevarle alguna cosa, cierto también que no mostró resquemor alguno; y segundo, el regalo de doña Reyna cuando nació Panchito, mi segundo hijo, no me lo llevó ella, sino Efraín mi marido, no sé, ni sabré si lo compró ella o él.

Pasó un año, vino la estación de lluvias, luego el otoño, se comenzaron a secar los pastos, y los trabajos en el rancho fueron más pesados; cuando me di cuenta estaba tan flaca como una perra de casa pobre después de tener sus cachorritos, con una ventaja que todavía añoro: no tenía que preocuparme por Felipito, siempre había alguna persona que estuviera cerca de él. Daba gusto verlo: saludable, con unas chapotas en sus mejillas a pesar de que siempre usaba su sombrerito de palma para protegerse del inclemente sol. A fines de diciembre ya habían venido de paseo o para regresarse la mayoría de los braceros, y a través de muchos de ellos habían mandado los postizos hermanos de Efraín partes de las máquinas. Entonces me sentía optimista. El compromiso de Efraín estaba más que cumplido. Ya que había olvidado mencionar que el favor que doña Reyna le había pedido a Efraín era que ayudara a la conservación del rancho para que sus hermanos postizos, en un gran esfuerzo colectivo, juntaran el dinero para completar la mecanización del rancho. Lo que le permitiría a la familia tener un futuro seguro, ya que además de utilizar la maquinaria podrían alquilarla a rancheros menos afortunados.

De los meses que siguieron hay poco que anotar, si no mencionamos el trabajo, y el hecho, más bien la conversación que tuve con una tal Lupita Castellanos. Era domingo en la mañana. Mis hijos Felipito y Panchito dormidos. Efraín mi marido con doña Reyna en Jalostotitlán. Me senté en mi sillón favorito del corredor. Debo de haber estado dormitando cuando oí unos gritos: "Buenos días, buenos días doña Reyna. ¿No hay nadie?"

Eché mis buenos días y me adelanté a saludar, que como ya dije antes, era Lupita Castellanos, esposa de un poseedor de un rancho cercano y con quien había intercambiado algunos saludos. Tenían un problema con su camioneta, necesitaban ayuda. Ella y yo nos acercamos al vehículo descompuesto. El marido de ella indicó que iría a otro rancho y yo sugerí que Lupita, mientras componían la camioneta, se viniera a casa a cubrirse del sol y a tomarse un café calientito, para reconfortarse del viento frío.

—Usted no es de acá, como yo —principió Lupita la conversación, y por supuesto asentí, y le expliqué que a mi estancia en el rancho ya se le veía el fin.

—Pues yo aquí tengo que conformarme, quizás cuando mis hijos estén grandes. Ya no me es tan pesado como al comienzo. No tenía con quién platicar, y me gusta hacerlo. Alguna vez vine con mi marido y me tocó hablar con doña Reyna. Ella calladota y yo nerviosa ante su presencia me tiene usted hable y hable sin parar. Ya desde antes de llegar le tenía miedo con lo que dicen…

—Sabrá usted que no es mi suegra…

—¡Ah! Bien se ve. A sus nueras se las trae de gorra y marchando. Aquí se hace lo que ella ordena, lo que ella quiere, por eso se chupó a su marido. Ella le pedía y él no sabía negarse. Me tocó verlo, enteco, en los puros huesos, con unos ojos hundidos y una mirada vidriada. Ya debe usted de haber oído eso.

—¡Quién podía habérmelo contado! Ni creo que mi marido lo haya sabido. Ya hace tantos años que salió de aquí.

—Pues dicen que es tremenda.

Ladraron los perros del rancho. Tal vez alguien se acercaba. Las dos callamos y abordamos otros temas.

Y llegaron los calores, poco verde y muchas tierras rojas. Venían las cartas de los Estados Unidos, a donde se hablaba de las posibles fechas del regreso. ¿Había algo que pudieran traer? Llegué a pensar en mi negocio, en las fáciles ganancias, y deseché de inmediato la idea. Yo de lo único que tenía ganas era salir. Estar en mi casa. Ver a mi Efraín menos trabajado, menos flaco, desmañanado y ojeroso.

Una noche desperté, quizás tosí con el humo del cigarrito de Efraín. Éste tendido junto a mí, le pude ver sus ojos clavados en el techo, sin percatarse de que yo estaba despierta. Si lo vi se debió a que empleábamos una vela-

162

dora, para estar más pendientes de los niños. Otra noche fui yo la que no dormía. Efraín hacía movimientos extraños, como si estuviera sufriendo un calambre, a la cuarta vez no tuve más remedio que despertarlo. ¡Con qué sobresalto me miró! "¿Dónde están, dónde están?", preguntó como si no me reconociera, al hacerlo, siempre protector: "No te preocupes, fue una pesadilla." "Cuéntamela, cuéntamela", propuse. Por supuesto que no me obedeció.

Lo vi en la mañana, venía del establo. Me espantó verlo tan delgado: en los purititos huesos, el sombrero se le veía más grande y sus ojos más hundidos. Me consolé: a más tardar en dos semanas según los acontecimientos, ya estaríamos de regreso en El Arenal.

No sé con precisión, pero creo que al día siguiente empezaron a llegar los hermanos postizos de Efraín. No vinieron en caravana, aunque todos vivían en California. Tampoco estoy segura si ya estaban todos cuando llegó el armatoste, el tractor al que sacaron de aquel inmenso trailer. El tractor fue del entero agrado de doña Reyna. Tampoco enumeraré el número de trailers que llegaron con piezas de maquinaria o maquinaria entera, y esto se debió a que de este modo burlaban a las aduanas.

Yo me moría de impaciencia por irme, pero discreta esperaba, sin yo pedírselo, el anuncio de nuestra partida, aunque tenía miedo de alguna dilación, ya que dos de los hermanos postizos de Efraín estaban obligados a regresar a los Estados Unidos para ultimar las operaciones. En esas semanas trabajé más, ya que no sólo los hermanos y sus familias, sino que se presentaron muchos vecinos o sólo curiosos para admirar las máquinas, ya todas armadas y relucientes, y a los que nos veíamos obligadas a ofrecerles de comer o a que se tomaran un café.

Una de las últimas noches no hallé a Efraín junto a mí. Calculé que estaba en el baño; cuando su tardanza fue excesiva, me asomé al corredor. Efraín estaba a espaldas de mí, fumando. Tosí para no sobresaltarlo. Se volvió y con incontenida angustia me hizo señas de que callara, que me volviera a mi cuarto. Lo esperé en la puerta, él también estaba descalzo, y a pesar de eso caminó con extremo cuidado, como si temiera que lo oyeran. Se sentó en la cama y empezó a sacudirse, como si le fuera a dar un ataque: temblaba, el rostro le brillaba de sudor, y a pesar de las convulsiones continuó haciéndome señas de que no hablara, que le sirviera una copa. Se la tomó de un tirón. Se controló, pero sin ocultar su angustia, en casi inaudible voz me dijo: "Tempranito vamos a llevar al niño al médico."

—Pero si no está enfermo.

—Está enfermo ¿qué no comprendes?

A la hora del desayuno Efraín hizo el anuncio de que iríamos a Jalostotitlán a consultar a un médico.

—Yo lo veo bien —comentó doña Reyna. Efraín permaneció callado y doña Reyna le recomendó: "Diles a las Aguirre que el domingo iremos por las sábanas." Efraín, con la mirada fija, concentrado en comer.

Después me expliqué el proceder de Efraín. Sin decírmelo tuve yo que manejar, ya que él no dejó de sostener a Panchito, mi hijo el menor. Yo me volvía a verlo, deseosa de que me explicara su conducta: él seguía entretenido con sus dos hijos. Al llegar a Jalos me ordenó que atravesáramos el pueblo como si fuéramos a Tepatitlán. Apenas encontramos un terraplén para salirnos de la carretera lo hicimos. Nos cobijamos bajo la sombra de un hermoso y corpulento árbol. Extendimos una manta para que jugaran los niños. Efraín se acercó al árbol, se ocultó tras él y lo oí vomitar. Pasó un rato. Apareció. Yo, por decir algo: "¿Te cayó mal el desayuno?"

—No, no. Tengo miedo —me vio a los ojos y luego rehuyó la mirada. Comprendí que le costaba mucho trabajo hablar, así que me volví como si contemplara la carretera.

—Mira, Dora. Ya sabes que los muchachos, Chano y Fede, se van mañana a California. Eso será después de comer. Así lo pactaron con los dueños de El Gavilán. Si ves que antes de esa hora me llaman, si estás tú presente, o si no yo veré cómo te aviso, tomas el volkswagen nuestro, que dejaré cerca de la tranca. No sospecharán nada. No sé si te has fijado que ya hace varios días ahí lo dejo. Tomas a los niños como estén y te vas hasta El Arenal sin parar, sin detenerte. Allí no se atreverán a hacerte nada.

—Pero dime, ¿por qué?

Carraspeó. Creí que iba a volver a vomitar. Dio unos pasos hacia mí, como si temiera que lo fueran a oír. Sus pies tallaron las rojas arenas, como si quisiera pararse muy firme. "No hice nada, te lo juro, y por eso estoy así."

La pausa fue tan larga, dije: "No te entiendo."

—Mi Reina Reyna me quiere.

—¿Para qué? —repuse impulsiva, me volví, en contra de mi determinación de no verlo. Estaba extremadamente pálido, sudaba, su mirada sobre la carretera, hice lo mismo.

—Tú ni cuenta te diste. Te acostabas tan cansada con el embarazo. Yo, por no molestarte, cuando no podía dormir, me salía a fumar al corredor. No sé cómo mi Reina Reyna me oía, yo procuraba no hacer ningún ruido. Se presentaba con su camisón blanco, bordado y toda perfumada. Platicábamos en susurros. Llegué a fumarme hasta

165

cuatro cigarros, hasta que una noche, te lo juro que me espanté, me agarró mi mano, yo estaba en el silloncito que me gusta. Ella parada junto a mí. Levanté mi vista. Créemelo, hasta entonces me di cuenta que tenía unos senos tan grandes, y su bozo estaba cubierto de sudor. Había luna creciente. Lo único que hice fue ofrecerle un cigarrillo. Fue desde entonces que inventó que fuéramos cada semana, los domingos a Jalostotitlán. Me abraza, me acaricia la nuca, los vellos de mis brazos, por eso no uso camisas de manga corta. No sé si te has dado cuenta y desde hace algún tiempo, me ha estado amenazando. O soy suyo o me matarán. También ha dicho algo sobre ti y mis hijos…

Oí el remoler de las arenas. Me limpié el sudor de mi frente, era un sudor frío.

—Les va a decir a sus hijos o ya les dijo que yo la ultrajé, palabra de ella. Tú ya sabes la fama que tienen ellos, y creo que sí se los dijo. He sentido un cambio, cuando me acerco callan. He sorprendido miraditas entre ellos. Sorprendí a Marcelo y a Fede limpiando sus pistolas. Ella no ha buscado mi mirada.

—¿Y si me voy así violentamente y no es cierto y todo no es más que imaginaciones tuyas? ¿Qué les vas a decir?

—Que tuviste un pálpito de que tu padre estaba grave. Por eso no te preocupes. Yo me las arreglaré.

—Vámonos a El Arenal.

—Allá me seguirán. Siempre me buscarían para matarme. Nunca tendría paz. Mira Dora, regresemos inmediatamente. No vayan a sospechar. A veces creo que mi Reina Reyna no se atreverá. A lo mejor no me pasa nada y todo sean figuraciones mías, y ella viendo que tú y los niños están fuera de su alcance no intente nada. Recuerda que todo esto es si ellos me invitan a hacer algo, mañana en la mañana.

—Bueno, ¿y cuál es la razón?

—Es que así mataron a Enedino, un ordeñador, al muy pendejo se le ocurrió decir un sábado en la tarde en Jalos que los iba a demandar. Lo encontraron en la barranca como quince días después. Por eso tengo miedo, y si me pasa a mí y ven...

Calló. No oí el restregar de las arenas. Sus pasos vinieron hacia mí. Me tomó de los hombros, viéndome fijamente a los ojos. "Nos la vamos a jugar. No hay de otra, las llantas del volkswagen todas son nuevas, lo mismo la refacción. Si en el momento en que te subas al coche alguien te sorprende di que vas a Jalos a comprar una medicina para el niño. Míralos, se quedaron dormidos."

Doña Reyna, cubierta con su chal negro, parada sobre unas pacas de paja, nos vio descender del auto. Los niños seguían dormidos. Efraín me llamó desde el baño. Me dio un beso, me abrazó con intensidad: "Dora, nos la jugamos."

Al día siguiente, apenas terminado el desayuno, dos de sus postizos hermanos invitaron a Efraín a que fueran a rastrear unos novillos, al parecer los habían robado. Ni él se volvió a verme, ni yo tampoco. Con el pretexto de cambiar a Felipito me retiré a mi cuarto. No se fueron de inmediato. Oí el calentar de dos motores de vehículos. Esperé unos momentos. Con un pocillo en la mano, como si fuera a calentar un biberón, fui a la cocina. Nadie. La puerta del cuarto de doña Reyna entreabierta. "¿Doña Reyna, está usted, puedo entrar?" No hubo respuesta.

Panchito mi hijito estaba dormido, lo cargué. Tomé de la mano a Felipito. Le hice señas de que no me preguntara nada. Temblando encendí el motor. Nadie apareció. Empujé el acelerador. Nadie me siguió. Me volví hacia el rancho. Sólo las gallinas se movían. En la punta del cerrillo, a donde me gustaba llevar a Felipito antes de que naciera Panchito, la figura de doña Reyna, las puntas del chal estaban levantadas hacia donde yo estaba, miraba en dirección opuesta. Fue lo último que vi.

Después de esperar tres días mis esperanzas disminuyeron. Nos avisaron dos semanas después de que habían encontrado un cadáver en la barranca. ¿Podía yo ir a identificarlo? Lo hizo mi hermano Rodolfo. Lo enterraron en el cementerio del rancho.

BAGRES, CARPAS Y MOJARRAS

¿LE SIRVO otra copa licenciado? No se olvide que es la Hora Feliz. ¿O está usted preocupado porque no vienen sus amigos de la costa? Tómese la otra y no se preocupe en lo más mínimo, con esa lluvia van a llegar retrasados. Ya ve usted el bar desierto, ni siquiera se ha presentado el dueño. No sé si se ha fijado que tiene un carrazo, lo que se llama carrazo. No ha de querer chocarlo, ya que con esta lluvia, aquí en Guadalajara ocurren muchos accidentes. Vea usted la corriente, parece río. Mire a esas muchachas, ya se descalzaron. Yo no le tengo miedo al agua, estoy acostumbrado a ella, a caminar, como cuando era chico, pero después de lo que les pasó a las dos hermanas, pienso que me puede suceder lo mismo. Con toda seguridad lo leyó en *El Informador*. A las hermanas las recogió un vecino, en una tarde como ésta, con un chingo de lluvia. Se sentaron las dos en el asiento delantero. Junto a la casa de ellas se detuvo. Mientras limpiaba el parabrisas vio cómo se bajaba una y luego la otra y desaparecer como por arte de magia. Al llegar a su casa no se atrevió a meter el coche en el garage por miedo a mojarse, era tal el aguacero. Después de cenar sonó el teléfono. Era la madre de las muchachas. No habían llegado. Ellas le habían anunciado que se iban a venir con él. "Pero si yo las dejé mero enfrentito de la casa, en medio del aguacero. ¿Está usted segura de que no han llegado?" La señora anunció que vendría a la casa de él y colgó; él, también

169

extrañado, salió a su encuentro. Al señalarle a la señora el preciso lugar a donde se había detenido, vio con horror que allí estaba una coladera sin tapadera. A los dos días las encontraron en la barranca de Oblatos. No crea usted que le tengo miedo a andar descalzo, más bien a caminar por mi casa. Allá ni coladeras hay. Lo que es la vida licenciado, yo me tuve que acostumbrar a andar con zapatos. Mis compañeros en el primer año de la primaria se burlaban de mí. Fui a la escuela con los zapatos nuevos y sin saber usarlos. Me hicieron llorar. Claro que no los zapatos, licenciado, sino las risas, las burlas. Con decirle que tuvo que intervenir la maestra, evitó que me siguieran empujando, haga usted de cuenta: como un niño que no sabe patinar, aunque no tanto. Yo por eso a mis hijos los he enseñado a caminar primero con zapatos, y esto me cuesta mucho dinero, ha sido un sacrificio, pero casi al mismo tiempo han usado sus huarachitos. ¡Ah, qué de malas! ¡Ya se fue la luz! ¿A usted no le importa, licenciado, que me siente junto a usted? En dado caso de que llegara el dueño yo vería su carro. Le decía que mis hijos siempre han usado zapatos, y ha habido veces que han preferido andar descalzos que con sus huaraches, y había razón, pero yo, de acordarme de tan amargos momentos con cualquier pretexto he hecho que se los pongan, que estén familiarizados con ellos. Verá usted por qué le digo eso. No licenciado, no me gustaría tomarme una copa con usted sino dos. Ya sé que usted invita y las pagará, pero no quiero arriesgar mi empleo. El dueño vendrá. Ha sido capaz de entrar por la puerta del garage o llegar en un taxi, a pararse mero enfrentito de aquí, para ver si nos sorprende en alguna "movida". Lo que son las cosas: nunca ha llegado en la mañanita, pero nunca. Apagaban las luces, hacen trampas con el reloj marcador. Bueno, hacen las cosas que están prohibidas, como lo que estoy haciendo aquí con usted, esto es, sentarme con el cliente, como si estuviera fichando. ¡Bonito me vería! Qué bueno que está a oscuras; si no, hubiera usted visto que se me ha subido la sangre a la cara. Si usted quiere puedo traer una vela; hay, muy contadas, para casos como éste. Ha de creer el dueño que si deja más nos las vamos a llevar. ¡Qué hombre tan tacaño! Yo creo que todo lo que ahorra se le va al fondillo. ¿Ha visto qué fondillón tiene? Mejor que uno de mujer. Fíjese y me dará la razón, y a mí me gustan los de las mujeres. Este aguacero parece que nunca se va a terminar. El agua ya inundó la banqueta. Ésta no es la mejor temporada para pescar. Las aguas están muy revueltas, el limo está muy resbaloso. Aunque debo decirle que hay en estas épocas un chingo de pescados: mojarras, bagres, carpas. Usted creyó que cuando hablaba de la pesca me refería a la de mar. A éste casi ni lo conozco. No me crea. Claro que lo conozco, si casi estuve un año en la costa. Usted ha de creer que de mesero. No, nada de eso: de puritito flojo. Ni crea que tan flojo con cuatro niños que atender. Es cierto que yo no llevaba la carga solo sino también mi mujer me ayudaba a ella. Verá cómo sucedió. A mi mujer y a tres de sus hermanos les dejaron de herencia un lotecito, bueno ni tan lotecito. A mí me hubiera gustado haberlo conservado, está en mejor lugar que a donde vivimos, pero los hermanos de mi mujer querían su parte, yo no se las podía comprar. Así que lo vendieron. Ella me dijo: "Chalío, ¿qué hacemos con tanto dinero?" Yo le respondí: "No es tanto." Después me callé y a la mañana siguiente le propuse que nos fuéramos por la costa, a lo pobre, como lo que somos, hasta que se nos acabara el dinero. Abrió unos ojotes, y eso que los tiene grandes, como que pensó que yo estaba loco. "Mira Micaela", así se llama ella, "ya te he dicho cómo pasé mi infancia. Veía a mi papá los sábados en la tarde y los domingos media mañana. Yo soy, como mi padre, también mesero. Quiero que mis hijos, aunque sea por unos meses, la pasen conmigo todo el día y toda la noche." Micaela volvió a abrir más grandes sus ojos. "Y también quiero que tú tengas un recuerdo como el de mis hijos: seré tuyo todo el día y toda la noche. Pues ya ves, no nos toca otra que trabajar hasta siempre, y creo que ésta es la única oportunidad para que estemos todos juntos." Llorando, licenciado, y riéndose se me echó a los brazos. Avisé ese día en mi trabajo que no volvería. Ni pedí licencia, usted sabe que para trabajos como el mío no es difícil encontrarlos. Ya le dije que viajamos como pobres, en camiones de segunda, si hubiera habido de tercera, en esos nos hubiéramos ido. Primero tomamos uno para Pihuamo. Hacía un calor, perdóneme la expresión, de la chingada. Nos íbamos a acabar el dinero tomando tantos refrescos. Nos salimos del pueblo con ganas de estar junto al río y ya regresar cuando hubiera aminorado la calor. Nos paramos en la carretera y creerá usted que se paró un camión y el chofer nos preguntó, sin nosotros pedírselo, si queríamos un aventón. Micaela se volvió a verme y la vi tan decidida que le dijimos que sí, y de este modo llegamos a Manzanillo. Allí estuvimos poco tiempo, usted sabe, en las ciudades cuesta más vivir, y uno se siente más pobre y se ve uno obligado a juntarse con otros más pobres que uno, y eso sí más cabrones que pobres. Después nos fuimos costeando, que en Salagua, en lo que ahora son Las Hadas, en la playa del Oro, y otras muchas playitas que nadie las conoce. Dormíamos en petates, en hamacas, al cielo raso, en esas palapas que sólo utilizan en el día para hacer de comer y las abandonan al atardecer, en unas pagábamos alquiler, en un lugarcito cerca de Melaque; no tan sólo nos prestaron una palapa, sino también nos proporcionaron redes, anzuelos, y sabe por qué, pues les cuidábamos las dos palapas. Y después de estar seis días a la semana descalzos, íbamos al pueblo más cercano a oír misa, y era donde hacía que mis hijos se calzaran, para que no se olvidaran la costumbre. Un día hicimos cuentas. Teníamos para vivir como para un mes. Decidimos pasar otra semana en desrecorrer el camino, así como lo hicimos, como para irnos acostumbrando a lo que ha sido nuestra vida después. Las cosas no suceden como uno las planea. Pensé en ir al sindicato de meseros, en visitar a algunos compañeros, en pasar por los restaurantes y hoteles a donde había servido, y al mero día siguiente que llegamos mi compadre Chino, según dice, al pasar por mi casa vio las luces prendidas y vino a visitarme y luego lueguito me comunicó que había una vacante en el Riojano, un restaurante español, que usted habrá conocido. Y desde entonces no he parado de trabajar. Claro que me he tomado mis vacaciones, una pinche semanita, y aunque me tocan otros días libres, me tengo que volver porque el dinero se escurre como agua. Nunca ha sido como aquello fue. Yo bien lo preví. Que yo sepa, Micaela, mi mujer, no tiene ninguna herencia y yo… nada licenciado. Verá por qué… Mire, le voy a servir su otra copa. Repito: no hay que preocuparse, tan pronto termine el aguacero van a llegar sus amigos, ya que esto más que aguacero parece un diluvio. Espero que su bebida haya quedado a su gusto, pues con esta luz, si así le podemos llamar, no sé si la hice bien. ¿Se ha fijado que ningún coche o taxi ha llegado al hotel?, y si llegara algún huésped ¿cómo se bajaría? Aquí, que estamos más alto que la banqueta, no hay peligro de inundación. Se me figura que Ángel, el mozo, está poniendo jergas en la puerta de entrada. No sé si usted alcanza a verlo. Fíjese licenciado que nunca me he arrepentido de ese viaje, y creo que Micaela tampoco, ni mis pobres hijos. Yo espero, y hago, y rezo para —soy muy devoto de la Virgen de San Juan de los Lagos— que ellos tengan una vida mejor. Me refiero a que con su trabajo y con lo que aprendan no sean tan pobres como éramos. ¿Éramos? De tan contentos que vivíamos ni cuenta nos dábamos, o cuando menos yo, que soy el mayor de mis hermanos. Todo esto que le cuento empezó por los zapatos ¿verdad? Yo, y dos de mis hermanos, los más grandes teníamos cuando éramos muy, pero muy chicos nuestros huarachitos; dos de mis hermanas descalzas, dentro de la casa, y se ponían sus tenis cuando salían a la calle; los más chicos descalzos, por ahí andaban haciendo sonar sus patitas por toda la casa. Me acuerdo que los sábados mi papá, que siempre fue muy madrugador, nos arreglaba nuestros huarachitos, reparaba las goteras de la casa o pintaba la fachada. No había sábado en que no hiciera algo para mantener la casa. ¿Cuántos años tendríamos Poncho y yo?, Poncho es el hermano que me sigue, tal vez lo haya visto aquí en el hotel, a veces viene a dejarme cosas para que se las guarde. Yo debo de haber tenido como ocho y él unos siete cuando un día mi papá nos dijo. Claro que era un sábado, que eran los días en que mi papá no trabajaba. Pues le decía, nos dijo: "Vengan conmigo." Se refería a Poncho y a mí. Mis hermanas se quedaron tranquilas y los otros cuatro rompieron a llorar. Pero, ¿cómo íbamos a poderlos llevar si eran tan chicos? El más pequeño ha de haber estado de brazos, y quizás por imitación también lloró. Le teníamos tal fe, tal confianza a nuestro padre que ni siquiera preguntamos a dónde íbamos, y casi corriendo lo seguimos. Llegamos a la presa. Mi papá se quitó sus huaraches —los usaba los sábados y domingos—, su camisa, su camiseta, se quitó su pantalón y sólo con su calzón de manta, arremangado, se metió a la presa con una mantarraya. Nosotros lo vimos hacer sus lanzamientos con la mantarraya, y muchas veces, pero como no sacaba nada nos aburrimos de verlo. Nos metimos a la presa en la orillita, los dos cogidos de la mano, muy temerosos. El fango muy resbaloso. De cuando en cuando sentíamos las miradas de él sobre nosotros. Él seguía incansable lanzando su mantarraya. Nos salimos, subimos un cerrito, como si desde esa pinche altura pudiéramos ver toda la extensión de la presota. Salió mi papá de la presa y bajamos a la carrera, como si hubiéramos estado mucho tiempo sin verlo. Del morral sacó el bastimento: unos taquitos de frijoles que nos supieron a gloria, luego unos mangos medios verdes y una botella grande con limonada preparada en la casa. Debajo de un mezquite nos echamos una siestecita. Cuando despertamos Poncho y yo no lo vimos al incorporarnos; luego desde arriba lo localizamos, él nos hizo señas que estuviéramos tranquilos. Al acercarnos nos gritó: "Están muy rejegas estas cabronas, pero hay muchas, las he tocado con mis manos." Nosotros exploramos la ribera, ya soltados de la mano. Oímos una expresión que trató de contener mi papá. Le vimos una sonrisota. Vino hacia nosotros, en la mantarraya se movían unos pescados, que resultaron ser mojarras, nombre que aprendí en esos momentos. Las echó sobre un pastito un poco retirado de la ribera y volvió a internarse en la presa. Eran solamente seis mojarritas, que se movían mucho al morirse, y brillaban sus plateados con el sol que ya se iba.

Volvió mi papá con dos mojarritas más, contrariado.

Nosotros éramos ocho, más ellos dos y mi abuelita, y creo que a mi papá y a mi mamá y a mi hermanito de brazos no les tocaron pescaditos esa noche.

De ese sábado en adelante volvimos con mi padre a pescar. Nunca nos indicó: hagan esto o aquello, sino que muy sabio, o como decimos ahora, muy chingón, dejó que nos acostumbráramos al agua, y al vernos intentar nadar se ofreció a sostenernos o a darnos instrucciones de cómo bracear, y casi al mismo tiempo Poncho y yo aprendimos a nadar. Acabamos familiarizándonos con la presa, a temer el lugar a donde estaba pudriéndose un árbol arrastrado por una avenida. De tanto verlo, cuando arrojé mi primera mantarraya se extendió la malla, como si lo hubiera hecho nuestro padre. También es cierto que nuestras mantarrayas eran un poco más chicas que las que empleaba él. Y yo tampoco pude contenerme cuando pesqué mi primera mojarra, a pesar de que también nos había instruido a no hablar, a andar con sigilo en la presa, y tampoco alborotar en la ribera. Ya para entonces todos comíamos pescado en las noches de los sábados; después había para comer los domingos y hubo día que mi madre se llevó un bonche al refrigerador de don Patricio para que se lo refrigerara para el lunes. Y creerá usted licenciado que aprendimos a pescar, a buscar a donde les gustaba estar a los pescados y regresábamos a veces bien cargados y mi madre dio por freírlos en la puerta de la calle, con su anafre, su mesita y comenzó a vender. Y ya un poco más grandes Poncho y yo y nuestros otros hermanillos nos íbamos a pescar y mi mamá los vendía. Mis hermanas ya no andaban descalzas, y a nosotros se nos olvidaba, de regreso de la escuela, ponernos nuestros huaraches y sólo lo hacíamos cuando marchábamos a la presa. Cuando no traíamos pescado, en algunas semanas de la temporada de aguas mi mamá vendía sopecitos o hacía tamales. Mis hermanas, muy mujercitas, la ayudaban, una vecina les llamaba las hormiguitas. Son buenas mujeres y viven en paz con sus maridos. ¿Ya vio licenciado que prendió un momentito la luz? Es una lástima que se haya vuelto a ir. Ya está amainando la lluvia. Oiga usted. Un día nos agarró un tormentón por la presa, a todos nosotros, esto es a casi todos mis hermanos. Nos había enseñado mi padre —que no se lo había dicho a usted, que se llamaba como yo, Chalío—, a que no nos guareciéramos debajo de los árboles por temor a que nos achichinara un rayo, así que junto a unas rocas dizque nos refugiamos. Llegamos a la casa hechos unas sopas. A nosotros no nos regañaban como a otros niños porque se mojaban, sino por el contrario: mi abuelita nos traía la ropa limpia, a veces calientita, acabada de planchar. Nos vestíamos cuando oí un grito, contenido, como si estuviéramos en la presa, luego murmullo de voces. Sin abrocharme mi camisa, tanto yo y mi abuelita nos asomamos a la pieza de la entrada. Acomodaban a mi papá en una de las camas, muerto.

De lo que recuerdo era que la casa se llenó de gente. De que no nos dieron tiempo a que lloráramos. Todos mis hermanos se volvieron mandaderos: yo a traer unos litros de tequila. Poncho a comprar café y pan; mis pobres hermanas a echar tortillas, mi abuelita a trajinar en la cocina. Y quién sabe quién envió o trajo unas rejas de refrescos. Se vino la noche. Uno de mis tíos me tomó de la mano y me presentó con el dueño del hotel donde trabajaba mi padre. Midió mi orfandad de arriba a abajo. Me tocó la cabeza y pronunció palabras, y entre las pocas que oí era el de una cierta ayuda. También habló con mi madre, sentada junto al féretro, ya para entonces ya lo habían metido. Se cubría el rostro con un chal negro delgado. A pesar de que había llovido tanto en la tarde hacía mucho bochorno. El mismo tío que me había presentado con el dueño del hotel me mandó por más tequila. Al regresar vi sentada, a un costado de mi madre, pero retirada como dos metros, a una mujer delgada, que reconocí como a una de las recamareras del hotel, alguna vez que había acompañado a mi padre a cobrar, y rodeada de muchos niños. Le entregaba el dinero sobrante a mi tío, cuando con una naturalidad, como si me dijera que los mangos están medio verdes, me explicó que todos aquellos niños eran mis hermanos. Y si le dijera licenciado que eran mucho más pobres que nosotros, ni siquiera huarachitos tenían. Y entonces licenciado se me aflojaron las de San Pedro, vi las llamas de los cirios brumosas, sentí que me ahogaba, que me asfixiaba, que necesitaba estar fuera de ese lugar. Y hasta la fecha no sé en qué momento me subí a la barda y lloré en silencio. Y lo hice por lo que iba a ser de nosotros, ya sin padre, o por aquellos, sí licenciado, infelices niños. Ya ve usted licenciado, ya está viniendo la luz, aunque con poca potencia, por eso se me han de ver irritados los ojos, ¿no le molesta la luz a usted? No me explico por qué me tiembla un poco la voz. Voy a ver si no hago falta en la cocina. Ya regresaré para atender a sus amigos, que no han de tardar en volver.

RAÚL BALLESTEROS

—¿Y HABÍAN ustedes peleado antes?

—No, señor agente del Ministerio Público. Siempre fuimos muy, pero muy buenos amigos. No una persona, sino muchas le podrán informar.

Vaya que si fuimos buenos amigos. ¿Desde cuándo? Exactamente no podría decirlo. Sí, lo conocí en el tercer año de la primaria. Su llegada despertó admiración entre toda la escuela, y más en nuestro grupo. A los pocos días de llegado, a la maestra Chofi se le ocurrió ponernos a Raúl de ejemplo, y lo que todavía más nos molestó fue mencionar que la enseñanza en Magdalena era mejor que la de Tequila. La irritación fue mayor porque, efectivamente, Raúl, el opalero, resolvió el problema en el pizarrón con gran seguridad. Cuando la maestra Chofi dijo: "Así me gustaría que hicieran las operaciones ustedes, solos, y con rapidez." Raúl enrojeció, bajó la cabeza, y como si hubiera hecho algo malo se volvió a su asiento. Esa mañana nadie le hizo caso en el recreo, y eso de que nadie le hizo caso en el recreo es un decir, pues lo vi conversar con dos o tres niños. Ésos son mis primeros recuerdos. Un día la maestra Chofi me cambió. Yo estaba en la última banca, al sorprendernos a mí y a Ciriaco García intercambiando informaciones me pasó a la segunda fila, junto a Raúl Ballesteros, el opalero. No bien me había acomodado a su lado, mientras la maestra Chofi advertía que de seguir ese tipo de conducta iba a poner un escarmiento

179

ejemplar, cuando Raúl me preguntó si tenía un lápiz de sobra, él había olvidado el suyo, y si se daba cuenta la maestra lo iría a regañar. Se lo presté por no dejar. Y no me lo devolvió. Al día siguiente antes de que yo se lo pidiera me ofreció uno nuevo, todavía sin afilar.

Yo tenía en contra de los opaleros todos los prejuicios. ¿Acaso Tequila no era mejor que Magdalena? Magdalena no tenía una industria como la tequilera. Nosotros los de Tequila éramos más machos que los de Magdalena. No sé si Raúl Ballesteros, a sabiendas de que iba a vivir para siempre en Tequila, hizo a un lado sus prejuicios, si es que los tenía. A pesar de mis reticencias, desde ese día me trató como si me hubiera conocido de toda la vida. En el recreo, al ir a comprar un refresco, por casualidad me topé con él, me ofreció de tan buena gana un pedazo de su torta que se lo acepté. Como dije antes era muy bueno en la clase. Siempre estaba atento a lo que decía la maestra Chofi, así que no platicaba conmigo, y si yo me distraía me enseñaba, si era lectura, el renglón en que leíamos. Si yo olvidaba algún útil, Raúl siempre lo tenía, bien conservado y limpio. Llegó a traer algún mapa de sobra, que precisamente a mí se me había olvidado. El resto del año estuve junto a Raúl Ballesteros, y eso que la maestra Chofi con el menor pretexto cambiaba a mis compañeros de banca. Gracias a Raúl mejoré en mis calificaciones en tal forma que mis padres, para estimularme, me dieron un premiecillo. Cuando mis padres recogieron mis calificaciones fueron informados por la maestra Chofi de que la compañía de Raúl había sido muy beneficiosa para mí.

En esas primeras vacaciones al principio vi poco a Raúl. En una mañana muy calurosa fui con un primo llegado de Guadalajara a bañarnos a La Toma, una poza al fondo de la barranca, a la que adorna una cascada. Debajo de ésta encontré a Raúl Ballesteros, quien tan pronto me vio me gritó: "Como ésta no tenemos en Magdalena." No sé si irónicamente o sólo manifestaba un hecho. No supe cómo tomarlo, pero al ver su sonrisota, me di por vencido. Hasta la fecha no sé si en Magdalena haya alguna cascada con una poza tan formidable como la nuestra de Tequila.

—Uno de los testigos afirmó que ustedes habían peleado muchas veces, que había odio entre ustedes. Aquí no hay misterios, todo esto lo encontrará en la deposición de Froylán García.

—Señor licenciado agente del Ministerio Público. Eso es una gran mentira. Froylán está resentido porque el muerto es su primo y porque nosotros siempre le ganábamos, en todo, señor licenciado, hasta las mujeres. Como dice mi abogado, ese testimonio puede ser impugnado.

—Palabra, no hubo ni siquiera una disputa, Froylán no nos quiere, por eso ha testificado así. Ya hablo como mi abogado. Si algún día llego a salir no emplearé ninguno de esos términos. Las burlas que harían mis amigos. Froylán se refiere a las continuas competencias que siempre tuvimos. ¿Quién hacía brincar más alto al caballo? Aunque nunca tuvimos caballos entrenados para eso. Claro que sí para correr. Y no eran las competencias sólo en eso. Primero empezamos en la escuela. Yo no mejoré en la escuela: sobresalí. En ocasiones mis calificaciones eran mejores que las de Raúl Ballesteros. En las mecanizaciones en aritmética en un principio Raúl me llevaba de calle, pero después, cuando don Ricardito Pineda me enseñó el truco de sumar dos columnas seguidas le ganaba a Raúl. Alzaba el dedo triunfante, de reojo veía a Raúl concentrado en sus sumas, y a la maestra Conchita azorada de mi proeza o cuando menos así creía yo.

Al papá de Raúl le gustaban los gallos de pelea. Era un gallero de corazón. Acompañé a Raúl, quien a su vez acompañaba a su padre a los palenques. Después de algunos esfuerzos tuve mis buenos gallitos de pelea y con los de Raúl organizamos algunas peleas, en las que, tengo que confesar, fui derrotado. Para mí no fue ninguna pasión. Pronto, prontito ya estábamos compitiendo a ver quién nadaba más rápido o con las canicas o los trompos o los yoyos. En unas cosas yo era más dotado que Raúl y el otro se esforzaba. No creo que a esto se le llame pleitos o disputas.

Éramos muy unidos. Verá usted. Habíamos ido a la calle a donde están las putas en Tequila. Ya teníamos como dieciséis años o diecisiete. En esa primera vez, aunque yo demostraba arrogancia, en el fondo tenía miedo, como si fuera una prueba difícil en la escuela —ya estábamos entonces en la secundaria. Pasamos los primeros cuartos, esto es, a las primeras mujeres paradas en sus puertas. Para qué cuento: todos ustedes conocen cómo son: "Ven virgencito, yo te enseño." "Mi gorrión, mira mi pecho." Y una tras otra seguidas las ofertas. Raúl iba delante de mí. Se detuvo. Se apalabró con una mujer, a la que no le vi la cara. En eso me volví y le pregunté el precio a una morena con una verruga a un lado de la nariz. Me acostumbré a la penumbra del cuarto. Ella ya había cerrado la puerta a piedra y lodo. Pude ver una vara de nardo colocada en un casco de cerveza Dos Equis. Tras de mí su voz: "¿Me desvisto? ¿O así nomás?" Me chiveé. Sentí su mano sobre mi nuca. Tampoco le contesté a su pregunta: "¿Eres primerizo?" Ella me bajó los pantalones. Olía tan fuerte como el nardo. Con el calorón de Tequila su piel estaba húmeda, la poca parte que le toqué. Tal vez para ayudar a vencer mi timidez no se desvistió. En el momento de la verdad pensé en Raúl Ballesteros, y estuve a punto de fracasar. Ella me ayudó en buena forma. Aquello no fue la revelación. Me dieron ganas de salir corriendo. "Fúmate un cigarro conmigo", me pidió la fulana. Con la luz producida por el cerillo que encendí vi cómo me temblaba mi mano. No me senté. "¿Te gustan los nardos?", intentó ella conversar. "Sí", dije por toda respuesta. "¿Quién es tu padre?" "Me apellido Plascencia." "¿Eres hijo de Javier o de Nacho?" "Del primero y también así me llamo." "Yo—." Y en eso oí el silbido de Raúl Ballesteros. Le pagué y yo mismo quité la tranca de la puerta. Creo que ni las gracias le di, tal era mi prisa.

Entre nosotros no hablamos, como si nada hubiera pasado. Apenas llegados a la cancha de básquet, por las risas y gestos supimos que todos nuestros conocidos estaban enterados de nuestra hazaña.

—No es la primera vez que vamos —alardeé.

—Lo supieron porque fuimos de día —explicó Raúl Ballesteros.

Y creo que Ciriaco García comentó sarcásticamente: "Y tuvieron que ir juntos. No sé por qué no se fueron con la misma." Se me quedó la frase bien hundida. ¿Sería posible hacerlo? Al parecer con nuestro acto ya éramos iguales que todos los demás muchachos de nuestra edad, y como tales empezamos a buscar a nuestras noviecitas entre las compañeras de la secundaria. Yo tuve una llamada Lupita Cerezo y Raúl Ballesteros a Clementina Tinoco. Les cargábamos las mochilas y unas cuantas veces les compramos unos raspados. Si acaso las veíamos en el zócalo. Platicábamos en el recreo. En ciertas clases nos apartaban un lugar junto a ellas. Raúl me advirtió que no debíamos aceptarles los asientos porque nos distraíamos mucho, a menos que fuera en las clases de dibujo o en algún taller.

Ahora que me he visto obligado a pensar en todo aquello los dos tuvimos una novia para los dos: Clara Tinoco, prima hermana de Clementina Tinoco, ex novia oficial de Raúl Ballesteros. Era hija de la maestra de matemáticas de la secundaria, vecina mía. Cursaba el tercer año de la preparatoria. Una tarde cuando casi terminaba mi tarea apareció por mi casa. "Quiero que me acompañes al cine. Tú sabes que no puedo ir sola, por el qué dirán y por los gritos de mi mamá. Y si voy con ella va a quererse salir. Ya me han dicho cómo es la película. No es de su gusto y se va a escandalizar. ¿Vamos?" "Todavía no termino, tengo dificultades con este problema." Se sentó a mi lado. En un instante terminamos. Entonces le expliqué que había quedado en verme con Raúl Ballesteros. A Clara le pareció lo más natural que fuéramos con él.

Siendo vecinos era natural que nos viésemos con mucha frecuencia. Casi siempre Clara Tinoco lanzaba la iniciativa. "¿Qué les parece si a eso de las siete damos una vueltita por el zócalo? Yo les invito una nieve. Y no se vayan a poner pesados al pagar. Si insisten no les aceptaré cuando ustedes lo hagan. De este modo no se sentirán ustedes obligados a pagarme. Y soy menos hija de familia que ustedes. Le llevo la contabilidad a mi papá y me da mis buenos centavos. ¿Está claro?"

A todos los acontecimientos "sociales" de Tequila fuimos con ella: que a un baile, que ir a nadar a La Toma, que a las carreras. No faltaron maliciosos y también indiscretos que se atrevieron a preguntar de cuál de los dos era novia. Volvimos con las muchachas. En la segunda ocasión con un grupo de ocho amigos, después de una tardeada con baile. Dejamos en su casa a Clara Tinoco y de regreso nos encontramos con ellos. Nos propusieron y aceptamos. Había menos muchachas en sus puertas. Al fondo de la calle un mariachi tocaba "Guadalajara, Guadalajara." Otro grupo de conocidos que también habían estado en el baile paseaba, como si fuera una calle ordinaria. Reconocí a varios obreros de fábricas de Tequila, borrachos, algunos con aspecto sombrío, y otros nos vieron con miradas violentas. Gritos destemplados de algunos individuos que veían tocar al mariachi. Uno de nuestro grupo dijo que mejor vendría al día siguiente, cuando no hubiera tanto ebrio. En ese momento me di cuenta de que nadie había intercambiado una sola palabra. Solamente dos de nuestro grupo se quedaron, así como Raúl y yo. Nos metimos con las mismas. Supe que a la mía la llamaban la Canela. Resultó mejor y pude tener a una mujer totalmente desnuda. A la de Raúl la llamaban la Gata, tal vez por sus grandes uñas coloradas. Salimos con mejor ánimo. Después, de acuerdo con nuestro presupuesto, volvíamos. Un día en que la Gata había ido a Guadalajara Raúl me esperó afuera, después entró él. Ya íbamos distantes de la puerta de la Canela cuando me llamó ésta por mi nombre. Sonriéndome me propuso por qué no nos metíamos juntos los dos con ella. "Dos por uno y si no les gusta no les cobro." Se lo repetí a Raúl Ballesteros. Se rió divertido. Cuando regresamos a la calle primero me asomé yo. La Canela y la Gata estaban paradas enfrente de sus casitas. Aguardamos a que entrara un grupo de muchachos un poco menor que nosotros. Volví a asomarme. Sólo estaba la Canela. Entramos. La Canela tapó las rendijas por donde penetraba la luz de la calle. En la oscuridad no sentí ningún pudor.

—Usted ha negado que haya habido rencillas en su relación. Según usted era una forma de divertirse. Una especie de emulación. ¿Cómo explicaría usted lo sucedido el día de los hechos? Yo no lo entiendo.

—Señor agente del Ministerio Público, usted ha de saber de esas borracheras que uno se pone cuando se es joven.

—Le suplico que no haga ninguna suposición. Dígame usted, ¿por qué iba yo a saber? Le suplico que sea directo, explícito. En su deposición anterior hay muchos pasajes oscuros. Tiene la palabra.

Le repetí lo que había declarado. Íbamos Raúl Ballesteros y yo por los portales a eso de las once. Nos encontramos a Ciriaco García. Había acabado de regresar de los Estados Unidos. Tenía mucho que contarnos. Le aceptamos una copa. Las que resultaron una docena. ¿Cómo nos iba a dejar pagar si traía tanto dinero? ¿Cómo le íbamos a rehusar otra copa si hacía tanto tiempo que no hablaba con ninguno de nosotros? Ya después, cuando el accidente, no me acordaba de nada. Quizás la riña había surgido porque los dos, esto es Raúl y yo, queríamos pagar una ronda de copas. Lo ocurrido "era un fatal accidente", así me había dicho mi abogado que lo recalcara. No le iba a contar al agente del Ministerio Público cómo habíamos llegado a eso. Empezó el día siguiente el baile de graduación, cuando terminamos la prepa. Vino a buscarme Raúl. Le había prestado su padre su camionetita. Sentados en ésta nos quedamos sin saber qué hacer. Extrañábamos a Clara Tinoco. Ésta se pasaría todas las vacaciones con unos parientes en Los Ángeles, para mejorar su inglés. Por decir algo propuse que subiéramos al Cerro de Tequila.

—Nos gastamos todo el tanque de la gasolina —objetó Raúl—. Vamos mejor a La Toma.

Yo no hice por levantarme a recoger mi traje de baño. Raúl, cuando pasamos por su casa, tampoco hizo lo debido. A la salida de Tequila compramos unos cuartitos de licor. Ni siquiera bajamos a La Toma, nos sentamos en una de las mesas de la entrada y subrepticiamente vertimos nuestros cuartitos en los vasos de refresco.

—¿Y tú qué vas a hacer? —me espetó de buenas a primeras Raúl.

—No sé si seguir estudiando.

—No creas, lo he pensado mucho. Lo mejor será que le ayude a mi padre. De ese modo podrán estudiar los demás. Ellos no han dicho nada...

—Mi situación es casi como la tuya, con un hermano de más.

No sé si dijo otra palabra. Yo no podía más de contento. Raúl tampoco estudiaría. Tan pronto nos terminamos nuestra bebida, casi a la carrera emprendimos el regreso para tomarnos otros dos cuartitos, arriba de la camionetita. Todo cambió después de ese momento. Mi padre me soltó más dinero, y yo, casi con arrogancia, vi las limitaciones de mis compañeros que siguieron estudiando.

En el primer baile salí con novia: Esperancita Contreras. Al comunicárselo a Raúl, éste a su vez me informó, ¡qué coincidencia!, él había amacizado su relación con Carmita Valencia.

Comenzamos a salir las dos parejas. Esto es un decir, ya que más bien eran tres parejas si contamos al hermano de Esperancita Contreras, mi cuñado, y a la hermanita de Carmita Valencia que nos acompañaban como chaperones. El primer problema resultó en que no se cayeron bien los dos escuincles. Si estábamos en La Toma, la niña ya se había cansado de nadar, si estábamos en las mesas tomando algún refresco, el niño ya se había aburrido. Lo peor de todo, yo no podía soportar a Carmita Valencia. ¡Qué vieja tan chocante! Le daba por contar chistes, por hacerse la graciosa. A grandes esfuerzos estiraba las comisuras de mis labios, para no parecer grosero. Tal vez la reacción de Raúl ante mi actitud hizo que él actuara en contra de mi Esperancita. Comprendí que no le hacía bien y, para colmo, entre ellas solamente cambiaban frases de cortesía.

Sin ponernos de acuerdo dejamos de salir las parejas. Salvo circunstancias especiales, como alguna fiesta religiosa o cívica, dejábamos a nuestras respectivas novias a eso de las ocho y media o nueve. Después nos veíamos en el billar, que tanto le gusta a Raúl Ballesteros, o en la cantina. Tanto Raúl como yo, si había algún contratiempo, nos dejábamos recados: "Estaré en mi casa o voy al hospital." A pesar de las antipatías en contra de nuestras respectivas novias y las que se tenían entre ellas nosotros seguíamos la amistad. Lo mismo en nuestros tratos comerciales.

El día del accidente Ciriaco García nos pidió que cambiáramos de cantina, le quedaría más cerca de la casa de su novia. Así que nos fuimos al Síbaris. Apenas empezada la primera copa me anunció Raúl Ballesteros que ya había pedido a Carmita Valencia. Yo le mentí: "Yo también me voy a casar con Esperancita. Quería darte la sorpresa. Su papá…" Me vio muy feo, yo debo haber hecho lo mismo. Dijo algo de Esperancita, yo dije otro tanto de Carmita Valencia. Nos hicimos de palabras. Y no eran las palabras. Ni yo me atrevo a confesármelo. Ese coraje de muy, muy adentro, la rabia porque se iba a casar con esa maldita vieja. En ese momento no pensé que a lo mejor no era cierto. De eso me doy cuenta ahora, en ese momento era una furia ciega. Dijo Raúl: "Nos damos en la madre." Y yo, ¿cómo le iba a decir que no? Yo no recuerdo a nadie de la cantina. Supongo que Froylán García, el primo de Ciriaco, vio y oyó o las dos cosas. Si no, no hubiera ocurrido el accidente. Tampoco recuerdo si había luna. Sí estoy seguro de que fue en el corral de don Chema Ibarra: aquel olor a estiércol. Raúl propuso: "Tú te paras en este lado. Yo en aquél. Al decir uno, dos, tres, nos damos la vuelta en redondo y ya." A pesar de la borrachera nos dimos en el primer plomazo. No sé si yo grité, sí recuerdo el "ay" de Raúl. ¿Rabia de haberlo herido? Lo vi inclinado. Gritó: "Otra vez la vuelta." Oímos gritos. Al darnos la vuelta los dos le dimos a Ciriaco García. "¡Se lo chingaron, se lo chingaron!", oí clarito a Froylán García. Después nada.

Pesadillas, sueños, ojos protegidos con anteojos, ¿las caras de mis padres? Fiebres. Dolores. Olores. ¿Cloroformo, éter?, que sé yo. Una mañana tuve conciencia de un dolor en el vientre. Entonces la voz de mi madre: "Señorita, una inyección. Mi hijo tiene mucho dolor." Vi los ojos llorosos de mi madre. Contuve mi pena. Luego un sueño profundo. Después mi conciencia despierta. Miré de reojo. Mi madre observándome.

—¿Lo maté?

—Sí, no a él.

No sé cómo me incorporé. "A Raúl no, a Raúl no" —exclamó mi madre.

—¿Entonces?

—A Ciriaco García.

Ya no me soportaron mis brazos y me desmayé.

Me fui enterando, según lo creyó conveniente mi madre. Yo estaba en Guadalajara, en el hospital del Seguro Social. Si alguien desconocido venía a verme debería yo fingir no tener fuerzas, lo que era cierto. No declarar nada. Vino mi abogado. No debía cambiar, ni una jota, en lo que me señaló de cómo había ocurrido el accidente. Fue una convalecencia larga. Había tenido peritonitis, como consecuencia de haber caído en el estiércol del corral. Raúl Ballesteros había corrido con mejor suerte, en cierto sentido, su herida se había cicatrizado bien, pero su brazo izquierdo se le había encogido un poco.

No voy a contar cómo fue mi primera declaración en el hospital, ni el largo proceso de mi convalecencia. Es probable que como consecuencia de mi estado delicado mi madre les haya advertido a mis visitantes y familiares que no me hablaran del accidente. Después mi abogado me preparó y el Chino Herrera, un amigo también de Tequila, me regaló el Código Penal del Estado de Jalisco.

Mi madre me advirtió del cambio. "Hijo, la próxima vez ya te veré en la Penitenciaría o en lo que llaman ahora Centro de Rehabilitación Social." Esa misma tarde me cambiaron. Prácticamente lo único que vi fue a los guardias; me encerraron en una celda con cuatro. Se me apretó el corazón.

Salimos a los ejercicios. De sopetón Raúl Ballesteros frente a mí. Nos vimos con el gusto de antes. Los dos nos contuvimos. Le vi los ojos húmedos.

En la tarde él me buscó, como si nada hubiera ocurrido. Dijo, sin previo saludo: "Carmita Valencia anda de novia con Tito Vivanco." Yo le respondí, y era la purita verdad: "Yo no sé si Esperancita vive…"

Caminamos unos pasos en silencio; él: "Vamos a vivir muchos años juntos. No regresaremos tal vez nunca a Tequila. Tenemos un chingo de tiempo para escoger a dónde iremos a vivir." Yo asentí con la cabeza. Sentí un gusto expansivo desde la planta de los pies a los últimos pelos de la cabeza. Continué asintiendo con el rostro; para transmitirle mi contento sólo atiné a apretarle el hombro izquierdo, el que había recibido mi balazo.

DOÑA HERLINDA Y SU HIJO

*People still speak of Molière's cook, but no-
body will remember Voltaire's niece.*

FEDERICO *el Grande*

HABÍAMOS llegado a La Posada a la una de la tarde. Iba a
ser un domingo como cualquier otro, con la diferencia
que esta vez iba Olga con nosotros. Por nosotros debe
entenderse a Rodolfo, a doña Herlinda y yo.

—Mamá quiere —me explicó Rodolfo, sin precisar
más. Yo en realidad no me di cuenta qué era lo que sig-
nificaba "Mamá quiere." Y como antes habíamos ido a Ajijic con varias muchachas, además de la inevitable compañía de doña Herlinda, pensé que era un capricho más
de la señora. En ese entonces doña Herlinda debe de haber tenido sus sesenta años, quizás cincuenta y ocho. En
verdad no estoy cierto, se trata de una simple conjetura.
Aún hoy no sé con exactitud cuántos años tiene. Y no es
que sea una de esas mujeres muy cuidadosas, muy acica-
ladas. Ella solamente es doña Herlinda. Su pelo cortado a
la mitad del cuello, lo que resulta en una polca fuera de
tiempo, eterna. No se pinta las canas, no se maquilla, y en
cuanto a comer no se priva de nada: sus pozoles, horcha-
tas, sopes, garnachas o lo que sea. Por supuesto que está
gorda, y no se pone faja. Eso sí muy limpia, tanto en su
persona como en su casa.

Ese domingo en Ajijic estaba con un vestido blanco, de percal, con un cuello en rojo encendido. Es innecesario que declare que donde quiera que ella se sentaba se convertía en la silla principal.

Yo estaba al lado derecho de ella, y al lado izquierdo Rodolfo, su hijo, y frente a ella Olga. Para ser imparcial debo de reconocer que Olga estaba guapa, bien vestida, con una sonrisota. En el momento en que llegamos tocaban unos cancioneros. Doña Herlinda pidió su reglamentaria copa de tequila, servilmente ordenaron lo mismo Rodolfo y Olga, yo como siempre preferí mi cuba libre.

Rodolfo le contaba a Olga de sus últimas operaciones. Tanto doña Herlinda como yo habíamos oído con anterioridad esas narraciones. Doña Herlinda veía, con sus ojos entrecerrados por tanta claridad, y a través de sus lentes, el lago de Chapala. Estaba gris, plateado, y se divisaba hasta el otro extremo. Yo miraba a la concurrencia. En verdad, entre tanto anciano doña Herlinda, en comparación, era joven. Vi a una señora que me hizo recordar a mi abuelita, cuando ya era anciana, pero mi abuelita no iba a los bares, eso sí, mucho a la iglesia. Un ranchero joven, que no se quitaba un sombrero mugroso, hablaba, cerca de nosotros, con un americano maduro, en un lenguaje que nunca llegué a comprender. De cuando en cuando oía el relato de Rodolfo. Olga lo escuchaba con sus ojos bien abiertos, maravillada. Doña Herlinda seguía contemplando el lago. Entretanto nos habíamos tomado dos copas más.

Justo en el momento en que llegó un conjunto musical terminó Rodolfo su relato.

—Doña Herlinda, ¿y usted venía seguido al lago? —le pregunté.

—Si usted supiera Moncho… — y creí que le había dado un vahido, pues cerró los ojos y no vio mi gesto de disgusto porque me dijera Moncho. Está bien que me lo diga Rodolfo, pero no ella. Y viéndolo bien no es culpa de ella sino de Rodolfo. Primero él me decía Ramón delante de la gente, pero con lo que pasó después, ya en familia, esto es frente a su madre, él también andaba con su "Moncho esto, Moncho aquello." Si es que doña Herlinda me iba a contestar no lo hizo, pues los muchachos empezaron a tocar sin afinar previamente sus instrumentos. Y las parejas de americanos retirados se pusieron a bailar. Ya para ese entonces el lugar estaba lleno. Y a estos ancianos no les importaban los ritmos, por modernos que fueran, para intentarlos. Es cierto que los bailaban a su paso, a su modo. Olga seguía el ritmo de la música. Doña Herlinda perdida viendo al lago, o solamente feliz de tenernos juntos en ese momento.

Y todo hubiera salido bien, y varias cosas no se hubieran derivado de esto, las que me tienen en la presente situación. Rodolfo siguió bailando con Olga. Las tandas del conjunto musical moderno eran alternadas por unos mariachis, que hacían más ruido que los del conjunto. Yo nunca había visto a Rodolfo tan contento. A una tanda de copas seguía otra. Y doña Herlinda tan feliz. El hambre la matamos con unas cuantas aceitunas y unas papas fritas. Y el aburrimiento me vino. Nadie me hacía caso y esto me hizo cometer la falta, si es que puede llamársele falta. Tocaban los del conjunto, doña Herlinda con su vista perdida en la ribera opuesta del lago, quizás con sus remembranzas o solamente viéndola con tanto alcohol en el cerebro y yo observando a Rodolfo bailando con Olga. Rodolfo baila bien, y no hay ritmo que no domine, y resplandecían él y ella de juventud y belleza, todas las demás parejas eran de ancianos y las mujeres solas pasaban de los sesenta. Llegaron dos muchachas con un joven. Se veía a leguas que eran de Guadalajara. Y tan pronto como se sentaron pidieron sus copas y antes que llegaran éstas el joven se paró a bailar con una de ellas. Danzaron toda la tanda. Vinieron los mariachis y cuando tocó de nuevo el conjunto ocurrió lo mismo, esto es, Rodolfo y Olga y la pareja de los jóvenes de nuevo bailaron. Vi a la pobre muchacha sola como yo, y sin pensarlo le pedí la pieza. Se levantó. Creo, y sin que se atribuya que soy muy presuntuoso al decirlo, que éramos la pareja más gallarda, dúctil, con mejor ritmo e insuperable figura de toda la concurrencia. Cuando terminamos tuve la osadía de sentarme en la mesa de ellos. Vinieron las presentaciones, les ofrecí una copa y la aceptaron, con la condición de que sólo sería una, porque tenían mucha hambre y se irían a comer, y así fue.

Al regresar a mi mesa la situación había cambiado por completo. Rodolfo tenía cara de enojo. Doña Herlinda ya no miraba hacia la orilla opuesta del lago y rehuyó mirarme a los ojos; la pobre de Olga, que no entendía nada, hablaba sin ser atendida, como lo era un momento antes, por Rodolfo. Éste, contra su costumbre, tomó sus copas de un solo trago, a la rusa.

—Yo no bebo así —comentó doña Herlinda, advirtiendo de este modo a Rodolfo. Y yo que me sentí culpable también desobedecí la advertencia. Quise explicarle con los ojos a Rodolfo de que yo seguía firme, que era un simple bailecito, pero su aspecto era el de una persona que no comprende razones.

Rodolfo y su madre se entienden a la perfección. Doña Herlinda tosió y Rodolfo pidió la cuenta. Salimos en el momento en que había más entusiasmo. Rodolfo se adelantó con Olga. Y si en este momento quisiera ser preciso y explicar cómo me dijo doña Herlinda que yo no debería de bailar en el lugar a donde nos dirigíamos, sino acompañarla, porque de otro modo se emborracharía Rodolfo y al día siguiente no iba a operar bien, y que así era mejor para todos. Y cómo se comunican Rodolfo y su madre es una cosa que todavía no comprendo. Rodolfo, en vez de irse a Guadalajara, nos llevó al Camino Real de Chapala. Pedimos unos tacos y la "última tanda de tequilas", como dijo doña Herlinda. El conjunto de este lugar es superior al de la Posada de Ajijic, tienen un ritmazo, pero yo sólo vi bailar a Rodolfo con Olga. Rodolfo calmado, con la confianza de que yo conversaría con doña Herlinda. Así lo hicimos. El regreso a Guadalajara fue tranquilo. De ese domingo no hay nada más que contar.

No daban las ocho cuando Rodolfo me fue a recoger a casa. No venía comunicativo como otras veces.

—¿Estás crudo?

—Cómo crees. No tomamos tanto. Lo que pasa es…

—No hice nada malo. A poco tú no estabas bailando con Olga.

—Es cierto, pero es que tú sabes que esto lo hago por mamá.

—Yo lo hacía para divertirme, por estirar las piernas, simplemente porque me gusta bailar. Tú lo sabes mejor que nadie.

—Bueno, y dónde quieres que te saque a bailar, que yo sepa aquí en Guadalajara no hay un lugar, y los que hay te horrorizarías de ir. Y ahí a donde vives no hay lo que se llama intimidad. Siempre que he estado contigo te están tocando la puerta.

—Uno hace amigos con los huéspedes. Yo a veces he necesitado algo y les he ido a tocar.

En eso llegamos al conservatorio y quedamos de vernos en la tarde. Las mañanas de Rodolfo son bastante movidas, con eso de sus operaciones y curaciones y visitas, por eso he pensado que él y doña Herlinda hablaron el domingo en la noche, todo salió tan bien que solamente planeado hubiera tenido esos resultados. Digo esto porque a mediodía recibí un telefonazo de doña Herlinda: "Vente con Rodolfo en la noche a comer algo sencillito, ahorita se me acaba de ocurrir." Pensé que lo "sencillito" sería algo complicado, y que la invitación salía sobrando, pues de repente, a pesar de algún plan, previsto desde antes, Rodolfo me decía: "Vamos a la casa." Y sin previo aviso, cuando menos eso pensaba, nos íbamos a merendar.

Doña Herlinda se las sabe todas: dos tequilas, y a cenar, y esa noche para confirmar lo dicho nos sirvió cuatro, pretextó que la cena no estaba lista. El caso es que muy alegres nos sentamos a la mesa.

Por supuesto que empezamos con un caldo michi, y después vinieron unas tostadas de pata, y esto creo que es lo que metí al decir: "Estas tostadas están deliciosas."

—De eso comentaba ayer con Rodolfo.

—¿De las tostadas?

—No, Moncho, de lo mal que te atienden en esa casa de huéspedes. ¿No es así?

—Por fortuna…

—Por fortuna ¿qué?

—Vengo a cenar seguido aquí.

—De eso le decía a Rodolfo.

—¿Soy impertinente?

—No, no, todo lo contrario. Nos encantaría tenerte aquí.

—Ya ve usted, vengo casi todas las noches.

—¿Y qué tal si te quedaras todas las noches? Lugar hay. Ya ves lo amplia que es la recámara de Rodolfo, y toda la casa. Tan grande y sólo para nosotros dos y la criada. ¿Qué te parece?

La proposición me sorprendió tanto que no supe qué contestar. Después de todo no estaba tan mal en la casa de huéspedes, y tenía mis libertades.

—No te digo mamá, así es él. Le da pena decir que sí —terció Rodolfo—. Tomémonos otro tequila e iremos, tan pronto acabemos, a recoger sus cosas.

Y así fue, esa noche dormí con Rodolfo en su amplia cama: "Es tan grande que con toda comodidad pasarán la noche", comentó doña Herlinda.

Esto, como ya dije, ocurrió un lunes. Desde el martes principiamos una rutina bastante cómoda. Rodolfo me llevaba al conservatorio. No pasaba por mí al mediodía, pero a la salida en la noche siempre llegaba puntual, a menos que se le hubiera retrasado la consulta, entonces era yo quien iba a su consultorio a esperarlo. Si antes había cenado y comido bien en la casa de doña Herlinda ahora podía apreciar que su esmero era mayor. Si notaba que algo me gustaba prontamente repetía el guiso o el antojo. Inútil decir que aumenté varios kilos, y crecieron mis aprehensiones en el conservatorio. Antes de que me fuera a vivir con doña Herlinda, pues no iba a decir, por tonto que fuera, que lo había ido a hacer con Rodolfo, salía con los compañeros a tomarnos las copas o a alguna fiestecita, pero desde ese entonces comencé a excusarme, y no faltaron pretextos.

Los domingos invariablemente salíamos a Ajijic, a comer y a bailar en la Posada, por supuesto que los que bailaban eran Rodolfo y Olga, yo tomaba mis copas con doña Herlinda, y ésta no hacía sino repetirme parte de su vida en Autlán.

Las cosas comenzaron a complicarse cuando vinieron mis padres del norte. Yo tenía un cierto resquemor. El sólo imaginarme las preguntas que me haría mi madre me provocaba sonrojos. Los fui a encontrar al aeropuerto, en compañía de doña Herlinda y Rodolfo. Doña Herlinda conoce a una señora que regentea un hotelito, limpio y barato, y allí los instalamos. Los invitó a cenar, y ya estando en la casa, en el curso de la conversación les informó, pues yo no tuve tiempo de hacerlo, de que vivía allí con ellos. Después de la cena, camino al hotel, yo fui a llevarlos en el automóvil de Rodolfo, oí con incredulidad el comentario de mi madre: "Sabiendo que vives con esa gente se me han quitado tantas preocupaciones. Esta noche sí voy a dormir tranquila." Como mi madre es la de las opiniones y decisiones mi padre asintió con la cabeza.

Días más tarde se fueron mis padres al norte, tranquilos y confiados de que por fin yo viviera en un hogar y no en una casa de asistencia, que de tan injusta mala fama gozan.

No debo de ser injusto, esos meses, antes de que sucediera el cambio en la conducta de Rodolfo, los pasé muy contento y feliz. Doña Herlinda era comprensiva y cariñosa, Rodolfo fiel y comedido, ¡qué más podía yo desear! En el conservatorio una rutina cómoda, y lo que es más notable, hice algunos ahorritos. El autor de estos ahorros en realidad fue Rodolfo. No sugería que fuésemos a cenar ni a comer fuera, acaso no vivíamos con su mamá, y adónde comeríamos mejor, con tan excelente manteca y tan buenos aditamentos. Y debo de confesarlo, no me sospeché nunca nada, hasta que un jueves, y tampoco lo supe ese día, sino hasta la semana siguiente, sugirió Rodolfo que fuera con su madre al cine. Me imaginé que él tenía alguna operación para esa tarde e iba a llegar cansado o solamente se iba a retrasar y para que nosotros no nos aburriéramos nos sugería eso. Lo encontré dormido, y a pesar de que prendí la luz, no se despertó.

El jueves siguiente, a la hora de la comida, anunció: "Hoy en la noche voy a llevar a Olga a cenar." Entonces comprendí que eso había hecho la semana pasada, y yo tan tranquilo. Y antes de que yo reaccionara doña Herlinda anunció: "No te sientas tan orgulloso, Moncho y yo nos vamos al cine. Cuéntale Moncho qué tal peliculón vimos."

—Ya se lo conté —dije, sin poder ocultar mi disgusto, mi desilusión.

Esto también lo he comprendido también mucho después. Al irnos al conservatorio, doña Herlinda pretextó unas compras. Me pasaron a dejar, así que yo no pude hablar con Rodolfo, y lo mismo pasó esa noche al regresar. Intenté despertarlo pero él, entre sueños, sólo me decía: "Moncho, estoy tan cansado, ya hablaremos."

Por otro lado es necesario confesar que la conducta de Rodolfo no varió: muy de mañana me despertó no con preludios de caricias sino con trémolos sonoros, y cuando quise preguntarle por sus salidas con Olga, con la mayor naturalidad me dijo: "Son cosas de mamá. Así la tengo contenta. No te preocupes."

Y también las salidas con Olga se convirtieron en una rutina, así como ya eran los malditos paseos a la Posada de Ajijic. Y a todo se acostumbra uno. Como no bailaba me entretenía en ver a los viejitos americanos hacerlo y a notar, periódicamente, la desaparición de algunos de los miembros de las parejas. Cuando reparaba en una ausencia les preguntaba a los meseros. "¿Se refiere al mayor? Hace ya como tres semanas que murió."

—¿Era mayor? —demandaba yo para saber algo más.

—Del ejército de los Estados Unidos.

Uno se imagina que las cosas son eternas, hasta que llega el día. Doña Herlinda me anunció: "Tengo ya unas ganas de que se case Rodolfo."

—¿Con quién?

—No soportaría a ninguna mujer que no fuera Olga.

Y una mañanita, después de un movimiento sinfónico de Rodolfo, me anunció que iría a pedir la mano de Olga. "Tú sabes Moncho cómo es mi mamá."

—Se va a quedar sola, yo me voy cuanto antes.

—Estás loco. Esto será dentro de unos seis meses, ¿y con quién crees que pueda vivir mejor que contigo? Mi mamá cuenta con que tú vivas con ella.

Mi mundo se había terminado, y antes de que se cayera por completo, mientras desayunábamos doña Herlinda muy solemne me dijo: "Ya sabes Moncho que éste es tu hogar, ésta es tu casa, y nosotros aunque no de sangre, somos tus verdaderos parientes, con quienes has convivido." Alargó su mano, tomó la mía y la acercó a su mejilla húmeda de lágrimas.

Al fin faltaban todavía muchos meses, y no me preocupé.

La familia tuvo delicadezas: nunca me comunicaron cuándo habían alquilado el departamento para Rodolfo y Olga; tampoco supe cuándo compraron los muebles; ni los demás detalles que ocurren al instalarse una casa. Hasta la fecha no sé si todos los arreglos los hizo Olga sola, aunque no lo creo, en todo debe de haber intervenido la mano de doña Herlinda.

Ya cercana la fecha de la boda me inquieté, como es natural: veía aquella cama tan grande y yo tan chico y tan solo (es cierto que estoy gordo, pero ante esa inmensidad me vería solamente una bolita). Rodolfo, como su madre, que en todo está, se dio cuenta, y con gran seguridad, como si supiera el futuro, y creo que lo sabía, me dijo: "Moncho, usted no se preocupe. Le digo, no se me achicopale. Yo me las arreglaré." Y esta última expresión la subrayaba de un modo tal que yo la creí. Pensé que le daría gusto a doña Herlinda y luego lueguito se divorciaría o abandonaría a Olga. Aunque ésta me daba un poco de lástima. Era una buena chica, ella qué culpa tenía, salvo la que tienen todas las mujeres de quererse casar a huevo, a puritito huevo, no saben de otra.

Por supuesto que a la boda vinieron mis padres, y entre los caprichos de mi mamá, que siempre anda con "lléva-me aquí, quiero comprar esto y aquello y lo de más allá", y los preparativos de la boda: los trajes, la confesión, porque no lo olvido, fui testigo principal en la boda civil y padrino en la religiosa, olvidé mi destino.

Al irse mis padres me sentí solo, no quería regresar esa primera tarde a la casa. Para desgracia mía, como estaba un poco fresca la temperatura fui por una chamarrita.

Lo primero que me encontré fue a doña Herlinda, muy arreglada, predispuesta y sonriendo me dijo:

—Tú y yo no nos vamos a tirar a la pena porque se fue Rodolfo. ¿No lo crees?

Con una sonrisa le contesté, la que hasta yo mismo sentí tristona.

—Nos vamos al cine y luego a cenar. Y eso sí no te preocupes, todo corre por cuenta mía —agregó doña Herlinda.

Todas las noches tenía un programa diferente, y como había feria fuimos hasta a los gallos.

Las dos semanas del viaje de bodas terminaron. Yo estaba ansioso por ver a Rodolfo, pensé que al domingo siguiente iríamos todos a Ajijic, y no imaginé que iría a verlo antes. En verdad soy un animal de costumbres. Tan pronto salí del trabajo me fui a la casa. Ya había escogido la película que iríamos a ver con doña Herlinda. No la encontré en el sitio habitual; esto es, en una banquita del zaguán. Le grité y nadie me respondió. Vi luz en mi cuarto y al abrirlo el sorpresón: Rodolfo. Al verme se le salieron las lágrimas y a mí también. Apagamos la luz. Rodolfo fue un violín concertino, como en los buenos tiempos. Ya después, antes de vestirnos, muy quedamente le pregunté que cómo le había ido, pero no me respondió, quizás para no ofenderme. Al vestirnos me dijo: "Apúrate, que nos vamos a cenar."

—¿A dónde?

—A la casa. Allá está mamá.

Y no bien decía: todo se convierte en rutina. Dos veces por semana, los martes y los viernes, Rodolfo llegaba por mí, ya para entonces doña Herlinda estaba en la casa de Olga, y después de aquello nos íbamos a cenar con ellas.

El golpe maestro de doña Herlinda fue la reunión de toda la familia. Es verdad que el destino la ayudó al presentarse la enfermedad de Rodolfo. No fue nada grave: unas anginas con mucha fiebre. Olga, ya embarazada, estaba molesta y temía perder "el producto", como dicen los ginecólogos. Entonces valiéndose de esa situación doña Herlinda propuso que se fueran una temporada a la casa. A poco no era grande y mejor, en todos sentidos, que el departamento en que vivían. Por un momento vi dudar a Olga, pero no encontró ninguna razón para no hacerlo. Con mucho cuidado nos los trajimos: Rodolfo muy abrigado y yo manejé con precaución para que los movimientos no molestaran a Olga.

Ya en la casa me alarmé. Iba a ser difícil que tuviera allí intimidad con Rodolfo. Siempre he dicho que doña Herlinda es habilidosa. Los martes y los jueves, a eso de las siete, salían, indefectiblemente las dos, a visitar a parientes o al cine o a la iglesia, y no regresaban sino bien pasadas las nueve o se citaban con nosotros a esa hora en alguna "cenaduría" o restaurante.

Con los niños, ahora son dos y pronto vendrá el tercero, se volvió a presentar el problema y "yo me ahogaba en un vaso de agua", pero ahí estaba la salvavidas, la prodigiosa doña Herlinda. He dicho antes que la casa es grande. Antes de que Olga terminara su primer embarazo, doña Herlinda hizo un departamentito encima del garage. Tiene dos puertas, una por supuesto a la calle y otra hacia la casa. En cualquier situación siempre hay una salida, y debo de registrarlo, Olga no es entremetida y hasta la fecha esa situación no se ha presentado. Ha habido ocasiones, muy especiales, como un aniversario o alguna situación aflictiva para mí, en que Rodolfo se ha quedado hasta la madrugada. También el departamento le ha servido de refugio a doña Herlinda: les deja su casa al matrimonio y se viene conmigo a ver la televisión o a tomar sus tequilas, o simplemente a platicar.

Los domingos, sin excepción, son días en que goza a la familia. Pasamos todo el día juntos. Y también debo confesarlo: vivo con una familia extraordinaria, de la que no puedo prescindir.

HERLINDA PRIMERA O PRIMERO HERLINDA

"If flight", said the consort of Justinian, "were the only means of safety, yet I should disdain to fly. Death is the condition of our birth, but they who have reigned should never survive the loss of dignity and dominion. I implore Heaven that I may never be seen, not a day, without my diadem and purple; that I may no longer behold the light when I cease to be saluted with the name of queen. If you resolve, O Caesar! to fly, you have treasures; behold the sea, you have ships; but tremble lest the desire of life should expose you to wretched exile and ignominious death. For my own part, I adhere to the maxim of antiquity, that the throne is a glorious sepulchre."

Declaración de la Emperatriz Teodora, según Edward Gibbon en su *Decline and Fall of the Roman Empire*.

—Marianita, he estado esperando esta tarde con muchas ansias.

—Con tal de que no tomemos tanto como la otra. Es cierto, como usted bien lo sabe que me dormí… Ahora, en este momento, siento vergüenza en contarle esto.

—Entonces un tequilita… o… agua de jamaica… o de arrayán, para que se nos vaya la sed, ya despuecito, pues nos tomamos uno que otro tequila.

205

—Yo prefiero el agua de arrayán, con lo caro que están ahora. ¡Pero ese vaso tan grande!

—Recuerda que con dos hombrones: Rodolfo y Moncho, y dos nietos, hay que darles en recipientes grandes, si no estaría uno todo el día sirviéndoles. Te decía que he estado esperándote con muchas ganas. Desde aquel día en que nos echamos nuestros tequilazos he estado recordando, pensando. Algunas cosas me decía: "¿Y esto cómo se lo digo?" Me parece que igual que como tú estás en este momento. Mira, Marianita: tómate este doble, yo haré lo mismo. No vayas a pensar que siempre sucede lo que pasó la otra tarde. ¡Salud! Con esto se nos afloja la lengua, que a no otra cosa vinimos aquí, lo que no obsta para que te tomes tus buenos vasos de agua de arrayán, hecha con estas manos.

—Está bueno el licorcito.

—Viene de buena fábrica y se ha añejado. ¿Verdad que se siente uno mejor con un alipuz adentro?

—No crea que es cosa mía… pero Roberto, mi marido.

—¿Se molestó?

—No, no, doña Herlinda: todo lo contrario. Eso era lo que se me atoraba en la garganta, el decirle lo que pasó.

—Eso se arregla contándolo, anda, después de lo que hablamos.

—De lo que hablé, pues, doña Herlinda. Usted me acompañó a la puerta. Lo primero que hice fue comprar unos chicles de menta, parecía soldadera con la boca llena de ellos. Al bajarme del taxi vi las luces encendidas, señal de que Roberto había llegado. Entré al baño, me lavé la boca. ¿Creerá usted doña Herlinda? El hombre encuerado esperándome en la cama. Y para eso nos mandó diosito. No sé qué habrá comido: me dio unos revolcones, que para qué le cuento, inagotable, y yo de cansada me dormí. ¡Es tan bueno mi Roberto, y tan comprensivo! Me despertó: frente a mí un plato con dos tostadas de pata y una bohemia.

—¿Y tú crees que te pase lo mismo hoy?

—Con los hombres nunca se sabe: por aquello de las dudas hay que estar preparadas.

—Prepárate tú… yo.

—¡Doña Herlinda, un viudo!

—Dios me libre y María Santísima. Si yo te contara. Marianita, pasemos a mi salita de costura. No es que no estemos cómodas aquí sino que en mi salita de costura tengo mis retratos. No creas Marianita que son todos los que están en la pared. El grande ése con los bigotes es el abuelo, pobrecito, que en paz descanse. Durante esos días, después de que estuviste aquí, reuní en este cajón los retratos que tenía desperdigados en varias partes. Sentémonos.

—Yo tengo mucha curiosidad en ver el retrato del padre de Rodolfo.

—Marianita no te adelantes. Deja que yo te vaya explicando. Tú ya lo provocaste: no tengo de Santos, que así se llama o se llamaba el padre de Rodolfo. No es para tanto. Cuando dije: "No tengo de Santos", quise decir de él solo. Si en aquel momento de coraje hubiera querido destruir todos los retratos en que aparecía él no me hubiera quedado ningún recuerdo de Rodolfo cuando era niño. Una tía mía, hermana de mi madre, se valía de otro recurso: con un lápiz tinta lo mojaba con saliva y borraba la imagen odiada, aunque fuera ella misma cuando estaba gorda o muy flaca. Los retratos a donde está Santos los tenía en un lugar especial, pues circunstancias en la vida lo obligan a uno a enseñarlos. Por ejemplo al terminar Rodolfo su bachillerato le hicimos su fiesta. Uno de sus compañeros, y ahora que recuerdo, bien metiche, todo quería saber, y el precio de lo mejorcito que uno tenía, además preguntó por el padre de Rodolfo. Le dije a éste: "En un sobre de papel manila, *en el escritorio de tu padre*, en el cajón superior izquierdo, están varios retratos." Eran tantos que el preguntón, el metiche de diantre de muchacho creo que ni terminó de verlos. Como que no esperaba ver a un general bigotón y con sable. Ya está usted sabiendo Marianita que Santos, mi… el padre de Rodolfo era general o es. Por cierto que cuando dije: "En el escritorio de tu padre", me mordí la lengua, por imprudente, por bocona. ¿Qué necesidad tenía Rodolfo de saber que ese mueble había pertenecido a ese hombre?

—¿Qué no le compró muebles el general?

—Marianita, una cosa sí te voy a pedir: di si quieres Santos o el padre de Rodolfo. Ya que todo lo que suene o tenga que ver con la soldadesca me repugna. No era general cuando lo conocí, apenas capitán.

—Bueno doña Herlinda, no se enoje, yo cómo iba a saber que a usted no le gusta la milicia. Yo, como le conté, no tuve experiencia con ellos, así que no puedo juzgar.

—Más te vale Marianita, más te vale. No vayas a creer que yo me moría por andar con uno o que lo haya escogido como padre de Rodolfo. Allá en Autlán, eran los años de 1948, 1949. No había carretera. Rectifico, sí había carretera hacia el mar, hacia Barra de Navidad. ¿Conoces por allá Marianita?

—Una vez estuve con Roberto, después de un parrandón. Éramos dos parejas. Amanecía cuando llegamos. Todo cerrado ¡y sin licor!, claro que era para ellos. Nos sentamos en la playa. El sol parecía no querer salir. Las dos parejas tiritando de frío. Ese vientecito del amanecer y también la desvelada. ¿Creerá usted doña Herlinda que los dos hombres se empezaron a dormir? Sofía, la otra muchacha, se me acercó: "Tenemos que hacer algo con estos borrachos, si se quedan dormidos qué haremos con ellos." "¿Dónde vamos o qué hacemos?" "Regístrale los pantalones a Roberto para saber cuánto tiene." Al tiempo que me lo ordenaba bolseó a su acompañante. Eran pocos los pesos. Le vi a Sofía su cara muy angustiada. "No te apures Sofi: que se duerman." "No Marianita, no. Quedarnos tú y yo varias horas aquí en la playa. No sabes lo que es eso. No tenemos con qué taparnos ni cubrirlos a ellos. Se nos insolan. Una vez… Luego te cuento. Toma un casco de cerveza, cualquiera, vamos a llenarlos de agua de mar y se los echamos…" Con decirle doña Herlinda que apenas salimos con estos borrachos de Barra de Navidad se nos acabó la gasolina. Eso sí, Roberto, a pesar de su borrachera, pues no se le había bajado, pedía poquitos de gasolina, hasta que llegamos a Pihuamo. Con esto le quiero decir que prácticamente no conozco el mar.

—Te decía que sólo había carretera para Melaque.

—Barra de Navidad dijo usted.

—Es prácticamente lo mismo. El camino lo hizo la compañía minera y por allí sacaba el mineral. Era un viaje largo, larguísimo. Imagínate el vueltón para llegar a Guadalajara. Deja ver si no hay un retrato en que aparezca alguno. Precisamente en un viaje a Guadalajara conocí al padre de Rodolfo. Deja buscarte el retrato. ¡Mira, aquí está! El hombre con el sombrero texano es el padre de Rodolfo.

—Oiga doña Herlinda, no tenía usted mal gusto.

—Apariencias, apariencias.

—¿Y ese camión destartalado y tantos soldados?

—Por eso te contaba del camino a la costa. Íbamos para Guadalajara, y el chofer torpe o por el mal camino, que a veces puede ser lo uno y lo mismo, se salió de la carretera. No hubo manera de sacarlo del atolladero, y tararán, tararán, tararán, como en las películas que llega la escolta. ¿Ya habrás adivinado que el padre de Rodolfo la comandaba? Una vez puesto, de nuevo, el camión en la carretera, se le ocurrió al capitán tomarse una fotografía con todos los pasajeros.

—¿El vestido de usted era blanco, verdad? ¿Cómo hizo usted para que no apareciera arrugado? Y tan bien peinada que se ve.

—Como señoritas que éramos, mi hermana y yo, y de lo mejorcito de Autlán, ni siquiera nos acercamos a donde había sucedido el accidente. Bajo un mezquite aguardamos, lo que nos dio tiempo de repeinarnos y de estirar las piernas. Pero deja que te cuente. Mientras uno de los soldados colocaba la cámara y pedía que nos acercáramos, Santos me dijo: "Usted no se deja ver mucho en Autlán. ¿O es que vive en Guadalajara? ¿Estudia?"

—Ni lo uno ni lo otro. Me dejo ver lo necesario. Usted no me puede ver porque está en el cuartel cuando yo salgo a hacer mis compras, y a la hora en que usted sale no es conveniente que uno ande fuera.

—He estado en varios bailes y en ninguno…

—Luto en la familia. Precisamente mi hermana y yo vamos de compras a Guadalajara para quitármelo.

—¿Por mucho tiempo?

—Volveremos precisamente dentro de ocho días, ya que dos días después es cumpleaños de papá.

—¿Estaré invitado?

—Ni en tiempo de la Revolución entró un militar en la casa. Y después de que vaya a decir otra cosa: *mi padre fue cristero* y a mucha honra. En esta fiestecita estarán los Oseguera, algunos Morfín. No vaya usted a creer que es una reunión política. Los hombres se la pasarán muy a gusto: el trabajo es el de las mujeres, con decirle que ya se está preparando la masa para los moles.

—Debo decirle a usted, y por cierto ¿con quién tengo el gusto de dirigirme?

—Herlinda Pacheco, para servirle.

—Usted verá que muchas de las cosas que usted dice las contradiré con los hechos.

Todo esto lo dijo muy pedantemente, el muy fachoso, como si se trajera al diablo por la cola. Los días se pasaron con rapidez en Guadalajara: que las compras, que las invitaciones. Los Durán de González no nos dejaban en paz, y tanto fue así que mi hermana Adela ahora ya no es Pacheco sino Durán de González. Le repito de nuevo: aquel viajecito de Guadalajara a Autlán era largo, tedioso. Adela y yo nos bajamos cansadas en Cihuatlán a estirar las piernas, a respirar un poco de aire puro, y naturalmente a tomarnos unos buenos vasos de refresco.

—Oye —me dijo Adela mi hermana—, este hombre (se refería al empleado de la refresquería) no me quiere cobrar los refrescos.

—¿Y por qué?

—Pues ya están pagados.

—¿Por quién? ¿Cómo? ¿Por qué?

El empleado se nos quedó viendo muy serio, convencido de lo que decía.

—Vámonos, vámonos —gritó el chofer.

—¿Qué hacemos? —preguntó Adela.

—Irnos.

Subió primero Adela. El interior del camión oscuro, como era natural, después de la luz de la calle. "Está eso muy raro", iba yo a decir cuando veo a Santos con otro militar sentados en el asiento contiguo al nuestro.

—¡Qué coincidencia! —expresó el muy marrullero—, al tiempo que presentaba al otro mílite. Adela, como ya dije antes, se había subido primero, razón por la que le tocó el asiento junto a la ventanilla, y a mí el del pasillo. Santos no forzó en ningún momento la conversación. En un instante en que me enjugué la frente me preguntó si tenía calor.

—Tanto como usted.

—No creo: mi amigo y yo nos tomamos varios vasos de tuba (éste es un licor, Marianita, que sacan de las flores de los cocoteros), pero si usted quiere Herlinda en el próximo pueblo paramos el camión.

—¡Jesús, José y María!

Nos detuvimos en Barra de Navidad. A pesar de que sabía que nos pagaría los refrescos y la pena correspondiente no nos arredramos: el calor era insoportable. Con las botellas en la mano y como arrieras, tomándonoslos a boca de botella, atravesamos un portalito para ver la playa y recibir un poquito de viento.

Oí la voz de Santos detrás de nosotras: "¿No quieren bañarse?" Por decir algo dije: "No traemos en qué vestirnos." Y creerá Marianita que de una caja, que sostenía por cierto un soldado raso, sacó dos trajes de baño de nuestra talla y de los colores apropiados.

—¡Viste! —exclamó Adela.

—De cualquier modo no podríamos: nos deja el camión.

—El camión no se irá si no subimos nosotros.

—¡Ah! —volvió a exclamar como una tonta Adela, como si no hubieran razones.

—Lo siento capitán, pero no podemos meternos así como así al mar con unos militares que apenas conocemos. Y si esta razón fuera poca, agregaría que si nos atreviéramos a hacerlo seríamos unas egoístas con la pobre gente que nos estaría esperando. En el camión va una señora embarazada. No vaya a ser que…

—No se preocupe por eso Herlinda —volvió a la carga Santos—, el compañero (señaló al otro mílite) es médico militar.

—Su amabilidad nos apabulla, nos apena, y todavía más tener que rechazarla, no nos haga que nos tengamos que volver al changarro donde compramos o… donde recibimos los refrescos.

Debo confesarle Marianita que el hombre tenía o tiene sus recursos, sus mañas: dejó de insistir. El soldado raso se presentó con unas sillas de madera, destartaladas. Adela y yo rehusamos sentarnos, porque ya para ese momento los compañeros de viaje habían descubierto, como nosotros, que era mejor estar en ese lugar tomando la brisa que quedarse en el sucio changarro. Caminé unos pasos hacia la playa y me senté, lo mismo hizo Adela. No bien lo habíamos hecho cuando el soldado raso se presentó con unos petates.

—Se van a llenar de arena —advirtió Santos, como si no lo hubiéramos hecho ya, y nos sentamos junto con ellos. Marianita, yo estaba abochornada, obviamente por el sol.

—¿Qué es obviamente, doña Herlinda?

—Como es natural que suceda: el sol calienta, ¿verdad? Y acepté otro refresco. Adela antes de hacerlo me consultó con los ojos. Del mismito modo como lo hace en la actualidad mi hijo Rodolfo. Vamos a buscar el retrato del baile, cuando por primera vez me vi en público con Santos. Ya para ese entonces éste, a través de un veterinario amigo suyo y compañero de la milicia, le había salvado una yegua pura sangre a mi padre.

—¿Esos animales eran de su padre, doña Herlinda?

—No Marianita: era la yeguada del ejército. Antes el ejército tenía más animales. En esa época mi esposo, Santos, ya general, estaba acuartelado en Tequila. Fueron tiempos difíciles. ¿No te acuerdas del levantamiento de Cedillo? ¡Qué te vas a acordar siendo tan joven como eres! Es una lástima que en ese entonces no hicieran fotografías a colores. Aquí en esta foto estamos con varias familias de Tequila en una mezcalera. Por eso te decía que es una lástima que no se vean los colores de los mezcales, con ese azul que tanto me gusta.

—Siempre que veo los mezcales me acuerdo de Pedro. El padre de él tenía también sus mezcaleras y allá nos íbamos a tomar fuerzas para seguir la parranda. ¡Cómo cree usted que no me acuerde!

—Mira, junto a ese mezcal grande está Rodolfo, ya con sus siete años cumplidos. Esas pailas estaban llenas de elotes. Parece que lo estoy viendo ahorita, en este momento. No sé por qué razón no habían llegado los mariachis. Un poco a la derecha, claro que no se ve en la foto, había una especie de tablado y ahí se organizó el baile. Debería de haber alguna foto, pues se tomaron muchas. Algunas, algunas sí las quemé, por más que me hice el ánimo, pero ya le estoy hablando de otras épocas muy adelante. Éstas son las de un desfile del 16 de Septiembre. Santos precedía la columna militar, y si sólo se tratara de hablar de fotografías hubiera podido calificarlas de espléndidas. El fotógrafo del pueblo se pulía cuando se trataba de halagar a los poderosos. Santos era muy prendido.

No recuerdo haberlo visto nunca sin rasurar, y eso que regresaba del monte. Se hablaba mucho de los "alzados", que quería decir "alzados en armas."

—Eran otros tiempos, doña Herlinda.

—Mire Marianita, este señor tan apuesto era mi padre.

—Y el que está junto a él era...

—Sí: Santos. También él salió bien. Estuve tentada a romperlo. El muy taimado ya era para ese entonces muy amigo de mi padre. A él le pidió permiso para traerme gallo. De un tiro mató dos pájaros: se congració con mi padre y al mismo tiempo previó alguna dificultad con mis dos hermanos Fallo e Inocencio.

—¿Mayores o menores que ustedes?

—Yo la mayor, después me seguía Fallo, y a éste Adela, el benjamín fue Inocencio. Siempre renuente a que le dijeran Chencho, y cuando alguien, bien intencionado, le decía Chenchito rompía a llorar. ¿Creerá Marianita? Fue un muchacho muy especial, muy especial. Cuando lleguemos a sus retratos ya le contaré.

—Me decía doña Herlinda de una foto del 16 de septiembre. Yo la interrumpí.

—No, no Marianita. Lo que pasa cuando ve uno las fotos, y éstas en particular que no están arregladas cronológicamente.

—¿Qué dijo usted doña Herlinda?

—Vaya, no están ordenadas, por mes, por año. Mira por ejemplo ésta: son mis hermanos de quienes te hablé hace un rato.

—¿Ellos mataron tantos venados?

—No son tantos: solamente tres. Las cornamentas impresionantes.

—Yo nunca había visto una así.

—Santos, de quien te repito no era nada tonto, les organizó con unos de sus contlapaches una cacería en Sonora. Al regresar venían encantados con su cuñadazo. Tuvieron tanto éxito que Fallo volvió con novia, la que sería su esposa, la que es actualmente mi cuñada Magda. Es probable que a sus hijos los hayas visto aquí en la casa: son muy amigos de Rodolfo y Moncho, estos norteñitos, porque aunque mi hermano es jalisciense se fue a vivir a Hermosillo con su mujer, y por consecuencia mis sobrinos se crearon allá. Te decía que apenas abren la boca, ya sea Rodolfo o Moncho, mis sobrinos empiezan a reírse, a festejarles cualquier cosa que dicen. Si por ellos fuera se los llevarían a sus parrandas, a sus correrías. Ya aparecerán retratos de ellos: grandes, fuertes, güeros. A primera vista parecen altaneros. Mujeres les sobran y a ellos que ganas no les faltan. Para fortuna mía mis hijos son pacíficos, amantes de la casa, que evitan todo género de dificultades. Un domingo vinieron con dos muchachas. A mí me tienen mucho respeto. Me las presentaron como novias. Querían que los muchachos fueran con ellas a un restaurante a comer o cuando menos a tomarse unas copas. Para eso estoy yo. Escuché la invitación. Sin darse cuenta o casi, se habían tomado sus tres copas, alternadas con muchas botanas. Te dije que me las presentaron como novias. No me la pegaron. ¿Creerás Marianita que una de ellas, mientras ella creía que yo estaba en la cocina como buena madre mexicana, le sobaba, claro que sobre la camisa, la tetilla derecha a uno de ellos? ¡Podrás creerlo! Después de la cuarta copa se fueron bien servidos. No vayas a creer que los míos no lo estaban. ¡Pero qué diferencia a que estén bien servidos en la calle, en un bar, en una cantina, en un restaurante o en un prostíbulo a que lo estén en la casa! Mis sobrinos, obviamente invitaron también a Olga, mañosos, sabedores que con dos hijos no iba a poder aceptar. Podrás tú pensar Marianita que para eso estaba yo. Eso sí no. Adoro a mis nietos: Rodo y Monchito, pero que los cuide su madre, como debe ser.

—Me gustaría ver ese retrato que tiene usted en la mano doña Herlinda.

—Es de la boda. Esos retratos los he ido apartando. Deja que me tome dos tequilas. No te preocupes Marianita no vamos a caer en el pecado de la ebriedad como la otra vez, pero bien sabes que el licor ayuda. Ésta que tengo en la mano me ha dado tristeza, mucha tristeza Marianita: es de la casa en Autlán.

—¡Qué casa tan grande!

—Así como está en la fotografía se ve bien. Ahora la tenemos alquilada para el Banco Refaccionario de Jalisco. Le han dado su manita de gato: muy pintada, con cristales relucientes. Si no se tratara del patrimonio de mis hijos. Porque has de saber que en el testamento todos mis bienes están repartidos, en lo que yo creo, por partes iguales para Moncho y para mi Rodolfo. Pero divago, divago, y eso, repito se debe a los recuerdos, casi todos de mis padres. Yo tuve que seguir a Santos a Tequila, Fallo se fue al norte, Adela a Guadalajara, Inocencio a un seminario a los Estados Unidos.

—¿Tiene usted un hermano padre?

—No se adelante Marianita, no se me adelante. Deje, primero, que le sirva un tequilita. Nos lo tomaremos con limón y sal. Este refresco, después de unos buenos sorbos, le sienta muy bien.

—No me beberé más de dos doña Herlinda. Aunque sepa, como el otro día, de que mis mareos se deben al licor, le tengo tanto miedo al embarazo. Le dije a usted lo que pasó con este hombre que tengo. Así que al día siguiente fui con el doctor. Me hizo las pruebas y a los ocho días de nuevo regresé. Me dijo que no debería de ponerme nerviosa, que por eso retengo la regla. Cree usted doña Herlinda que pueda yo darme el lujo de embarazarme otra vez. ¿Verdad que no? Yo iba a confesarme con un padre en el Santuario. Me decía cosas: lo que usted no sabe, el infierno, el castigo eterno, todo porque tomé píldoras. El caso es que yo le reprochaba mis culpas a mi marido. Acababa por decirme éste que no fuera a ver al padre o que no me confesara. Tuvimos dificultades. Me mandaba a la otra pieza o él se iba a ella. ¿Creerá usted doña Herlinda que la Divina Providencia aún provee para los católicos? ¿O será también un milagro palpable? Una mañana me vio Petrita, mi vecina, muy aplastada, esto es muy triste. Mi marido se había ido al trabajo muy serio. Yo le había negado la cama. Le conté a Petrita, y aquí está el milagro. "¡Ay Marianita, qué tonta es usted!" Se me quedó viendo con sus ojos chiquitos, riéndose de mí. "¡Ay qué tonta es usted Marianita!", repitió. Esperaba a que me dijera lo mismo que me dijo mi marido. "Mire", dijo por fin, "vaya con el padre Javier, el de la iglesia del Carmen. A mí siempre me ha dado la absolución." Y desde ese día, para ser precisa, desde la primera confesión hemos vivido tranquilos en la casa. Aunque me sigue dando miedo volver a quedarme embarazada.

—Mira Marianita yo también le debo a la Divina Providencia el no haberme embarazado sino una sola vez. Deja que le dé un sorbo a mi tequilita, esta parte es, quizás, la más difícil para mí de contar. En esta foto estamos todos los de la familia y los amigos más íntimos, los nuestros y pues también los de Santos: sus subalternos y el general Taboada. En aquel entonces todavía no era general Santos.

—¡Cuánta gente! ¿Es usted ésta?

—Sí Marianita: ésa soy yo. Y mira, esta fotografía corresponde a la misma ocasión.

—¿Ocasión?

—Al mismo paseo, al mismo día de campo que nos dieron mis padres, después que regresamos del viaje de bodas. ¡Viaje de bodas! Se hizo la gran fiesta. ¡Fíjate, dije: "Se hizo la gran fiesta!" Ya que también participó el ejército. La banda del regimiento. Consiguieron que vinieran unos cadetes y a la salida del templo alzaron sus espadines. El mismito general nos tomó varias fotografías en el atrio de la iglesia. Para ellos, esto es para los militares, el matrimonio era como si se hubiese firmado la paz con los antiguos cristeros. La admisión de los mílites, aunque sea odioso decirlo, con las mejores gentes de Jalisco y Michoacán. El compromiso de ellos fue ejemplar. Hay que confesarlo: mejor que el de los civiles de Autlán: ni un borracho, ni un mal gesto, bien vestidos. ¡Claro, de militares! Entre la gente de Autlán hubo algunos que llegaron con zapatos que les rechinaban. No te voy a aburrir Marianita con más detalles.

—¡Cómo le envidio ese bodarrón!

—Ya verás cómo no me lo envidiarías. Deja que te cuente. Una como mujer, y sobre todo en los pueblos aquellos de Jalisco está sometida a lo que digan los padres, y al "qué dirán", pero en las casas de uno se tienen privilegios, consideraciones, y muchas veces éramos consultadas por nuestros padres. El régimen no es tan déspótico como pudiera parecer. "¿Quieren ir al baile? ¿Les parece bien que invitemos a zutano y a perengano?" Y cosas por el estilo. Y el trato entre la familia con pocas reglas de urbanidad, pero éstas sí, firmes, invariables. Nunca sufrí ninguna violencia. Recibí afecto, consideraciones y mucho, mucho cariño. Recuerdo los ojos angustiados de mi madre cuando fuimos de compras a Guadalajara. Temía por nuestra seguridad, por la vida nuestra, por nuestro futuro. ¡Y sin embargo nos dejó ir solas! Ella pudo habernos acompañado o insistido en que fuera alguno de nuestros hermanos o nuestro padre. Y a propósito de mis hermanos: no guardo de ellos sino buenos recuerdos, salvo algunos trompicones que nos dábamos cuando éramos chicos. Este trato que siempre añoro y que me gustaría darle a los demás lo tengo en la memoria como lo más preciado en mi vida. Me tomaré, aunque tú no lo hagas, otro tequilita para refrescar el gañote, después de esta explicación, que es tan necesaria para que entiendas lo que pasó después de la boda. Mientras duró el cortejo Santos fue el más gentil de los hombres, el más gentil que jamás pudiera imaginar. Yo parecía una virgen celestial. En todo era la primera, y a mí me consultaba en todo. Pues bien, salimos de Autlán de escapada, como a las siete de la noche. Cuando dije de escapada quise decir ocultándonos de los concurrentes a la fiesta, del gran baile. El patio de la casa iluminado, ya a esa hora, con hachones, cada uno al cuidado de un soldado. Una orquesta de cuerda y unos mariachis se alternaban para que la animación no cesara. Íbamos a pasar la luna de miel en Melaque. A Santos nunca lo había visto manejar ya que siempre tuvo a un sargento como chofer. Pues nos fuimos. No bien salimos de Autlán comenzó otra relación completamente distinta a la que teníamos. Tú podrías decir: "Era natural." No, no Marianita.

—Yo no he dicho nada doña Herlinda.

—Lo que dije fue una forma para demostrarte que tus objeciones te las entiendo, quiero que no me interrumpas. Hace rato dije que de esta parte me molesta acordarme, como que la tengo encerrada. Lo que cambió entre él y yo fueron detalles, mínimos, pero detalles. El primero: no cerró la portezuela del carro, del lado mío, como acostumbraba hacerlo. Total, por la prisas, pensé. También es cierto que la noche estaba muy oscura, sin ni siquiera una estrella, pero no era para que sin un "por favor", me pidiera, así como así, que le prendiera un cigarro, y no me dio las gracias. Para abreviar estaba desnuda en la cama, bajo una sábana, a pesar del calor. Yo había apagado la luz para que no me viera y para no verlo a él. No sé si sudaba de calor o de miedo. Ese hombre se sentó en la cama, metió sus manos bajo las sábanas y empezó a sobarme los pies, al parecer éstos lo vuelven loco. A pesar de mis manifestaciones de pudor, callada, como el haberme cubierto por las sábanas y haber apagado la luz, las olvidó. Prendió la lámpara. Cerré, como es natural, los ojos, pero me imaginé como en esas novelas francesas de fin del siglo pasado, que papá tenía en la biblioteca, llenas de ilustraciones, como a una de esas mujerzuelas, o espías, como la Mata Hari, con un militar a sus pies, besándoselos. ¡Imagina Marianita mi bochorno, mi vergüenza, mi desconsuelo! Ya completamente enloquecido se arrojó encima de mí. Abrí los ojos, los cerré. A pesar del dolor no grité, como se supone que debe hacerlo una mujer. Ese bruto, desconsiderado, ni siquiera se ha de haber dado cuenta de mis lágrimas o si lo hizo ha de haber creído que eran de placer. ¡Placer! Fue una larga noche de angustia y de dolores. El chango, el mono, el gorila, el chimpancé se levantó de la cama sin un beso, sin un "gracias", como si la pinche proeza hubiera sido muy grande. Es cierto Marianita que para aliviar el dolor me detuve, más bien lo agarré de la cabeza, por la espalda, de los hombros. Yo no fui seducida sino legalmente violada por un simio satisfecho, insensible a mi persona. Era tal su vanidad masculina que a media mañana mientras nos paseábamos por los morros de Melaque, tal vez excitado porque la brisa me subía, a alturas descaradas, mi vestido, que pretendió que volviéramos al hotel. En la tarde, rendida de cansancio y de sueño. ¡Idiota de mí! Me eché en la cama para descansar. Desde esa vez empecé a reaccionar, que de haberlo sabido hubiera pretendido que sentía placer, pero Marianita nunca he sabido mentir. El hombre, el mono, el tarzán del ejército, repitió la hazaña de sobarme los pies, de lamérmelos, de hacerme cosquillas con los dientes como si fuera a cortarme las uñas, a repegarme su incipiente barba, a meterme la nariz en los intersticios. No sé qué habrán sentido las mujeres anteriores en su vida, pero lo que es a mí me fue como si un gato hubiera, involuntariamente, tocado un cable pelado de luz. Haz de cuenta como electrocutada. Agarrada con la mano izquierda del borde del colchón y con la otra crispada, enloquecida. Para aquel engendro de simios, ahora lo comprendo, cualquier manifestación de uno él pensaba que sus poderes varoniles mandaban a una a los paroxismos. Ya dije una palabra que no sabes Marianita, quiere decir a los estremecimientos, a los goces incontenidos, al olvido, o cuando menos eso creo yo que quiere decir. Y como decían aquí en Jalisco: "De ai pal rial." Mira este retrato, el que me tomó el general, en una comida que nos hicieron después del viaje de "luna de miel." Creo que se me ven las ojeras.

—Está usted sonriendo.

—Era de día. La noche era el terror, el pánico. El mono también está sonriendo, satisfecho, orondo.

—Los primeros días, de regreso a Autlán, comíamos en la casa de mis padres, mientras quedaban resueltos los detalles de mi casa. Bien comprenderás Marianita las comidas preparadas para los recién casados, era como si le hubieran echado pólvora nueva a la escopeta. El chimpancé comía como tal. Una cualidad debo de reconocerla: a ningún platillo le hacía el feo. "Doña Casilda" le decía, el orangután, "esto que ha hecho está de rechuparse los dedos." Mi madre, halagada, disponía para la cena platillos complicados que nos tenían ocupadas toda la tarde, y yo ¡imagina! sabedora de los resultados. Y hasta mucho tiempo después, idiota de mí, comprendí que mis crispaciones en la cama, antes de que iniciara su ataque el mono peludo, lo excitaban, pensaba, es cierto, que como quinceañera voluptuosa en tarde de verano lo esperaba previniendo sus varoniles embates. Que dios lo perdone Marianita y a mí también. A mí por idiota, por contenida, por discreta. Mi madre, pobrecita, comprensiva debe de haber pensado que mis ojeras... Me sonrojo de pensarlo Marianita.

—A mí no me sirva más tequila doña Herlinda.

—No me voy a servir más por el momento. Fíjate que le estoy dando nada más chupecitos. Recuerda que yo soy la de la voz, y me reseca la garganta, y la lengua. La lengua le deberían haber cortado al gorilón. No bien supo que estaba embarazada, a escasos cuarenta días de la boda, que invitó a la soldadesca infernal, y a cuanta gente conocía de Autlán a una fiestecita para celebrarlo en la casa. Y yo, en medio de todos, la estúpida, sonriendo, como si fuera la mujer más contenta y satisfecha de toda la región.

223

—Herlinda, ya que hemos celebrado con una fiesta pagana este acontecimiento, es necesario que tanto yo, como tú, vayamos a confesarnos y a comulgar mañana —sugirió doña Casilda, mi madre. Dije sugirió, y hubiera sido lo apropiado si no me hubiera sentido forzada a hacerlo. Y el padre aquel, de la sierra de Compostela, de ojos negros intensos, que por fortuna no se los vi en esa confesión: "¿Y ha habido concupiscencia, ha habido mucha concupiscencia?" Si hubieran sido otras las circunstancias me hubiera reído. "¿No han atentado contra natura, como dice San Alberto María de Ligorio?" Ya antes, cuando me preguntó si había habido concupiscencia, le dije que sí. Cuando hizo la pregunta del santo ese también le eché un "Sí", firme. Yo lo confesé así para salir pronto del paso, pero para no entrar en detalles. "¿Cuántas veces? ¿Sentiste placer? ¿Te has arrepentido? ¿Volverás a hacerlo?" Entonces comprendí que me había metido en un atolladero. En un momento, angustiada, saqué la cabeza del confesionario, temerosa de que mi madre me hubiera podido ver. Estaba sosteniendo su cabeza con sus manos la muy piadosa. El desgraciado cura insistió en sus preguntas. Claro que prometí no volver a hacerlo. Y él comentó: "La gente del ejército es muy dada a eso." Conque todavía me faltaba esa prueba. Ve el sorbito que le doy.

—Si no estoy equivocada a mí me hizo lo que prohíbe el santo. Fue un día en que me había venido la regla. ¿Y qué pasó doña Herlinda?

—Aquí, sí, con mucho orgullo. Ya con la prohibición del santo, me opuse a Santos, aunque parezca un juego de palabras. Después de todo qué bueno que me previno el cura. Fue una lucha como la de los turcos para tomar Constantinopla. Ellos la tomaron: Santos no. Y eso que como las fuerzas de los turcos, tenía muchas, pero yo, crispada, tiesa, agarrada al borde del colchón, y con las oraciones en los labios. Para lo otro, como tú lo sabes, no opuse resistencia, si pa' eso se casa uno. Y ya que de confidencias se trata: nunca, pero nunca quise volver a confesarme en mi pueblo. También es cierto que ya no pude ver igual a la esposa del general ni a las demás esposas de los miembros del ejército. Lo que sí me perturbaba el que ellas pensaran que yo participara del rito. Cuando nos quedábamos solas, ya ves qué indiscretas somos las mujeres, tuve buen cuidado de retirarme o de fingir una jaqueca. Esta foto, Marianita, aquí entre los nopales.

—Magueyes dirá, doña Herlinda.

—Bueno, si voy a ser precisa: mezcales, que es lo que abunda por esas tierras, por nuestras tierras.

—Pero casi nada más se le ve la cabeza.

—Fue a propósito, tú crees, me la tomaron la semana antes de que naciera mi Rodolfo. ¿Crees que me iba a dejar sacar una foto con la panzota que tenía? Esa foto fue tomada a insistencia de Santos. Mira mejor ésta, Marianita. Mi madre está sosteniendo a Rodolfo al mes de nacido. El día, precisamente, en que se bautizó. Ve a mi padre, ¡qué guapo era!, con el traje que se mandó a hacer para la ocasión, y también hizo lo mismo, copión, Santos el mono. Vino mi hermano del norte. Está con toda la familia reunida. De aquí en adelante va a ser difícil que nos encontremos a toda la familia junta, salvo el retrato de las bodas de plata de mis padres, pero no nos adelantaremos. Rodolfo, mi Rodolfito no se ve: está muy bien tapado. Lloraba toda la noche con los coliquitos, y era muy natural. Yo hacía mis bilis con los tratamientos que me daba el chimpancé y el pobre sufría. Cuando vinieron los calores se me estaba deshidratando. No, no te voy a aburrir con las enfermeda-

225

des que tuvo Rodolfito cuando fue niño. Creo que no se escapó de ninguna, y no vayas a creer que no fue vacunado, cuidado y recetado por lo mejor de Autlán y de Guadalajara.

Salvo las prácticas que prohíbe San Alberto María de Ligorio en todo lo demás intenté, no, realicé lo que se espera haga una mujer mexicana: que una fiesta, que visitar al general que estaba enfermo, que el regalo para la hija del teniente coronel. Eso nada más tratándose de las cosas de fuera. Recibí en la casa a los amigos de Santos. En todas las ocasiones los acogí bien, con comida abundante y atención esmerada. ¿Creerás Marianita que tuve una segunda luna de miel? Veo que te ríes. Me acuerdo al ver este retrato de mi hijo, de Rodolfito, cuando cumplió un año. Oía a Santos balbucir en sus borracheras que quería una familia de muchos hijos. Uno iba a ser veterinario, el otro médico, el de enmedio se iba a dedicar a la milicia, quizás ingeniero militar, y si venía, por el torpe destino, una niña, la dedicaría a la medicina. Precisamente en la noche, ya con sus copas, después de la fiesta vinieron de nuevo los asaltos. Por lo que has oído, y te he contado, Santos era un hombre fuerte, sus asaltos se sucedían uno tras otro, no como, creo que tú me dijiste, uno aquí, otro en la media noche y el final en la madrugada. Vale más que no entre en detalles, este tequila de la Viuda de Martínez me suelta la lengua, con lo suavecito que es. ¡Que me oyera mi madre, que en santa paz descanse, contar estas cosas! ¡Jesús! Volvería a la tumba. El chimpancé, al mes exacto del primer cumpleaños de Rodolfito me mandó, para ser exacta, me acompañó a ver al médico. Creía que iba a suceder como la primera vez. Los análisis negativos, los esfuerzos de él más reiterados. Sí Marianita, con reiterados, quise decir repetidos. Parece que no me entiendes. El chimpancé me atacaba, se me subía. Ya veo que ahora sí me comprendes. Yo ojerosa, cansada, pues antes del ataque lo temía, para después tenerle miedo al siguiente. Era tal su impaciencia que fuimos a Guadalajara a ver a un famoso ginecólogo, yo con mis palabrotas, fuimos a ver a un doctor especializado en enfermedades de las mujeres. Me encontraron saludable, bien. El mono desconcertado. ¡Cómo era posible que después de sus encendidos esfuerzos yo no quedara preñada! Al correr de los meses llegó a preguntarme si tomaba algo, si me hacía algo. ¡Imagínate con lo católica que era antes!

—¿Qué ya no lo es doña Herlinda?

—Sí lo soy pero con sus asegunes.

—¿Cómo es eso?

—Yo escojo mis confesores, y no voy a cualquier iglesia, y me cuido bien de saber qué es lo que voy a confesar. ¿Ahora me entiendes?

—Ya en otra ocasión me lo explicará mejor doña Herlinda.

—Esas cosas, con copas y sin ellas son fáciles de explicar Marianita. En cambio otras… se le atora a uno la lengua. Como es el caso en este momento para explicarte esto: los hombres quisieran que sus hijos fueran como ellos querrían ser y uno… de ninguna manera como son ellos o como pretenden ser. ¿Cómo hubiera podido explicarle a mi Rodolfito lo brutal que era su padre? Ni en esos momentos en que mi indignación era tan grande, ni después, ni en sueños. Mi Rodolfito sufría de anginas. Se ponía de muerte: había que cuidarlo del sol, del viento y sobre todo del mono pretensioso, que por desgracia, fue su padre. Eso se dice fácil, pero en el momento en que se vive es tan difícil. Un día estaba Rodolfito jugando con sus primos en el corredor de la casa. Yo en los quehaceres propios de una, tal vez supervisando el planchado de las camisas del orangután. Y como bajando de un árbol, ya que nadie lo esperaba, se presentó con su asistente. No pidió mi autorización. Treparon al niño en un caballo que jalaba el asistente y lo sacó a lucirlo con sus compañeros, con los otros monos militarizados. Según oí decir iban a cerciorarse de unas excavaciones ilícitas de ídolos, de monos como ellos. Cuando empezó a llover salí de las piezas interiores para recordarle a Rodolfito que no fuera a cometer ninguna imprudencia. A primera vista no lo hallé. Ricardita, una de sus primas me informó de lo ocurrido. Claro que no me dijo que habían ido al campo, sólo el hecho de que su padre se lo había llevado. Si le dijera Marianita que no hice un coraje sería mentirle. No por otra cosa sino por las consecuencias, por los resultados, para lo cual era necesario ser un sabio, un científico. Al verme mi madre recargada en el barandal del corredor, y quizás con una cara de preocupación, me preguntó. "¡Mamá!", exclamé, exasperada, "Santos se llevó al niño." "¿Cómo, dónde, cuándo?" Ricardita repitió la explicación.

—Es su padre. Es natural. Así lo hacen.

Ante el espaldarazo, que en ese tono tan salomónico, le dio doña Casilda, mi madre, al mono de Santos, creí que se me iban a reventar las tripas. Apenas si pude contener las lágrimas. Me puse a bordar, más bien dicho a pincharme las yemas de los dedos. Este quehacer no bastó para calmarme. El único bálsamo fue el regreso de la criatura. Venía contento, seco.

—Me pusieron una manga de hule grandota y un sombrero de charro —comentó lleno de felicidad por la aventura. Me hubiera gustado que hubiera estado presente mi madre en la noche de ese día. El niño deliró. Vino el médico y perdió Rodolfito una semana en el jardín de niños.

—¿Se alivió el niño?

—Eso ni se pregunta Marianita. Yo quería que lo operaran para que fuera como cualquiera de los otros niños, pero el teniente coronel, el médico del regimiento le dijo al chimpancé que nunca dejara que operaran a su hijo de las anginas, y como debes de comprender: nunca se operó. No vayas a creer que el niño tenía malas relaciones con su padre, por hablar negativamente. Y aquí de nuevo tengo que contarte de otra enfermedad. También, como acostumbraba sin decir agua va, se llevó al niño a dar una vuelta. Regresó Rodolfito encantado: se había atragantado con raspados. ¡Imagina un niño como él comiendo raspados, con hielo contaminado, aquí sí del suelo al cielo! "Mamá, por fin comí raspados rojos, amarillos y verdes. Me gustaron más los rojos. Estaban tan fríos que hasta la cabeza me dolía." A la semana le dolió la cabeza al niño, le vino la calentura, un calenturón. Ya habrás imaginado Marianita: el niño con tifoidea. Quedó, después de la enfermedad, como un hilito. Daba lástima verlo. Se me ocurrieron varios sarcasmos cuando el chango peludo, por cierto, muy preocupado, se acercaba a la cama del enfermo. Uno es prudente, Marianita, hasta cierto punto. Y el gorila, satisfecho en su selva, esto es en mi cama, que no era mía, sino de él, creyó que iba a hacer y deshacer de la pobre criatura. Me atosigaba día y noche: "Ahora que ha perdido el niño las clases hay que ponerlo al tanto. No se te olvide Herlinda, no se te olvide", como si yo tuviera memoria de tití. Ya habrás supuesto que la firma mensual de las calificaciones la hacía él. Aunque fuera a estar lejos de Autlán dejaba dicho, tanto en casa, como en la escuela, que él firmaría las calificaciones. Rodolfito respondió siempre: primer lugar. El que nunca supo responder adecuadamente fue el simio de su padre. Un mediodía llegó la criatura con las calificaciones, contento, feliz. El gorilón en el corredor. Según supe después lo abrazó y se lo llevó a la calle. Eso creí. En premio se fueron a bañar al río. Lo obvio: la calentura, las desveladas, las angustias, y un rencor más atesorado en mi vesícula. En esa época estaba muy flaca. Mírame aquí en la primera comunión de Rodolfito.

—¡Qué barbaridad! ¡Qué barbaridad! Está usted irreconocible.

—Muy explicable Marianita. Cuidaba al niño en las noches de enfermedad, y apenas en la cama el asalto del mono libidinoso. Con deseos, ya que temía perder a su hijo, de tener de reserva otro y otros, tal vez, para llenar su hospital imaginario. Mi delgadez preocupaba a toda la familia. En cambio ahora preocupo a Rodolfo por lo robusta, por no decir lo gorda que estoy.

—¿Y ésta junto a un helicóptero doña Herlinda?

—Al tomar esta foto ya te me adelantaste Marianita. No sé si te he contado que casi todo el tiempo en que viví con el mono fue en Jalisco, salvo un año escolar en Chilpancingo. Pudimos habernos venido antes, pero recuerda que estaba de por medio la educación de Rodolfito. Allá en Chilpancingo, una mañana antes de salir el mílite con quien me casé me advirtió que pasaría por mí a las once y media. Como lo hacía siempre, le ordenaba a su criada, a su sirvienta. Llegó en el yip acompañado por su asistente y un tenientillo del que he guardado el recuerdo de su apellido: Juárez, quizás por el Benemérito de las Américas. Llegamos al cuartel que estaba afueras de Chilpancingo, atravesamos el patio, y salimos por la puerta trasera, al que llamaban pomposamente el helipuerto: un cacho de terreno, medio aplanado, más un tejaván sin pintar, bajo éste varios bultos, que después supe era mariguana, de la renombrada con el nombre de Golden Acapulco.

—¿Qué Acapulco?

—No me interrumpas. Sírveme, por favor, ya que estás más cerca que yo del vaso de refresco. Parece que el recuerdo ha avivado mi sed. Como la que sentí esa mañana al subirme al helicóptero. Nunca lo había hecho. Tiene uno que estar muy lista, si no con el ventarrón que producen las hélices te levantan el vestido hasta la cabeza, quizás para que no te dé vergüenza enseñar el ombligo. Volamos sobre los cerros pelones, que mira que hay muchos en Guerrero. Atravesamos una barranca profunda. En el fondo muchos cultivos. Daba gusto ver aquel verdor en contraste con los cerros calvos. Hasta aquí todos habíamos venido callados. El piloto consultó con el tenientillo Juárez, no sé qué. Sobrevolamos sobre una casa sobre la explanada de un cerro. Cerca de ella un árbol inmenso y un estanque de mampostería. Al aproximarnos corrieron unos patos, y clarito vimos cómo se esponjó un guajolote, tal si quisiera defender a los pollos y gallinas que corrían despavoridos. No aterrizamos allí, sino en la falda del cerro. Nos esperaban con dos caballos y dos mulas. Desde el aire todo se ve fácil. Hemos de haber tardado más de una hora en subir el cerro. En la puerta de la cerca que rodeaba la casa que habíamos visto desde arriba nos aguardaba un hombre delgado, al parecer moreno, de ojos claros, los que al principio, creo que por lo fatigada y sudada que estaba no me di cuenta que eran azules.

Vestía calzón y camisa de manta, la tela limpia. El empedrado frente al techado de la casa recién regado. Los animales que habíamos visto huir, quizás todavía estaban en fuga: no vimos ninguno. Un perro ladró, pero no se presentó.

—Estarán más frescos bajo el árbol —explicó aquel hombre y se adelantó hacia él. Sobre una mesita de palo cuatro coca-colas, que supuse estaban tibias. A pesar de eso, lo que bebí me supo bien. ¡Qué calor! ¡Qué aire tan seco! Con decirte que ni las chicharras cantaban. El único ruido era el tronar de las sillitas aquellas de madera en las que estábamos sentados. El hombre aquel del ojo azul sólo dijo: "No tiene que estar sudada." Yo presté atención, aunque debo de confesarte Marianita que con lo acalorada que estaba, no le presté mucha. Después el misterioso de Santos se levantó al tiempo que también lo hacía el ojo azul. Santos me hizo una seña que lo siguiera. Bajo el portalito de la casa de palma, de palapa, como le decimos aquí en Jalisco nos detuvimos. El del ojo azul comenzó a hablar, quedo, muy quedo. Por supuesto que hablaba en español, pero enredado, nada claro, haz de cuenta como las pitonisas.

—¡Doña Herlinda!

—Yo de nuevo con mis términos. No es lo que tú crees. No se trata de putas. Eran unas mujeres... Recuerda que yo sé estas cosas porque hasta el primer año de medicina siempre acompañé en sus estudios a Rodolfito. Por lo que entendí y sucedió después yo debería quedarme sola con el ojo azul. Y así fue. La casa aquella no tenía paredes, estaba o más bien las paredes estaban hechas por leños mal cortados a hachazos. Era cuadrada y dentro había un corredor como de dos metros, que separaba del cuadrado exterior por otro interior. Me explico: era un cuadrado dentro de un cuadrado. De eso me di cuenta después. El ojo azul me condujo a la pieza interior. Como debes de suponer no veía nada. Quizás había el rescoldo de un fuego y el ojo azul echó allí unas hierbas, ya que se vino un olor perfumado, no era nada de lo que te pudieras esperar, no era incienso, ni copal, ni azahar, ni nada para mí conocido. Entonces sentí un consuelo: la atmósfera no era tan asfixiante como afuera, y la penumbra daba reposo a los ojos. Me tomó de la mano y me hizo acostarme en una especie de cama, cubierta con varios petates, eso lo supe después cuando los agarré, pero me adelanto Marianita. Primero cerré los ojos, al abrirlos miré hacia el techo, la poca luz que se colaba, daba la impresión que se miraba al cielo en la noche. Quizás abrí los ojos porque escuché un ruido, que primero creí era de una serpiente de cascabel. Desde mi posición completamente horizontal distinguía la figura blanca que sacudía algo. Se acercaba y se retiraba de mí. Musitaba algo, esto es Marianita, decía algo entredientes que no alcanzaba a oír bien por el ruido de aquel sacudidor o lo que fuera. Me dieron unas ganas muy grandes de dormir, y tal vez me eché un sueñito. En mis rodillas un cosquilleo y mis pies acariciados del talón hacia la punta, los dos a la vez. Creí sentir cosas que no eran. Mis ojos ya acostumbrados a la penumbra distinguieron el sacudidor sostenido, no me preguntes con qué a la nuca del ojo azul, y al sacudir la cabeza el sonido continuaba. Creí que las caricias a mis pies eran imaginaciones mías, y la repentina tiesura de mi cuerpo cedió. Después creí ver calabazas o conchas de armadillos en las manos del ojo azul. Me alarmé cuando se me acercó al rostro. Lo que vi me aterrorizó. Te dije Marianita que usaba un calzón blanco y es lo que vi. La camisa había desaparecido, y sobre el calzón a la altura de mis ojos una protuberancia, aquello que te conté, por no decirlo con todas sus palabrotas. Venía hacia mí y se retiraba, pero cuando regresó a la piesera de la cama y sentí las caricias en las plantas de mis pies, después los labios secos sobre el dorso de los mismos y la humedad de una lengua. Y no fueron imaginaciones mías Marianita. Yo ya estaba medio incorporada, sudando frío. Sentí los cabellos de él en la pantorrilla. Sacudió el plumero o lo que fuera y lo sentí por mi vientre. Fue una sola sacudida, se retiró hacia los pies. Tomó de nuevo las calabazas o las conchas de armadillo y se aproximó a mi rostro. Aquí sí temo no ser exacta: yo creí ver abierto aquel calzón y lo que se espera ver. Abrí la boca para gritar y no pude, yo misma después me tapé la boca. Por un instante me acalambré, tiesa, sin poder moverme, hasta que salió un grito ahogado de mi garganta. Me bajé del camastro. El ojo azul al verme en ese estado dejó de sacudir la cabeza. Me hizo señas de que me calmara. También en su rostro había azoro, meneó su cabeza como si esperara que alguien se fuera a presentar. Ya para ese entonces había bajado la falda de mi vestido, alzando mis cabellos y buscaba mis zapatos, como comprenderás con ese calorón no llevaba medias. El ojo azul ya se había puesto su camisa y quizás reajustado su calzón. Dijo: "Espera", se fue a un rincón y vino con una cazuelita con carbones ahumantes y los zahumerios. Lo colocó bajo mis pies.

—¿Para qué? —pregunté nerviosa.

—Tendrás los hijos que quieras.

Entre mí pensé: "Si me querías curar encajándome uno tuyo te equivocaste", quizás era ése su método, y las mujeres aliviadas justificarían los ojos azules de los niños como milagros del curandero. Me entraron unas ganas de reírme, de burlarme del simio, del Santos santero, del orangután supersticioso. Marianita me sentí fuerte, segura de mí. Cuando salí al portalito, Santos se dejó venir, expectante, como si ya hubiera estado preñada. Debo confesar que me reí.

—¿Te pasa algo?

—Es la luz del sol, no puedo abrir los ojos.

—Estás sudada.

—Hacía mucho calor adentro —y yo continué caminando en dirección del árbol y Santos se dirigió hacia el ojo azul, que me supuse lo esperaba en la puerta de la casa.

Esa noche recibí una andanada de ataques del gorilón supersticioso. En la mañana del día siguiente, debe haber visto una burla en mis ojos, es imposible que yo me hubiera podido contener, se vio obligado a explicarme.

—Curó a la esposa del general, tuvo un hijo después de doce años.

—¿Quién te lo recomendó?

—El general.

—¡Ah, sí!

Como antes te conté yo no estuve mucho tiempo en Chilpancingo. Yo, al saberme de paso, no había aceptado invitaciones, que implicaban el que yo más tarde las hiciese, pero picada de la curiosidad, en la primera ocasión, que por cierto pronto se presentó, acepté ir a la casa del ojo azul. Debes de comprender que no me iba a traicionar preguntando. La gorda aquella prieta, porque era bien trigueña, la esposa, me presentó a un muchachillo de unos dieciséis años.

—¿El menor?

—Bueno, casi. Él y el más chico se llevan escaso un año.

Llamó a otro jovencito. Los vi parados a los dos delante de mí. Es cierto que no tenían los ojos azules, pero eran claros, amarillentos, cosa que resaltaba en sus teces morenas.

—Ya conocí al hijo del general, no era uno sino dos —le dije a Santos.

—Cuando vio los resultados el general volvió a llevar de nuevo a su mujer para que la curara otra vez.

—Muy interesante, muy interesante. Una cosa te voy a pedir Santos: no divulgues que fui a ver al curandero, porque me voy a poner nerviosa al saber que me vigilan y entonces…

Y si bien es cierto que me libré de la observación de los conocidos no pude evitar la atención del mono, ni tampoco librarme de sus ataques.

—En varias ocasiones Marianita he pensado en un encuentro con el simio. Cosa, que espero, nunca sucederá, ya te dije antes que no sé si aún viva. Esto me lo trae a colación estos dos retratos. En éste no puedo contener el gusto: había logrado el primer lugar Rodolfito de toda la primaria. Este rollo que tiene en la mano es su certificado. ¡Lástima que aparezca en él el mílite lujurioso! En este otro retrato tomado en una fecha cercana al primero tengo una cara de disgusto. ¡Y qué disgusto! Verás: Rodolfito pescó unas anginas. Ya estábamos, para ese entonces, en Guadalajara. Era la temporada de lluvias. Yo para que no se aburriera el niño le proporcioné papel de china de varios colores. Le pedí que hiciera unos manteles para una kermess que se iba a realizar en beneficio de la escuela. Hasta la fecha el muchacho, mi hijo, Rodolfito tiene una habilidad en las manos pasmosa. Oí cercano a mí el sonido de las tijeras, cuando éste cesó me volví: no pude menos que reírme, carcajearme. Como la directora de la escuela era una gorda descomunal, ¡que Dios nos guarde de alcanzar un volumen semejante!, Rodolfito hizo todos los mantelitos con unas figuras de gordas: con inmensas caderas, con pechos reventados, sin cintura, con grandes piernas.

—¡Pero Rodolfo, cómo le voy a llevar esos manteles a la directora, cómo se los voy a llevar!

Irrumpió en la pieza el padre de mi hijo, y sin importarle nuestra diversión, nuestro regocijo, con una rabia de mílite que no ha pasado por una revolución los tomó en sus manos y los rompió, otros los arrojó al suelo y los pateó. Era tal su furia que no alcanzaba a proferir ninguna palabra, aunque yo sabía qué era lo que quería expresar. Fueron unos cuantos momentos, tanto Rodolfito como yo estábamos parados viendo los recortes de papel, fue tal la sorpresa que no me volví a ver al niño. El mílite, como perro rabioso abandonó la pieza, todavía sin volverme a ver a mi hijo comencé a reírme, incontenidamente. Al mirar a Rodolfito lo vi también reírse, no como yo, pero se reía. Distintamente a otras ocasiones en que el niño y yo nos habíamos quedado consternados por algún exabrupto.

—¿Era bruto?

—No, no Marianita: grosero, patán, mílite, militar, mono. Ahora sí dame otro trago.

—¿Entero?

—Tú sirve. ¡Salud aunque tú no tomes! La foto en la que estoy, ésta, con la cara de disgusto fue tomada al día siguiente, en una comida ofrecida por la asociación de ganaderos. Antes de que pase a explicarte el por qué me enojé, te voy a contar mi gran descubrimiento, mi huevo de Colón. Mira. Durante los primeros años de mi matrimonio tomaba las cosas muy en serio, veía a Santos como una fuerza de la naturaleza a la que se tenía que padecer, mi cruz. Quizás tú por ser mujer liberada me entiendas. De nuevo me estoy adelantando. Pero desde aquel día del brujo cuando me quería curar de mi supuesta esterilidad, como ya te conté, me empezó a dar risa todo lo que hacía, y lo que es más grave o más bueno, también me reí de mí. ¡Y cómo ayuda la risa! El día que rompió los mantelitos de papel sentí una mayor comunicación entre mi hijo y yo, como si de repente descubriera en mí a una persona que no era débil, que no estaba a la merced del mílite-mono. Te dije antes que había deseado un encuentro con Santos y sabes para qué: "Ve, tonto, insensible, tú que siempre viste con malos ojos el que Rodolfito recortara vestidos para los muñecos o muñecas de papel, contempla para lo que sirvió eso: ¿No es ahora un magnífico cirujano? Y no solamente cirujano a secas, sino también plástico. Como dice él, no ayuda nada más a la vanidad humana, sino que realiza restauraciones en los obreros que han sufrido accidentes. Tú y tus prejuicios de macho. Temiste que fuera a ser modisto o sastre. Pues te has equivocado y si pensaste que nosotros íbamos a seguir tus disparates…" No sigo por ese camino Marianita porque acabaría aburriéndote, mejor volvamos a las dos fotos. En la segunda a donde me veo seria, te dije que la tomaron poco después de la ocasión en que Rodolfito terminó la primaria. El orangután llegó tarde. Yo me había echado un sueñito. Llegó borracho. Obviamente se había ido de pirujas. Era tan cínico que ni siquiera había procurado limpiarse un rozón de pintura de labios sobre la ceja izquierda. Creí percibir un perfumillo barato. Todo esto antes de que apagara la luz. Vino luego el farfullar incontenido del borracho. Lo hubiera oído como a una cazuela a donde se fríe arroz, pero cuando empezó a repetir el nombre de Rodolfito presté oreja. Ya le faltaba poco al niño para que pudiera concebir. Esto es Marianita que pudiera hacer niños, y entonces se lo iba a llevar con las pirujas para que lo enseñaran a ser hombre. Él contaba los días. Vería a nuestro doctor a ver si se podía adelantar el acontecimiento. Además de mis aprehensiones acerca del licor, él pronto las haría desaparecer con la realidad de la vida. ¡Padre e hijo borrachos!

Si antes estaba al acecho sobre mi próximo embarazo en esta ocasión se dedicó a observar al muchacho con detenimiento. Le vi sus ojos clavados en el labio, con la esperanza de ver un incipiente bozo, o si no en las mejillas, tú sabes el aparecer de las espinillas: la piel de Rodolfito tersa, inmaculada. Yo olvidaba, temporalmente, mis aprehensiones, pero notaba impaciencia al preguntarme por la fecha de cumpleaños del niño, como si no lo supiera. Una mañana toqué en el baño, para cerciorarme si había toallas. "Rodolfito ¿hay toallas?" Sorpresa fue la mía al oír la voz del gorilón: "El muchacho se está bañando. Hay una, la que usé esta mañana." Al regresar con la toalla volví a tocar. Contestó de nuevo el mílite. Me abrió la puerta y pude ver cómo estaba observando al niño, el cual se secaba.

Otra vez en que volvió a inquirir sobre la edad del niño lo vi que me miraba receloso, como cuando él calculaba que yo estaría preñada y no lo estaba: una mirada incrédula, ya dije que recelosa, desconfiada ¡como si yo pudiera, a menos que fuera bruja, impedir el crecimiento de mi hijo! Cosa curiosa Marianita, cosa curiosa: en tanto sus compañeros en edad ya daban muestras de estar en la pubertad, en la adolescencia, para que entiendas: jiloteando, mi hijo seguía siendo niño, y de eso estaba segura. El padre lo inspeccionaba con cualquier pretexto en el baño, es obvio que se percataba de que su hijo seguía siendo niño, al tiempo que en las noches, siempre y cuando llegara borracho, repetía sus proyectos sobre la llegada del niño a otra edad, para él encaminarlo, palabras de él "al sendero de la hombría." Creerás que el muchacho cumplió sus trece años, pasó a segundo de secundaria sin haber ninguna manifestación. Pero siempre llega el día. No sé si el orangután lo percibió: bozo incipiente, espinillas y la mano en el bolsillo: ¡los tres signos a la vez! Entonces sí me vino el pánico. Dije pánico, miedo pánico, como dicen los abogados. Mira Marianita yo había pasado por todo, incluso sobre mi esterilidad. Me sentía más tranquila con un solo hijo, al posible que hubiera podido tener le tenía ya celos, pues sin duda se iba a interponer entre mi Rodolfito y yo. Además yo siempre supe cómo era mi hijo, y si no lo hubiera sabido lo habría aprendido: lo iba a querer como fuera, y en cambio el padre nunca dejó de ser un bruto que quería ver en su hijo su imagen y semejanza, corregida y aumentada. ¡Nunca se imaginó que yo fuera así! ¡Y ni yo tampoco!

De esos días tan dificultosos no guardo ningún retrato, eso sí Marianita, muchos recuerdos. Mucho me ayudó en mi decisión la muerte de mi madre ocurrida un año antes, es cierto. Me acicateaba la angustia de que ese soldado fuera a cometer su soñado proyecto, también es cierto, pero lo que también determinó el paso importante que tomé fue el imaginarme la cara de sorpresa ante mi determinación. Entonces me eché a reír. Aproveché la ocasión de que iríamos a ver al notario para el papeleo de la herencia de mi madre. Deja explicarte. Tú sabes que además de muchas otras cosas los militares son muy vanidosos. Al decidirme le pregunté a la esposa del general jefe de la zona militar por un buen abogado. Ya para ese entonces Santos era general de brigada. Me entrevisté con el abogado varias veces. Me hizo tantas preguntas. "¿Y eso para qué lo quiere usted saber?", lo interrogué una tarde un poco picada. "Señora, quiero darme una idea clara del carácter de su esposo." Me quedé callada. Te decía que fuimos a ver al notario público. Nos pasaron de inmediato a una sala de juntas. Apareció el notario con un librote de ésos que ya conoces o que algún día tendrás que conocer. Leyó algo, firmamos. Se abrió una puerta y apareció mi abogado. Se sentó en el lado opuesto a donde estábamos mi ex marido y yo. El notario ocupaba la cabecera de la mesa. Le advirtió a Santos que lo dejara hablar y no lo interrumpiera hasta que no acabara su exposición. También le informó que a petición mía el notario se quedaba para atestiguar lo tratado y dar fe si lográbamos algún acuerdo. Aquí sí no te puedo explicar cómo se lo dijo, ya que empleó muchos términos legales que no conozco, ni las leyes a que se refirió. En resumen yo pedía mi divorcio. Si él se oponía iba a tener que gastar tiempo y dinero. Si nos arreglábamos amistosamente nadie se enteraría. Él pasaba de inmediato a ser poseedor de la casa en que vivíamos y a donde podría ir a vivir su otra familia, compuesta nada menos que por cinco hijos, y por consiguiente no tendría empacho en dejarme la custodia de Rodolfito. En caso de que se opusiera se presentaría ante el juez las copias de las actas de nacimiento a donde él había reconocido a esos niños como hijos legítimos. También se le haría saber ante el juez de la enfermedad venérea de la que me había contagiado. El doctor Galindo estaba dispuesto a testimoniar. Agregó que yo estaba dispuesta a no reclamar nada. Durante todo este discurso yo lo estuve viendo con el rabo del ojo. Se fumó tres cigarros, y rompió otro sin poder encenderlo. Se le dieron diez minutos para que lo meditara. No habían pasado cinco cuando salió y pidió hablar a solas con mi abogado. No tardaron mucho en regresar. Me preguntó que si lo dejaría ver a Rodolfito: "Yo no te voy a privar de ninguno de tus derechos, podrás verlo cuando quieras y en donde quieras." El muy pendejo se la tragó Marianita. También le dije: "Tengo contratada la mudanza para mañana. Desde esta noche ya no dormiremos en la casa."

—¿En dónde vas a hacerlo?

—Permíteme que no te lo diga. No te preocupes, te dejaré todas tus cosas.

—¿Y el niño qué dice?

—Ya lo oirás cuando lo veas.

Dirás Marianita que soy vanidosa, tal vez lo sea. No se me olvida de esos momentos tan emotivos, después de todo yo iba a cambiar por completo de vida, la mirada incrédula del mílite lujurioso, como si me estuviera viendo en un sueño, en un instante entreabrió la boca, de inmediato consciente la cerró, si no hubiera tenido la victoria tan cerca de buena gana me hubiera reído frente de él, pero temí que se fuera a encaprichar. Vagamente recuerdo que insistió sobre una futura entrevista con su hijo. Le di todas las seguridades que pidió.

Supervisé la mudanza. Del segundo piso miré los dos arrayanes. Estuve tentada a llevármelos. Después de todo la casa había sido regalo de mi padre. El día anterior ante el notario cuando le prometí a Santos que le dejaría sus cosas estaba cierta de que lo iba a cumplir: la cama matrimonial de latón, por cierto muy bonita, ¡pero qué de memorias repelentes me traía! y su ropa. Además de los cargadores de la mudanza había contratado un pintor de brocha gorda. Al quedar desocupada la casa le pedí que emparejara la pintura de las paredes. Sabes para qué: pues no quería que la mujer que me sustituía en la casa no tuviera la menor idea del cómo había colgado mis cuadros y mis santos y mis retratos. Le pedí al pintor que llamara a mi ex esposo para que enviara a alguien por las llaves. Volví a ver los arrayanes. Se me escurrieron las de San Pedro. No por lo que dejaba. Si desde allá arriba me veían mis padres claramente reconocería la mirada de satisfacción de mi padre, y el gesto asombrado, temeroso del qué dirán de mi madre.

Salí a la calle: era otra mujer. Aflojé mi chonguillo, levanté la mirada, en contravención a las tantas advertencias de mi madre: "Si viene un hombre mira a un lado o para abajo, no lo veas directamente." Como si estuviera de conquista. Y viéndolo bien había conseguido, en ese 12 de julio, mi 16 de septiembre.

Un día de éstos Marianita voy a componer los retratos en orden cronológico, esto es uno tras otro, pues así como los tengo es difícil explicarte las cosas. Lamento que en este retrato en que estoy con Rodolfito, después de la separación, no esté en colores. No se me olvida el vestido: estampado de seda con manchones en amarillo y blanco. Para el clima de Guadalajara perfecto, fresco, alegre. Lo compré, precisamente, al día siguiente en que tuve la entrevista con el orangután ilustrado. No vayas a creer que nada más me compré ése sino varios, así como sus complementos, sus accesorios, como se les dice. Me quité de encima muchos años. Al verme en el espejo comprendí que necesitaba otro corte de pelo, más bien otro peinado. Me fui con un peluquero, dizque estudió en Francia. Le pedí sugerencias. Me hizo ensayos, pruebas para el color del cabello como ellos saben, o si no por medio de pelucas. Le hice perder media mañana. A mí, en lo personal, no me gusta pasarme la vida en esos lugares, pero valió la pena. Al verme en mi nuevo armazón, ¿acaso no iba a protegerlo el resto de su vida?, mi Rodolfito se sonrió, vino hacia mí y entusiasmado gritó: "¡Qué guapa te has puesto mamá!" Esa expresión me llenó de júbilo.

Ahora deja que tome un traguito del refresco y otro de tequila. Lo que te voy a contar no es fácil, si voy a ser veraz, nada ha sido fácil. Te dije antes que mi hijo fue muy enfermizo, sobre todo de esas perniciosas anginas. Tenía entonces en Autlán un amiguito: Carlitos Amezcua. ¡Qué muchachito tan travieso, tan inquieto! Trabajo me costaba en esas tardes en que venía a jugar estando mi Rodolfito enfermo. Este pobre se cansaba, estaba débil, fatigado, mas le gustaba la presencia del amiguito. Se entristecía la criatura cuando partía el amiguito, y se cuestionaba sobre los quehaceres de Carlitos: "¿Dónde estará Carlitos? ¿Por qué no se quedó? ¿Estará en la calle jugando? ¿A qué horas cenará? ¿Y por qué no se enferma como yo?" Cada pregunta era como una puñalada. Yo procuraba distraerlo: era inútil. Fue entonces como me las ingenié: no hubo juego disponible que no tuviéramos, si Rodolfito se hastiaba yo continuaba jugando dos, tres, cuatro juegos de monopolio, y si la inquietud repentina asaltaba a Carlitos, inventaba unas escondidillas, para esto invitaba a algún hijo de algún soldado. El lujurioso mílite me encontró alguna noche acalorada, sonrosada con el esfuerzo, clavaba sus ojos en mis mejillas tratando inútilmente de saber la causa de mis chapetones. Siempre procuré que no encontrara a Carlitos, ya que le hubiera tomado mala voluntad, ojeriza, y hubiera inventado, o hubiera traído a algún muchachito hijo de cualquier oficial de la guarnición.

Los niños son caprichosos, impredecibles: cuando yo mandaba a traer a Carlitos venía el asistente con el recado: "Carlitos se fue a jugar al zócalo." Esto al principio de la tarde, en el momento del pleno calor. No había más remedio que arreglarme. Iba a la ferretería. Compraba la última novedad en juguetes y *casualmente* me topaba con Carlitos en el zócalo. "¿Qué lleva allí señora?" Una sorpresa para que jueguen tú y Rodolfito. Una vez enganchado no salía de mi casa en toda la tarde.

Carlitos siempre fue un problema. En ese entonces ya se hablaba en Autlán de un posible cambio de lugar en otra zona militar. Mi Rodolfito no iba a sufrir una separación así como así, porque las circunstancias o lo que quieras llamar a eso. En una tarde cualquiera, sin que estuviera enfermo mi Rodolfito oí, frente a mí, cómo el amiguito amenazaba a mi hijo con irse si no se cumplía su voluntad. Cosas de niños, un capricho más. En esas niñerías nadie tiene la razón, son dos voluntades. Insistió con su amago y mi hijo tuvo que ceder. Y dos veces más mi hijo doblegó su voluntad. Por fin vinieron por el amiguito. Me quedé sola pensando. ¿Por qué iba a sufrir mi hijo en esa forma? No vaya a creer Marianita que el niño era quejumbroso, sino todo lo contrario: sufrido. Siempre me ocultó sus pesares, sus sufrimientos. Y me decidí. Tomé de inmediato el teléfono y organicé una piñata para el día siguiente. Allí mismo invité a dos o tres niños para un concurso. Ese nombre le puse Marianita, puro pretexto, y excluí a Carlitos. Con una amiga que tenía una niña de la edad de Rodolfito quedamos en hacer un paseo, y lo hicimos. Es cierto Marianita que yo renuncié a muchos quehaceres, me vi precisada a andar muy meneada toda la mañana, o bien desvelarme, robarle unas horas al sueño. No crea usted que corté de tajo a Carlitos, ni siquiera lo evité, sólo rodeé a mi hijo de muchos amigos y amiguitas. Inventé reunirme con algunas esposas de oficiales en una especie de club de costura. Este quehacer me gustaba a mí realizarlo sola, la razón de hacerlo con ellas era que tenían también hijos de más o menos la edad de mi Rodolfito. Por él me convertí en una mujer social. Nunca discriminé: niños y niñas. Más adelante tuve que cuidarme de ellas, por dos razones. La primera: son más precoces, más atrevidas. Preguntan, indagan y no solamente teóricamente. Es natural que el niño comentara algunas de esas preguntas conmigo, y la segunda razón: en vez de seguir los juegos de los niños: sanos, un poco violentos, si usted quiere, pero que los cansan, los agotan y generan sueños tranquilos y tempraneros, ellas inventaban vestir muñecas, o jugar a las comiditas o al matrimonio, con las consecuencias que usted pueda imaginar. Yo nunca quise que mi hijo fuera aniñado, esto es, dado a esos juegos. Cuando no había otro expediente, otro recurso, cuando se enfermaba, ni modo, pero de todos los días: nunca.

Esto que le cuento a usted nunca tendré la certeza, la verdad. Yo nunca comenté nada con Rodolfito, el resultado fue que organizaron entre él y sus amiguitos un equipo de futbol. En las primeras semanas las niñas asistieron curiosas, después, ya satisfecha su curiosidad los abandonaron. Mire usted Marianita este retrato. Por supuesto no se me aprecian en mi cara las manchas de sol, ya que como usted comprenderá mi vida cambió. No es fácil encontrar un campo de futbol a la vuelta de la esquina, y una cosa es encontrarlo, otra cosa es que se pueda jugar en él. El helipuerto resultó adecuado, lo frecuentábamos el jueves, el sábado. El domingo dejaba el cuidado del equipo a la esposa de un capitán conocida mía. Cuando trasladaron a mi ex esposo a la guarnición de Tequila sufrió mi Rodolfito. Una cosa sí le digo Marianita, es distinto el sufrimiento al perder un equipo, con todo y las reservas, a perder solamente un amigo. Para que la ausencia del equipo no fuera tan dolorosa invité a tres o cuatro amiguitos de Rodolfito. Nadie se negó. También debo agregar que la invitación fue completa: pasaje, no tan sólo del niño, sino también del asistente que mandaba por él o por ellos desde Tequila a Autlán. Hubo madres desconsideradas que mandaron a alguno de mis invitados sin zapatos y sin el equipo para jugar futbol. No los invitaba como amigos, que lo eran, de Rodolfito, sino con el objeto de que no extrañara el equipo. Total: unos pesos más, unos pesos menos. Mientras tanto tuve que ingeniármelas para organizar la vida social de mi hijo en Tequila. Me fue más fácil que en Autlán. Varias de las maestras de la primaria, las que no vivían en Guadalajara, tenían hijos de la misma edad.

Usted conoce Tequila, claro que la conoce. El aire lo emborracha a uno, como su nombre lo indica. Todos los olores están relacionados con los licores: piloncillo, la caña de azúcar, los humos de las fábricas, y sobre todo Marianita los racimos de borrachos los sábados. Considere usted que todo lugar tiene su pero: aquí era el ejemplo de tantas gentes, como si fuera endemia, epidemia, peste. Si ya en la casa tenía enfrente al simio borracho, también en la calle continuaban los nefastos ejemplos. Opté por llevármelos los sábados a Guadalajara: no faltaron pretextos, los que no se los voy a enumerar a usted.

Una cosa me gustó de Tequila: la salud de Rodolfito mejoró, a la vez que se volvió un niño muy gregario.

—Aquí sí permítame doña Herlinda que la interrumpa, no entiendo.

—Bueno, el niño no estaba nunca solo: jugaba al futbol, si estaba en la casa organizaban luchas libres en el patio. En las tardes, ya al anochecer, juegos de azar, esto es, a la baraja. No sé cómo calificarme: tuve que intervenir e intervine en las vidas de los amigos de Rodolfo: no había juego, ni nada, si no antes habían terminado las tareas. Sin presumir creo asegurarle Marianita que las buenas calificaciones y éxito en sus estudios posteriores se deben a mi afán.

Así como le enseñé a usted el retrato en que estoy en el helipuerto, y no se distinguen las manchas de sol, lo mismo sucede en éste, en Guadalajara, en que estoy con Rodolfito. Su carita se cubrió de espinillas, también su espalda y parte del pecho, las que no se ven. De nuevo me adelanto. Este retrato debe de haber sido tomado como tres meses después de la separación. No sé si te acuerdas que desde el momento en que se hizo el trato me fui a vivir a otra parte. Esa otra parte era un departamento que había alquilado. Como comprenderás yo no sabía qué actitud iba a tomar el orangután. De una cosa estaba cierta: iba a ser imposible vivir ni un momento más en su presencia. La sorpresa que le di, más bien dicho, las sorpresas que le di. Una mi emancipación, esto es, mi decisión de alejarme de él; la otra el que le hubiera ofrecido la casa, de la que estaba tan orgulloso, tal vez porque no le había costado nada, salvo el sonreírle satisfecho a su suegro, a mi padre. Has de saber que yo no le costé nada. Pagó los médicos, porque se veía forzado a hacerlo. La ropa del niño casi fueron todos regalos: de mi familia sobre todo. Me desvío, al contarte mi vida me asaltan rencores. No creas que me acuerdo de ellos, salvo al ver los retratos. Debo retomar mi cuento. Yo me sentí otra mujer y cambié hasta el peinado, como te dije. Las cosas en la vida son complejas, nada es simple. Del divorcio no te cuento porque no hubo dificultades: el mílite con su codicia satisfecha no puso ningún obstáculo, ni intentó, y si lo hizo fue muy débilmente, en buscar a su hijo. A éste lo llevé a la capital, luego nos fuimos a la costa de Jalisco, en la que por suerte, y no tanta ya que eran las vacaciones en la escuela, me encontré con algunas conocidas, y Rodolfito practicó el futbol y las luchas. Me parece verlo en las playas de Melaque, del Oro, o Cuaxtecomate, revolcándose en la arena con sus amigos. Míralo, aquí está en esa última playa. Esas rocas que ves tras él están, curiosamente, llenas de unos cactos muy interesantes. Luego te los voy a mostrar en el jardín. Las complicaciones, complejidades, vinieron al instalarnos en el edificio de departamentos. Rodolfito dejó, así, de repente, de ser gregario, esto es de ser social. Se encerraba en su cuarto, en el baño, en mi cuarto de costura, que también servía de biblioteca. Yo lo invitaba al cine. Asistía obediente, pero sin ningún entusiasmo. Cuando volvía de mis compras lo observaba desde la calle, sentado en el balcón viendo hacia lo lejos, como si no viera, perdido. Asistí a la juntas de los padres de familia de la secundaria, con intenciones de echar mis redes. El ambiente no se prestaba. Mi actitud ante Rodolfito no era fácil. No iba a ser la madre posesiva ahora que no tenía padre. Llegué a preguntarle si quería verlo, el hecho de que estuviéramos divorciándonos no era obstáculo para que él no lo siguiera tratando. "No mamá, no por favor. No quiero…" "¿Qué es lo que no quieres, dilo." "¿Qué tal si me quiere llevar a la otra casa, una vez…." "¿Qué?, dilo." "Me habló vagamente de llevarme." "¿Qué más dijo?" "Déjalo para otro día." Y ese día jamás se presentó.

Tú Marianita, si ya no tienes más hijos, lo cual sinceramente espero, no te encontrarás ante las decisiones difíciles en la vida. No en la "vida", sino en la vida de tus hijos. Cada uno tiene su padre. Es más fácil a un hombre, o cuando menos eso me imagino, el hablarle a sus hijos de ciertas situaciones. Como decirle: "Ya deja eso", refiriéndose a los hábitos de la pubertad, de la adolescencia o dicho en otras palabras cuando empiezan a ser hombres. Con el retraimiento de Rodolfito era más ardua para mí la situación. Si hubiera tenido, como antes, muchos amigos, ellos lo hubieran aconsejado, dicho cosas. Al tiempo de que me preocupaba por él, por su salud mental y física, yo estaba llena de responsabilidades: yo era el hombre de la casa; había que tomar decisiones; preocuparse por el futuro; prever la educación del muchacho. Ya te dije antes que cuando regresaba de mis quehaceres: ir a ver a los abogados, hacer alguna gestión en las oficinas de gobierno, pagar mis contribuciones, qué sé yo, veía a mi ex niño, porque ya no lo era, solo en el balcón.

En la Divina Providencia crees tú, Marianita, ¿verdad? Según me has dicho, pues yo desde esta ocasión que te voy a contar también me volví devota de ella. Verás. Fui a ver al notario. De regreso tomé un taxi y nos agarró un tormentón de ésos que son tan tremendos aquí en Guadalajara: con rayos, centellas, corrientes de agua en las calles, árboles caídos, embotellamientos. Traía yo varios documentos, sin ninguna protección. Ahora uso, por aquello de las dudas, un portafolio, de esos de masonite, o como se diga. Resguarda los papeles y en dado caso se puede usar como arma defensiva. Pues bien, además de los documentos traía una bolsa con frutas. Bajé apresuradamente del taxi. Pisé en el umbral de la puerta del edificio y di un ligero resbalón. No alcancé a caerme, pero ahí van los documentos y la bolsa con frutas. Un pequeño desastre. Reaccioné al momento: los documentos sucios de lodo, las frutas en todo el pasillo. Antes de que recogiera los documentos un muchachillo vecino del edificio me los recogió. Comprendió la importancia. En un abrir y cerrar de ojos ya estaba yo en la sala de su departamento, que por fortuna estaba en la planta baja, y junto con él secamos los documentos. Quedaron un poco manchados, pero ninguna de las firmas se deslavó. Sin que yo le dijera nada, yo todavía sin recuperarme de la impresión, tomó un centro de mesa, por cierto, horrible, y salió al pasillo a recoger la fruta.

¿Cómo agradecer lo suficiente? ¿Cómo demostrarlo? Simplemente le dije: "Quisiera besarte las manos. Felicitar a tus padres por tener un hijo tan atento."

—Aunque quisiera. No tengo padre, y mi mamá regresa ya noche.

—¿Estás solo?

—Con el perro y el gato. De este último no sé, desapareció cuando empezó el tormentón.

—¿No quieres subir conmigo a mi casa?

—Iba a acompañarla para llevarle la fruta.

Le invité un refresco. Platicamos de sus estudios. De la muerte de su padre. Rodolfito no se aparecía. Invité a Eustacio a que se quedara a cenar.

—Señora, creo que me he quedado mucho, no sé si usted…

—Ustedes los muchachos con sus timideces. Quédate a cenar. Voy a llamar a mi hijo para que lo conozcas.

—¿El que siempre está en el balcón?

—El único.

—Como yo.

—Así parece.

—¿Va usted a tener otro?

No le contesté porque me ganó la risa. "Ya estás en edad de oírlo: haría cualquier cosa por no tener otro."

—Lo mismo dice mi mamá.

—¿Por qué?

—Se lo he oído decir muchas veces. Yo también tengo curiosidad en saber el por qué.

Y los dos nos reímos maliciosos. Eustacio, que así se llama este muchacho, tendría como un año y medio o dos más que Rodolfito. También tenía las ojeras como mi hijo, pero menos pronunciadas, y sus ausencias eran más breves.

Toqué en el cuarto de mi hijo: silencio.

—¿Estás dormido? ¿Te pasa algo?

—¿Tienes visitas? ¿Se van a ir?

—Voy a servir la cena, sal.

—¿Tienes visitas?

Venía doña Patricia, mi tan echada de menos antigua cocinera, con una sopera humeante de oloroso caldo michi cuando apareció mi Rodolfito en la puerta. Se le cayó el labio inferior un poco de la sorpresa. Inclinó su cabeza a guisa de saludo, no obstante su palidez se ruborizó.

—Éste es Eustacio, Rodolfo.

—Yo conozco a su hijo desde hace mucho, de vista, por supuesto. ¿En qué año va?

—Contesta Rodolfito.

Creí oír un apagado: "Primero de secundaria."

—Yo voy en tercero, y ya me anda por entrar a la prepa.

Durante el resto de la velada mi Rodolfito no abrió la boca.

Yo quería que todo saliera espontáneamente. Regresé, en la tarde, de mis asuntos. Eustacio no estaba en la puerta. Mi Rodolfito estaba en el balcón viendo, quizás, las golondrinas. Después, en vez de mandar a doña Patricia por el pan fui yo, con la esperanza de hallar a Eustacio. Todo fue inútil. Durante dos días no pude encontrarlo. Al tercero no pude más. Bajé, toqué en su puerta.

—¡Señora! —fue todo lo que dijo.

—¿Qué haces?

—Veo la tele.

—¿Todo el día?

—Sí, estos últimos días no he salido.

—Pues te espero… No, mejor apágala y vente a jugar cartas conmigo.

Y desde ese día, si Eustacio no venía a visitarme de *motu propio*, esto es Marianita, por su propia voluntad, sin ninguna timidez bajaba por él. Eso sí, siempre le pregunté si ya había terminado su tarea, y el día que me contestó negativamente le pedí que se fuera conmigo a terminarla, ya que pretexté que estaba nerviosa.

Al salir de su cartuja, de nuevo yo con mis palabrotas, de su cuarto mi Rodolfito se encontraba a Eustacio, ya sea jugando cartas, o monopolio, o parchís. En ciertos momentos en que lo veía muy inquieto, o cuando sus ausencias, con esto quiero decir que no me veía, como si estuviera en otro mundo, y bajaba la mano.

—¿Para qué?

—Te dije Marianita que no preguntes. Me interrumpes. Tú eres una mujer con mucha experiencia. Entonces decidí que jugáramos ping-pong. Y lo hacíamos en la mesa del comedor, agregándole a ésta una tabla de extensión. Tuve la suerte que sabía tanto como yo, esto es, casi nada.

Cuanto tenía yo necesidad de hacer algo en la cocina, se encaramaba Eustacio en un banco, más alto que los otros, que me servía para alcanzar las cazuelas o cacerolas, y veía mis operaciones. Le pedía que probara. Al cabo de dos días, y ya con la confianza con que se sabía acogido, me ayudaba a cuidar algún almíbar, o a darle el punto a las almendras. Era un muchacho quieto, tranquilo, desprotegido y hermético, como un ídolo. Te lo explicaré Marianita: en esos días nunca me contó nada de su familia, ni de él, salvo lo indispensable para no ser descortés. Mi Rodolfito ni aprobaba ni desaprobaba de mi amistad. Acabó por acostumbrarse a ella, a hablarle, a participar en un día en un juego, luego en otro. Terminó por cansarse, como nosotros, en el ping-pong. Para cambiar la rutina los invitaba al cine; a comer algunos antojos, y cuando había alguna función tempranera en el teatro Degollado íbamos al concierto, o a lo que hubiera. El caso era evitar la soledad, que en el uno se resolvía en la televisión, y en el otro en encerrarse en su cuarto, o en el baño, o ver los pájaros desde el balcón.

Llegó un día en que no apareció Eustacio: todas las actividades de la casa se suspendieron. Yo tomé mi costura. Al pobre de Rodolfito lo vi pasar frente a la puerta de mi cuarto, sin que se atreviera a entrar. Oí el rechinar de su puerta innumerables veces. A medida que pasaba el tiempo se atrevió a abrir la puerta que da a la escalera del edificio. Al empezar a caer la tarde no pudo más:

—¿Mamá, por qué no vino Eustacio?

—M'hijito, a mí no me dijo nada, ¿a ti?

—Anoche se despidió como de costumbre. ¿Qué vamos a hacer?

—¿Qué vas a hacer?

—¿Yo?

—Sí, tú.

—¿Qué podría?

—Ir a buscarlo.

—Es que una vez tú fuiste.

—Yo estoy aquí cosiendo. Tengo mucho qué hacer. Yo, por acompañarlos en sus juegos he descuidado la casa.

Me dio una lástima, una ternura mi hijo. Yo bien sabía que él tenía que resolver ésa y otras situaciones. Las lágrimas asomaron a sus ojos, desconcertado. Iba a tener que luchar con su timidez. Para que no viera que yo estaba consciente de su apuro me levanté, fingiendo buscar unos hilos. Al volverme había desaparecido. Al sentarme la noche ya había caído. Miré por el balcón: la estrella de la tarde ya brillaba. Me trajo tantos recuerdos Marianita: el corredor de mi casa; el ir y venir de mi madre; las ensoñaciones que yo tenía; los cosquilleos repentinos cuando imaginaba alguna situación desagradable o ridícula…

—Mamá —creí oír. Me volví hacia la puerta.

—¿Me hablaste Rodolfito? ¿Me hablaste Rodolfito?

—Sí, mamá —contestó, su angustia le apretaba la garganta. Comprendí.

—Su departamento es el segundo, entrando, a la derecha. Ve.

Claramente escuché cómo abría la puerta de la casa, lentamente, retardando el momento. No la cerró. Fui a hacerlo. Me asomé por el cubo de la escalera. Rodolfito bajaba despacio. Un tropel de pasos se escuchó, alguien subía. En el descanso del segundo piso se encontraron. "¿Por qué no viniste?", reclamó mi hijo. Pude ver que detuvo por los hombros a Eustacio. "Mi mamá…" respondió acezante, y sin contenerse Rodolfito le medio abrazó, tímido. Eustacio reanudó su carrera hacia arriba, y a mí sólo me dio tiempo de fingir que los esperaba en la puerta.

—Doña Herlinda, no pude avisarles. He estado toda la tarde…

—No te apures Eustacio, no te apures.

—Me habló mi mamá de la escuela. No sé si sabe usted que es la directora. Le iban a sacar una muela. Quiso que la acompañara. Tuvo razón: se rompió la muela y tuvimos que llevarla al hospital.

—¿Allá está?

—No, aquí abajo. Está bien. No necesita nada, sólo dormir.

—¿Si tú crees que la podamos ayudar?

—No, doña Herlinda —respondió categórico—, mejor entremos. ¿Y ahora qué podemos hacer?

Y mi hijo y yo al unísono: "Cenar."

Te cuento Marianita todo esto con detalle, porque tuvo mucha importancia. Comprendí que mi Rodolfito había salido del ensimismamiento: había descubierto la amistad, la compañía, la participación.

Dejé pasar varias tardes, como si nada hubiera cambiado. Paulatinamente salí un día sin ellos, después de comer, después pretexté ir al médico. Por fortuna estaba sana, me fui al cine. Y ése sí fue sacrificio, ya que me repugna hacerlo sola, como si fuera una buscona, pero todo eso no viene al caso. Al volver los encontraba enfrascados en sus juegos de cartas o en el ping-pong. Yo me lamentaba de no haberlos acompañado. Para no tener que valerme del expediente del médico me inscribí en un curso de tejido: así aprendía a hacerlo como profesional y no tenía que valerme de ninguna mentira. Suavemente les dije que no me esperaran antes de las siete y media: lo cumplí al pie de la letra. Si por alguna razón la maestra no llegaba me venía caminando con lentitud o me iba al cine o a recorrer los grandes almacenes. Nunca les di lo que se llama "una sorpresota." Ellos tenían la certeza, la seguridad de gozar de la casa, sin ninguna interrupción, sin ninguna instrucción. Lo más importante todavía fue que se sintieron halagados y agradecidos con mi proceder. Un día en que cayó una tormenta y se medio inundó el centro, y se fue la luz, y no tenía a dónde meterme, tomé un taxi, desde allí les llamé, informándoles de mi próxima llegada.

No crea usted que me limité a dejarlos en la casa. También íbamos al cine o en los fines de semana a algún paseíto: de este modo me libraba de mi soledad y constataba la firmeza de la relación.

Mira Marianita: éste es el edificio donde vivimos exactamente tres años. Ahí está el balcón donde se sentaba Rodolfito solo, antes de que conociera a Eustacio. Nos quedamos viviendo allí por dos razones. La primera, esperar la reacción del mílite simio. Yo estaría protegida por mis vecinas, en cambio en una casa sola. Ya has oído que no ocurrió nada. Ha de vivir satisfecho en su casota. ¡Qué en paz descanse!

—¿Ya se murió?

—Te dije Marianita que no me interrumpas, si es que quieres que te acabe de contar en esta tarde. Pues fue como si se hubiera muerto. Mi Rodolfito nunca lo volvió a nombrar, y como debes de suponer yo menos. La segunda razón, todavía más importante: la amistad de Rodolfito con Eustacio. Vivíamos juntos, y a la vez separados. Para que no la turbara nada ni les hablaba de mis ideas con el arquitecto que nos hizo esta casa. Es cierto que en mis conversaciones con Rodolfito le preguntaba lo que para él fuera una casa ideal. ¿Qué le faltaba en el departamento? ¿Qué le gustaría tener? Tuve la suerte de encontrarme un buen arquitecto, ratero e imprevisor, como son todos, principalmente en los costos. Recuerdo que me hablaba del futuro: "Estos cimientos deben ser más grandes, aunque cuesten más. Por un gastito usted podrá, si quiere, elevar la construcción, en dado caso de que usted…"

—Esté usted segura arquitecto que no me casaré.

—Pero su hijo doña Herlinda, su hijo…

Y lo dejé hacer y no me arrepiento. Ya cuando la casa estaba por terminarse, unos tres o cuatro meses los llevé a verla.

—Me va a quedar bien lejos, doña Herlinda —comentó Eustacio.

—Tomas el camión en la esquina y llegas aquí en un momento.

—Pero mi mamá.

—¡Ah!

Entonces comprendí que mi decisión de cambiarnos era oportuna, adecuada. No es que la relación entre ellos se hubiera deteriorado: seguían siendo uña y carne. Y sé lo que digo y no me preguntes, por favor, Marianita. Ya para ese entonces sabía bien cómo era la madre de Eustacio. Ya habrá otra ocasión en que te cuente Marianita. Lo único que te puedo adelantar es que hubiera hecho ella muy infeliz a mi Rodolfito: ella sí es lo que se llama una madre dominante. Por el centro he visto al pobre de Eustacio: siempre solo. Se le ha caído el pelo prematuramente. No sé cómo no le han salido más canas con una madre como la que tiene. Estoy segura que el recuerdo de la amistad que tuvo con mi hijo es el mejor de su vida.

No hubo rompimiento, no hubo ningún pleito. Cuando se han visto en la calle se saludan con afecto. Quedan siempre de verse en alguna fecha próxima. A mí me ha tocado estar en estos encuentros; le he propuesto a Eustacio llamarlo para que se venga a cenar, a conocer a la familia. Si así vivimos tranquilos, ¿para qué buscarle tres pies al gato? Se le pueden entonces encontrar cinco. Los primeros días en la casa transcurrieron normalmente: esto es, la presencia de Eustacio en la tarde y los fines de semana juntos. Hubo algún día en que Eustacio llamó para explicarnos la gran contrariedad: el desempeñar un encargo de su madre. Si se desocupaba vendría a cenar. Y así ocurrió. En otra ocasión el quehacer fue más largo, o los quehaceres fueron muchos y no llegó. Entretanto mi Rodolfito, aburrido, se asomaba a la calle a ver jugar a los muchachos, sus coetáneos. ¡Caramba, yo de nuevo, de nuevo la burra al trigo! Digo Marianita los muchachos de su edad se entretenían jugando futbolito o futbol americano, casi sin ningún peligro, como podrás constatar por el poco tránsito, casi siempre el de los habitantes de esta calle. Según me dijo mi muchacho un día lo invitaron a que integrara una oncena, les faltaba alguien. Por tímido, y por cumplido, no aceptó en el momento en que lo hicieron: tenía que hacer la tarea. Y en honor de la verdad así fue. Después se incorporó al juego. Esa tarde Eustacio llegó con retraso. Ni siquiera se acercó. Desde la ventana de mi cuarto, que es de donde mejor se ve la calle, observó las jugadas. Lo sentí molesto, resentido, pero salvo unos instantes en que lo vi serio, después se comportó como siempre.

Coincidió un sábado en que la madre de Eustacio iba a ir a Briseñas y necesitaba la compañía de su hijo. Al mío lo invitaron a jugar a un campo cercano. Rodolfito me pidió permiso por pura cortesía, ¿qué podía negarle? A la hora señalada para su regreso no se apareció. Eso sí, llamó por teléfono. Sus amigos le invitaban unas tortas en una cenaduría. ¿Podía quedarse? De nuevo ¿qué podía negarle? Mientras comía acompañada por el canto de mis canarios me puse a pensar. Conque sus tortas, conque sus tortas.

Llegó unas dos horas después muy contento Marianita. No dejó de hablar de sus nuevos amigos. ¿Podría ir a jugar al día siguiente, domingo?

—Claro mi hijo. Pero recuerda que va a venir Eustacio.

—¿Crees que quiera ir?

—No soy adivina m'hijito.

No fue y no vino Eustacio. En la tarde aburrido lo vi pasearse por el jardín. Pensé en que fuéramos al cine, aunque es tan tedioso ir un domingo en la tarde.

—¿Quieres ir al cine Rodolfito?

—¿Y si viene Eustacio?

Fue una tarde de domingo frustrante: Rodolfito no se divirtió, ni frecuentó a sus amigos y yo, nerviosa al verlo aburrido e inquieto por la ausencia de Eustacio o la falta de quehacer me propuse que algo semejante debería evitarse.

Mi hijo se acostó temprano. Yo me quedé viendo la televisión. Esa noche por inercia no apagué el aparato al empezar las noticias sobre los resultados del futbol. Ya ve usted cómo son de aficionados aquí por este estado, por nuestro estado Marianita. No había otro remedio que aprender las reglas, la situación que guardaba el deporte en nuestro país y en el extranjero. Tan pronto como Rodolfito partió el lunes, o sea, al día siguiente, salí a buscar en los puestos de periódicos los apropiados para mi caso. Me advirtió el periodiquero que los buenos venían de la capital: *Ovaciones, El Esto,* los tenía pero eran del día anterior. Usted comprenderá que los compré, con mi atraso de siglos, y aparté los de ese día y los venideros. Para que no hubiera ninguna confusión los dejé pagados. Lo más difícil eran los términos, algunos, no sé si usted sepa, en inglés: *corner, fault, penalty, outside.* No sé para qué se los miento. El siguiente paso fue consultar el artículo de nuestra enciclopedia Espasa Calpe. En nuestra casa ha sido muy útil, me ha sacado de apuros, como en este caso, y en otros a mi Rodolfito. Le iba a recomendar a usted con tanto muchacho, pero ya no recordaba.

—Me parece que mi esposo la tiene: son unos tomos gruesos y muchos. Creo que es parte de la biblioteca que más me cuesta sacudir, cuando le hago aseo en forma.

—Tiene usted razón Marianita. Le decía que me dediqué a enterarme por deber en los detalles de ese deporte, que por lo demás jamás me llamó la atención. Esa semana las visitas de Eustacio se redujeron a tres: martes, miércoles y jueves. En el atardecer de este último día, al partir, no nos dio seguridades si vendría los siguientes. Ya ni me acuerdo qué dificultades iba a tener. Ni me preocupé: ya Rodolfito estaba invitado a jugar futbol. Le pregunté a mi hijo por el lugar preciso a donde estaba el campo y me preparé. Mis cálculos fueron, por fortuna, precisos. Llegué al comienzo del segundo tiempo. Pude constatar que mi hijo se esforzaba, pero no era buen jugador. Cuando se escuchó el silbatazo para terminar me presenté con los al parecer capitanes. "En el cofre de mi carro hay unas tortas y refrescos." No mencioné las cervezas. Ya ve usted qué espontáneos son los muchachos en esa edad: aceptaron encantados.

—¡Pero señora! —exclamó Polo, según le decían al capitán—. ¡Tanta torta, tanto refresco y cervezas!

Efectivamente en el cofre de mi carro estaban tres rejas con refrescos, dos que tuve que comprar esa mañana, ya que supuse que con uno no sería suficiente para tantas bocas sedientas. Ese mismo Polo sugirió: "Señora, si usted no tiene inconveniente vayamos a otro árbol, en éste en que estamos está muy cerca del campo, y yo conozco a mi gente, se nos van a acercar más muchachos y comeremos menos."

Este Polo me agradó por su modo y principalmente porque no tocó las cervezas. Usted pensará Marianita que para qué las había llevado. Le contestaré y es bien sencillo, porque quería probar, ver cómo eran, qué compañía frecuentaba mi Rodolfito. Yo quise que desde el primer momento vieran mi manera de ser. Saqué mi frasco de cuero con licor, regalo del general Ayala, en los tiempos que vivía en Tequila. Me dijo en aquella ocasión: "Siempre es bueno andar con su frasquito Herlinda: bueno para un susto, para un desmayo, o para pasar mejor el rato." Y para esto último me sirvió: estaba cohibida con tanto muchacho. La conducta que me pareció más propia fue callarme la boca, aunque tampoco quería que pensaran en un desinterés mío.

Entre los más grandes, según creí en ese momento, engentada como está uno en una multitud, identifiqué más tarde a los que se tomaron las cervezas. Detalle que me molestó: a su edad y ya con vicios: "De ésos", me dije "hay que cuidarlo, alejarlo." Al tiempo que bebía a boca de jarro, cosa que me harta, me repugna, mi cerveza: fría, deliciosa, y si usted imagina el sol a plomo de las dos de la tarde en Guadalajara, con la garganta llena de polvo, rasposa, como la tengo en este momento. ¿No se le antojaría una, nada más una? Porque yo sin ningún pudor me la tengo que tomar. Por cierto en unas catrinas que compré en San Pedro Tlaquepaque. ¿Verdad que sí se anima, Marianita? Le tocaré a doña Patricia el timbre, ya sabe que cuatro muy queditos significa cerveza, y como la vio entrar a usted, pues traerá dos catrinas y dos cervezas bien frías.

Pues bien, una vez terminadas las tortas y los refrescos, ofrecí llevar a los que les conviniera mi rumbo. Le tocó irse con nosotros al que le decían Polo, un muchacho platicador, atento y con el don de la autoridad, él fue el que les pidió que colocaran las botellas en las rejas, que tiraran el hielo y secaran el piso del cofre del carro.

—¿Qué le pareció el juego señora?

—Mira muchacho: llegué tarde. Tú has de ser mejor juez que yo. ¿Cómo jugó mi hijo?

—Empieza.

—¿Qué quieres decir con eso?

—Le falta práctica, eso es todo.

—A ti te lo encargo.

—¿Por qué a mí?

—¿No eres el capitán?

—En cierto modo sí, pero debe de saber usted que en el equipo todos somos capitanes.

Por el espejo retrovisor nos cruzamos las miradas: la de él era maliciosa, la mía, quizás, también.

Desde ese día comadrita vi y oí a los comentaristas de futbol, siempre y cuando no estuviera mi Rodolfito. Como es natural me llamó la atención el término "tijeras", a decir verdad fue el primero que reconocí, y me eché mis risitas viéndome hacerlas: imposible. Eustacio frecuentó la casa, intermitentemente. La providencia, la divina, con mayúscula la Divina Providencia, se presentó: las incertidumbres de Eustacio. No sabría si nos haría la visita el sábado. Ya para entonces mi estrategia estaba calculada.

—¿Mamá, puedo ir a jugar mañana?

—Por supuesto Rodolfito —esperé la siguiente proposición.

—¿Si me invitan a comer las tortas me puedo quedar?

—Mira Rodolfito, si me viste salir muy temprano esta mañana se debió precisamente a eso: fui a comprar todos los ingredientes para una torteada mañana aquí en la casa. Para mí implica menos trabajo. Allí en el jardín estarán más frescos y con menos polvo.

—¿Entonces no me vas a ir a ver jugar?

—Claro m'hijo, claro. Sé que lo vas a hacer mejor.

El muchacho se esforzó en el juego, nada más. Ninguno rechazó la invitación. Al llegar vimos a Eustacio sentado en el porche. Abrió la boca, sorprendido, después no pudo evitar un ceño en la frente. Le gustaba ser el único, el preferido, el consentido, y al ver la multitud… En el fondo del jardín a donde había previsto que sería la reunión también aparecieron las cervezas. Todavía no identificaba bien a las ovejas negras, y como en los rebaños, cuando la mayoría son blancas, las empecé a distinguir: se las acabaron. La reunión fue más prolongada que la de la semana anterior. Al irse el último grupo uno de ellos invitó a Polo a que se fuera con ellos, pero éste pretextó la cercanía de su casa. Nos quedamos los cuatro: esto es, Eustacio, Polo; mi hijo y yo. Escuché los comentarios de Polo, mi hijo interesado, Eustacio no abrió la boca. Después de que se fue Polo, el capitán del equipo, Eustacio estuvo enfurruñado todo el tiempo mientras jugamos monopolio: ni se rió, ni explotó en sus exclamaciones acostumbradas. Cuando se despidió no dijo si volvería.

Todavía regresó una vez más Eustacio a la casa. Yo no me atreví a hacer ningún comentario. Rodolfito dijo: "Noto raro a Eustacio, como si estuviera a disgusto. No es el mismo."

El que no era el mismo era el propio Rodolfito. Había pasado a otra época, a otro estadio. No preguntes Marianita, ya volví a las andadas lingüísticas. De nuevo la mula al trigo. Ahora le interesaban a mi hijo las amistades, la camaradería. Es cierto que Polo, de alguna manera, había suplido a Eustacio, tanto para mi hijo como para mí. No sé si le comenté antes Marianita que entre las cosas que me tocaron, herencia sólo por parte de mi madre, había un piano, chico, de un cuarto de cola. Precisamente ése que está en el cuarto de Moncho. En una de esas tardes, ya para entonces inevitables reuniones aquí en el jardín, amenazó la lluvia. El grupo se refugió en la sala. Polo abrió el piano. Comentó que no estaba muy bien afinado. Discreto el muchacho, y sin sentir, momentos después todos estábamos cantando. Qué sé yo: canciones de la escuela, de Agustín Lara, de nuestro compatriota, el gran jalisquillo Gonzalo Curiel, Chalo como le decimos de cariño. Fue una tarde inolvidable, no crea que nada más para mí, ya que ellos lo han recordado después. Con decirle que tuve que improvisar una merienda. Después jugamos lotería. Ya a las diez de la noche se fueron los que prefirieron mojarse a pasar la noche en casa ajena. Exactamente cuatro se quedaron, tres en los muebles de la sala, y

Polo en el *couch* de la recámara-estudio de Rodolfito. A mí las cosas me gustan correctas. Al invitarlos a pernoctar con nosotros les advertí que debían avisar a sus casas, dar mi nombre y el de mi hijo, y el teléfono, comisión que todos cumplieron.

Entendí el interés de la madre de Polo en conocerme. Me hice la remolona. Por fin un domingo acepté ir a comer. Me puse mis mejores galas, obligué a Rodolfito a vestirse de domingo y ahí vamos. Debo decirle Marianita que me arrepentí de haberme arreglado tanto. No por ellos: atentos, amables, no sabían cómo agradecerme las atenciones que tenía para con su hijo Polo. Una cosa eran ellos, otra los parientes y demás invitados. La birria, como es natural, que ofrecieron, debía corresponder a una vaca grande y gorda, tantos éramos. Imagínese una familia de ocho hijos, y éstos invitando a sus amigos. Usted comprende. Como en todas las fiestas grandes se hacen grupos, el nuestro, en el que era natural que estuviera Polo, y dos o tres amigos de equipo. Me sirvió de mucho el haber ido: me di cuenta el por qué le gustaba a Polo estar tanto en la casa: el trato era distinto, como dicen en los anuncios: trato personalizado.

Ya le dije antes Marianita que mi preferido, y creo que también de Rodolfito era Polo, no tanto por sus cualidades físicas, sino por las morales, además de su simpatía. Uno como madre debe elegir: aventarse a la pasión, sin ninguna mortificación o meditar y preferir el camino más conveniente para el heredero. Con esto le quiero decir que salvo rarísimas veces, Polo nunca vino solo a la casa sino acompañado por los del equipo o por los compañeros de mi hijo de la preparatoria.

Cuando supe quién era quién en el equipo y los otros amigos de Rodolfito, pretexté un sábado un compromiso equis. Les dejé el jardín y la casa a su disposición para que se sintieran a gusto, sin mi intrusión. En ese primer sábado en que experimenté el aflojar la cuerda, me los encontré en la sala a eso de las nueve de la noche. Bien distinta la escena: Polo tocaba el piano como si estuviera en un bar, con cierta desgana, apuntaba una tonadilla y dos muchachos la cantaban. Un tal Ramírez, ya que no recuerdo su nombre, tirado en la alfombra, como si soñara, otros dos hablaban junto a la mesita del teléfono, y un gordito, sin importarle estar en casa ajena, dormía en el sofá. Estaban todos como el gordito, sintiéndose en su casa, ni cuenta se dieron de mi llegada. Con la ayuda de doña Pati preparamos unas tostadas, y con los pastelillos que había traído del centro rematamos la jornada. No pensará que les di una cena formal. No, no. Sólo las tostadas, cocas y los pasteles. Me atreví a proferir una opinión sobre el partido. He olvidado mencionar amiga mía que los viciosos del equipo no estaban, de lo que me felicité.

Con los muchachos hay que estar siempre atenta, a que nada se vuelva rutina. Al siguiente sábado les ofrecí unos tacos, y sugerí que fuéramos a ver una película de Alain Delon. ¿Lo conoce usted Marianita? Es un actor francés, mi hombre imaginario. En vista que la película era de gángsters casi todos aceptaron. Tres de ellos se vinieron a merendar con nosotros y aceptaron pasar la noche en casa. Esta vez Polo durmió en la sala. Verá usted que nada se repetía.

El próximo paso, que planeé hasta el mínimo detalle, fue cuando les dejé la casa desde el viernes. Coincidió en que tenía que arreglar cosas mínimas, pero que se tienen que hacer Marianita, en Autlán. Le dije a Rodolfito que invitara a varios, claro que no a todo el equipo, el viernes a dormir para que no se sintiera solo. Doña Patricia recibió las órdenes necesarias para que no les faltara nada, en caso de que la partida inicial aumentara por capricho o gusto de alguno de los amigos. El comentario a mi regreso fue: sin novedad en el frente. Salvo la satisfacción de Rodolfito de sentirse, aunque fuera por tres días, el hombre de la casa.

Con el tiempo Marianita, con mi esfuerzo y dedicación le aseguro a usted que no hacía el ridículo comentando el partido. No me echo flores, no solamente me refería al de los muchachos sino a los de la liga. El hecho de que compartiera sus diversiones ayudó a que me tuvieran más confianza o cuando menos que no tuvieran ninguna prevención, o sea la desconfianza. Algunos me hablaban de sus novias o de los deseos de tener alguna formal. Otros callaban, y, como comprenderá, eran los más interesantes. Ciertos muchachos hablaban de las mujeres con el mismo entusiasmo que un partido de futbol, como ir a bañarse, como comer. Era un tema que se imponía y nada más. Si hubieran estado en el campo sus temas de conversación hubieran sido caballos, los mezcales y las excesivas lluvias. En resumen, poco interesantes. En cambio había otros recelosos, como si temieran el tema, como si el terreno fuera de tembladeras, o se limitaban a repetir la opinión dada por el padre o la madre, según el caso. Otros se la quitaban aduciendo su juventud, su inexperiencia. No faltaba el comentario de algún comensal: "No tienes experiencia, y en la casa de la Chona..." El aludido se ruborizaba, se volvía con enojo contra el espontáneo agresor. Y sin embargo eran honestos: sí eran vírgenes en el trato con las mujeres. Los que más despertaban mi atención eran los que callaban, o preferían salirse por la tangente, como si les molestara tratar el asunto. Mi Rodolfito era de éstos: siempre callado. También es cierto que cuando se tocó el tema yo por ahí andaba: también silenciosa, atenta a sus opiniones, a sus gustos.

Determinadas fechas o situaciones me preocupaban sobremanera, dos en especial: un maldito día del padre que cayó en un sábado. Después del partido todos se fueron a sus casas. De la maléfica fecha me enteré en pleno partido cuando ese muchacho Ramírez que le mencioné Marianita se lastimó un tobillo. Ya no podía jugar. Me comentó: "Mejor, así no llego tarde. Mi mamá me recomendó que por ningún motivo me retardara, y yo soy de los que vivo más lejos." "No te entiendo. ¿Tienes algún enfermo?" "No señora: es el día del padre." Fue como una daga en mi corazón. Espere Marianita que me sirva otro tequilita. Vea usted nada más es medio vasito. Todavía hasta la fecha me molesta el que yo no hubiera previsto una ocasión semejante. Yo con mi comida lista, y la piel, despellejada, sensible por mi pobre hijo en fecha semejante. Con el apuro ni esperaron a que les diera, a los que cabían en mi coche, el aventón a sus casas. Me quedé viendo a lo lejos, hacia la dirección contraria del campo a donde habían jugado, para no verle la cara a mi hijo. Tal vez él miraría al lado del campo con tal de no encontrarse con la mía.

Todas las preguntas que usted se hubiera hecho en una situación de tal naturaleza se me ocurrieron. Quizás por mi culpa. E imaginé un hecho cualquiera con el orangután: *yo no había tenido la culpa.* ¡Al carajo! Me volví como si detrás y a mis lados tuviera un cortejo, como cuando aparece el Presidente de la República, y como si mi hijo fuera un diputado local, lo tomé de la mano, como si le fuera a enseñar el progreso incontenible e infinito de la patria.

—¡Cuántos de esos muchachos si no fueran arrastrados por la publicidad de esos inescrupulosos vendedores se hubieran venido con nosotros!

—¿Vendedores doña Herlinda?

—Sí, Marianita: ellos inventan esas fiestas: que la madre, que el padre: ¡A la madre! Me ves angustiada contándote estas cosas que no son fáciles. Llegué a la casa. En un santiamén tomé algunas tortas y unos refrescos. Atónito, esto es Marianita, sorprendido, Rodolfito me miraba, todavía con su uniforme futbolero. Había pensado primero en irnos a un restaurante. Lo vi lleno de orangutanes, de simios festejados, rodeados, felices, dignos representantes de la transmisión de la raza. ¡Raza de bronce! Y perdóneme la expresión Marianita, me dije: "¡A la chingada, a la chingada!"

—Cámbiate rápido, ni te bañes Rodolfito.

Ya en el automóvil se atrevió mi niño, mi muchacho a preguntar: "¿Dónde vamos, mamá?"

—Al Cuatro.

—¿Al cerro del Cuatro?

Apenas salimos de la carretera la brecha nos mantuvo atentos, ya en la ascención, subida, Marianita, aquello fue difícil, el carro pareció entender mi deseo de llegar a la cumbre, y llegamos. Vimos a la ciudad entera, no había el smog de ahora. Lo único que parecía moverse era un inmenso tren de carga que venía, tal vez, de México. "Ves ahí, ahí abajo están dos millones o más de bobos, que adoran o creen adorar un dios que no existe: el padre. Habrá buenos, pero el que a ti te tocó: no."

Después de este pequeño discurso nos comimos con un apetito de futbolistas las tortas y apuramos los refrescos como verdaderos atletas.

La Divina Providencia, la Divina Providencia: al llegar a la casa más de la mitad de los muchachos del equipo esperándonos, desazonados de no habernos encontrado. Ese Polo, que parecía olérselas, gritó con entusiasmo: "¡Que viva doña Herlinda!", y todos lo corearon. Ni siquiera con el rabo del ojo me atreví a ver a mi Rodolfito.

En esa temporada viajé mucho, casi siempre los fines de semana: que Autlán, a la costa de Jalisco o inventaba una cura en algún balneario de aguas termales que tan buenos tenemos aquí en nuestro estado. Todo con el propósito de que el muchacho y sus amigos disfrutaran de la casa, sin mi presencia, ya que en varios *weekends* me llevé también a doña Pati. No me debo quejar, nada me ha faltado hasta la fecha. En esa temporada gasté dinero. Tú sabes lo que cuesta la comida, y darle alimentación a un equipo de futbol requiere dinero, planeación y tiempo.

Casi todos los muchachos salieron de la preparatoria al mismo momento, salvo algunas excepciones, que no tienen importancia en esta historia. Aparte del baile de la escuela nosotros, y digo nosotros porque fui la principal organizadora, hicimos uno aquí en el patio de la casa, al cual entoldamos, con buena orquesta y con muchachas muy guapas. Rodolfito satisfecho: no dejó pieza en toda la noche y fue muy festejado por todas las señoritas. Se acababa con ese fiestón una época. En compañía de Polo y dos o tres amigos nos fuimos a Acapulco. Nos paseábamos por las distintas playas. Temí que en algún momento me fueran a pedir permiso para irse a bailar. Las dos cosas se juntaron: eran muchachos buenos, ordenados y por otro lado quedaban rendidos de tanto ejercicio, de tanto sol.

Te digo Marianita que presentí el cambio: estaba en el ambiente. Por ejemplo el grupito jugaba a la pelota en la playa. Una vez terminada la sesión cada quien tomaba un rumbo distinto. Alguien se paraba en una roca a ver el mar: otro platicaba con algún vecino; aquél se entretenía solo; o bien entre dos jugaban ajedrez o cartas. Ya no era esa excitación de ir todos en bola, en no dejarse de estar agrediendo o chanceándose. Llegué a sorprender miradas tristes en Polo o cuando menos pensativas. Me acongojé, es cierto que por poco tiempo. La próxima entrada de Rodolfito a la facultad de medicina era inminente.

Un sábado faltaron tres muchachos del equipo. Para poder jugar se tuvo que invitar a otros, si bien conocidos, eran ajenos al equipo. No los invitamos a la casa. Me sobró comida y también preocupaciones. ¿Qué iba a ser de mi hijo? ¿Qué iba a ser de mí?

—Mamá, voy a necesitar unas batas. El maestro…

No permití que acabara la frase. Lo tomé del brazo derecho y lo conduje a su clóset.

—Seis batas, mamá, ¿para qué quiero tantas?

—Quiero verte siempre limpio, eso es todo.

—¡Todas tienen mi nombre!

Se volvió, se me quedó viendo. Le vi humedecérsele los ojos, cosa que me disgusta.

—Te anticipas en todo mamá. Ojalá y así fuera yo con lo que tú deseas.

—Ya te lo diré.

—¿Entonces no lo voy a adivinar, no me voy a anticipar?

—Ya veremos, ya veremos.

—Te brillan los ojos de malicia, mamá ¿en qué piensas?

Y aunque hubiera querido ser sincera con él no hubiera podido haberle dicho nada. Me reía del asombro en sus ojos. ¿Por qué no iba a adelantarme a sus deseos, a sus necesidades? Ojalá y hubiera podido haber previsto todo, saber todo, y era precisamente el mundo incierto de la facultad de medicina el que me desazonaba. Hasta la preparatoria, creo que ya se lo dije, supe todo. Esto es una forma de hablar. Estudié junto con él. No en todas partes, ni manera que fuera yo a la preparatoria, pero en cambio sí tomé todos los cursos de los institutos anglomexicano y el del francés. Cuando Rodolfito estuvo ya en los cursos de adultos, coincidimos en algunos. ¡Qué orgullo me daba oírlo hablar! En todo momento con la respuesta acertada o el dedo levantado como indicio de que la tenía presta.

Para estas fechas ya le había comprado un automóvil modesto. Ya al futuro médico no le iba a gustar el que su madre lo llevara y lo trajera de la escuela. Ya no frecuentaba tanto a los muchachos de la cuadra. Usted sabe lo atareados que están los estudiantes del primer año de medicina. Yo misma al atardecer lo instaba: "Rodo, sal a jugar un poco. Descansa tu vista, tu atención. Por un rato, anda."

Por su mirada me percataba del cúmulo de estudios por hacer, pero confiaba en mis sugerencias. Jugaba una media hora y sudoroso regresaba a dedicarse como fanático a sus libros. Si el por hacer iba a ser largo le preparaba ensaladas o alimentos ligeros y sus buenas tazas de café. Después me sentaba en la sala a bordar, remendar o simplemente leer. Sólo cuando oía sus pasos sobre el piso de arriba me atrevía a preguntarle si necesitaba algo, si tenía algún tropiezo.

Estos kilos que ve usted de más Marianita los gané, y en cambio perdí mi silueta. Verá: los ojos se cansan, se fatigan. Además, como se pasó de una actividad de mucha acción al estudio, al trabajo intelectual. Si le agrega usted la edad. Daban las once de la noche y qué campanadas de la iglesia de San Vicente de Paul, que tan cerca nos queda; no sé por qué lo hacen. Si me volcaba en el libro se me cerraban los ojos, si fijaba mi vista en el bordado confundía los colores y al día siguiente tenía que desbaratar. Recordé que a mi muchacho le gustaban mucho los churros. Raras veces accedí a cumplirle sus gustos, por una sencilla razón: los hacen en condiciones de higiene muy precarias: aceites rancios, el polvo de la calle, el mismo que los hace cobra. Se me deben de haber subido estos tequilitas cuando me atrevo a explicarle cosas que usted sabe tanto como yo. El caso es que me compré un aparato de hacer churros, ensayé con varias recetas. Tuve éxito: salieron dorados, tostados por fuera y con una suavidad golosa por dentro. Una delicia. Una mañana recibió la sorpresa mi Rodolfo.

—¡Churros tan temprano! ¿Dime dónde los compraste?

—Factura casera.

—¿Quién te los mandó?

—Pati, por favor, traiga el aparato.

—Vamos a invitar a los del equipo a…

—Merendar.

—O a desayunar el domingo.

Mi experimento tuvo un gran éxito con los de la casa, esto es Rodolfito y Pati… y conmigo también: me los comía con mucho placer, con gusto. Le mencioné que mis formas cambiaron. Debo agregar que no iba a pasarme las desveladas haciendo churros. Yo de ninguna manera iba a aburrir con un sólo platillo a mi hijo. Las charolas colmadas salían en las mañanas para las amistades, para los vecinos. Me dediqué asimismo a preparar riquísimos dulces de leche, cocadas, mazapanes y pasteles. Me encontró mi hijo un madrugada manejando algún cazo. Por cierto tengo unos de cobre, bien estañados, que son una maravilla. Y él, comprensivo, esperó a que el punto exacto llegara. Tranquilos, todas las luces de la planta baja apagadas, subimos a acostarnos, cada uno satisfecho de haber cumplido con las obligaciones que nos imponíamos o se nos imponían diariamente.

Ahora permítame Marianita que toque el timbre. No necesito darle ninguna explicación, el hecho mismo hablará por sí solo. Pues bien al parecer todo continuaba igual, después de los cambios que ocasionó la inscripción de Rodolfito en la escuela de medicina. De nuevo le debo a la Divina Providencia dos favores. Uno palpable, el otro por la inspiración que me concedió. Me explicaré: una mañana de tantas fumaba un cigarro. Calculaba el menú del día. Pensé que Rodolfito había partido. Sorprendida lo vi en la puerta del desayunador.

—Hijito, ¿qué te pasa? ¿Estás enfermo?

—No voy a poder llegar a la clase de anatomía.

—Dime, pues ¿qué pasa?

—El coche.

—¿Qué pasa?

—No camina.

—Por eso no te preocupes. En un santiamén me pondré un vestido.

—¿Y las pantuflas? —después le encontré sentido a la pregunta. Desapareció, antes de que llegara a la puerta lo vi descender de la parte superior con un vestido y unos zapatos.

Con la ayuda de Pati empujamos su automóvil para que pudiera sacar el mío. Nunca había ido con él a la facultad. Al tiempo que maniobraba para conducir el coche a la calle calculé la ruta: torcería por la próxima esquina a la derecha, tres cuadras, luego la gran avenida. No fue así, apenas enfilada a mi destino dijo Rodolfito:

—Síguete de frente.

—Ya tengo mi ruta.

—Es que debo recoger a unos amigos: me han de estar esperando. Ellos también perderán la clase, y no tengo el número de sus teléfonos.

Yo no contesté. Rodolfito se inclinó sobre el respaldo del asiento. Echó a la parte posterior del coche, a donde está la ventanilla trasera, una bata y unos libros, luego me revisó para ver si había falta en mí: esto es, alguna mancha, un cabello fuera de su lugar. Eso me lo expliqué después. Tres cuadras adelante me pidió que torciera a la izquierda. Iba a obedecer.

—No, no mamá. Detente: ahí están.

—¿Dónde?

—En la esquina.

—No veo nada.

—Sí, las muchachas.

Efectivamente, dos muchachas en batas blancas estaban en la esquina, sonrientes, alborozadas. Entraron a la parte posterior del automóvil como si fuera suyo. Las dos rubias, claro que oxigenadas. Las dos al unísono que quiere decir: al mismo tiempo, Marianita: "¿Qué te pasó? Ya hace…"

Una de las dos calló, la otra continuó: "Hace rato que se fue Cipriano. Quería llevarnos en su coche. No sé por qué no nos has dado tu teléfono, para un caso como éste o cualquier otro."

Yo en el volante atenta al tráfico… y a lo que decían. Las dos, como debe de calcular Marianita, bien maleducadas, ninguna deferencia me prestaron, fue mi hijo:

—Eréndira, Lola, ésta es mi mamá.

—Mucho gusto —dijeron las dos de nuevo al mismo tiempo, como cómicas. Y como si yo fuera un chofer continuaron con su plática.

—Cipriano no te esperó porque tiene examen, y dice que el maestro es muy exigente. ¡Qué bueno que el nuestro es en la tarde, verdad! Este percance es el primero que sucede. Como tú no nos has querido dar tu número telefónico no te lo hemos pedido. Eso comenté con Lola, angustiadas por tu tardanza. Estuvimos a punto, cuando nos anunció Cipriano, de ir a tu casa. Ninguna de las dos sabe bien cuál es, con eso de que pasaste tan rápido y ya sin luz la noche en que nos la enseñaste. Toda esta sección de la colonia no tiene servicio telefónico. Dice mi padre que ahora que vive aquí el hermano del gobernador pronto lo vamos a tener. ¡Qué ordenada tienes ahora esta parte de tu coche! Yo siempre he estado viendo batas y libros. Sólo faltaba que hubiera conservado la botella del ron que nos tomamos ¿cuándo fue, el viernes o el jueves?

—Explícale Eréndira, tú que eres tan buena para las direcciones, por dónde debe tomar mi madre para llegar a la escuela —interrumpió Rodolfito la charla fétida de la güera llamada Eréndira.

—Si tuerce en la próxima no habrá ninguna dificultad.

Pareció que iba a tomar de nuevo la palabra. Mi hijo lo hizo: "No sé cómo voy a regresar a la casa. Mi automóvil se descompuso."

—No te preocupes. Dime a qué hora vuelvo por ti.

—Mamá, no es necesario, Cipriano...

—¿Y si Cipriano no puede? —objeté. Volví a preguntar: "¿A qué hora?" Me la señaló al tiempo que bajaban del carro. No oí si ellas me dieron las gracias.

A la una en punto llegué. Rodolfito solo y su alma, con la bata colgada del brazo y unos libros bajo el otro. "Las muchachas se fueron al centro, yo he tenido que hacerme el tonto. No tuvimos la última clase. ¿Te dijo el mecánico cuál es la dificultad en el coche?"

—Mira Rodolfito, no pude ir a llamarlo, ni podré tampoco esta tarde.

—¿Y qué voy a hacer?

—Tres soluciones: te llevo, o te vas en taxi o tomas un camión.

—Yo pensé…

—No has dicho qué.

—Que la descompostura sería una cosa de nada. Va a volver a pasar esta tarde lo mismo que en la mañana. Las muchachas…

—¿Las muchachas?

—Yo paso siempre por ellas.

—¿Y si no estuvieras tú?

—No había pensado en eso, quizás Cipriano.

—¿Quién es Cipriano?

—Cipriano es… Cipriano es un amigo de Lola, más bien…

—Más bien…

—Su novio.

—¿Ya tienen mucho tiempo?

—Si nos acabamos todos de conocer en la facultad.

—¿Y la otra?

—¿La otra qué?

—¿Tiene novio?

—Al parecer no. ¿A qué hora? Tú ves lo atareados que estamos. Si se ven fuera de la escuela se debe a que…

—¿A qué?

278

—Viven cerca.

—¿Y por qué no las lleva él?

—No coincidimos en el horario, y además Cipriano tiene que ir a dejar a sus hermanos a la preparatoria. ¿Quieres que pasemos a dejarles recado de que no puedo ir por ellas?

—No mi hijito. Yo te iré a dejar esta tarde. Ves esos nubarrones por el rumbo de la barranca de Oblatos. A la hora en que te vayas va a estar un aguacerazo y entonces no podrás tomar ni taxi, ni camión.

Luego me comentó de la impuntualidad de su maestro de fisiología, en la última semana había faltado dos veces. Mientras estacionaba el automóvil volvió a la carga: "¿Y mi coche?"

—Ya veremos mañana.

Esa tarde, en vez de que nos esperaran en la esquina, las recogimos en la casa de Eréndira. Un muchacho de bigote, mayor que mi Rodolfito, estaba con ellas. La llamada Lola subió a la parte posterior con el bigotón, en tanto que la otra vino hacia la parte delantera. Creí oírla decir: "Para no hacer mal tercio me vengo aquí con ustedes." Mi hijo se bajó y la Eréndira se sentó entre mí y Rodolfo. Me saludó con un muy seco "Buenas tardes", se volvió hacia Rodolfito para comentarle la excursión al centro. Mi muchacho, bien educado, le hizo una seña que se callara por un instante, para enseguida presentarme al bigotón: "Éste es Cipriano, de quien te hablaba en la mañana." Le sonreí a través del espejo retrovisor. Pude ver a la Lola con un dedo sobre el bigote del muchacho, como si tratara de alisarlo o hacerle cosquillas en el labio lascivamente, como se dice vulgarmente: "meterle el dedo en la boca."

—¿Lascivamente?

—Perdóname Marianita, perdóname. Lascivamente quiere decir para excitarlo. Ella ni cuenta se dio que yo la observaba. La Eréndira apenas si dio tiempo a la brevísima presentación para seguir con su "cháchara": habla y habla, mi hijo, cortés como siempre, con la atención volcada sobre ella. Tanto decir para sólo expresar que habían ido a no sé cuántos almacenes y no habían encontrado la pendejada que querían. ¡Típica mujer! Tal como lo había previsto se vino un chubasco que me mantuvo tan ocupada que no pude seguir observando las maniobras de la Lola. Dos cuadras antes de llegar a la facultad la lluvia cesó. Oí decir al tal Cipriano: "Ojalá y no haya dejado alguna de las ventanillas de mi carro abiertas." Ya me había dicho Rodolfito que tenía carro, conque se venía con mi hijo para echar novio. ¡Felicitaciones, felicitaciones! Hay que admitir que el Cipriano tenía buenas maneras, ¡y en estos tiempos! Se bajó primero del carro, y antes de hacerlo, me dio las gracias por el aventón y expresó el gusto por haberme conocido. Ayudó a la buscona a salir del carro. Rodolfito no se había movido, expectante a lo que yo fuera a sugerir, que no ordenar, Marianita.

—Mira hijo, la lluvia ya terminó. Yo tengo que ir forzosamente a ver a mi notario. Recuerdo que aquí a la vuelta hay un sitio de taxis, así que te dejaré el carro, es muy probable que a la hora que salgas llueva y te será difícil encontrar en qué irte.

—¿Pero cómo te vas a ir a la casa?

—Yo siempre ando en taxi. Estaré más tranquila si sé en qué puedes llegar tú y te sea posible estudiar más tarde. ¿De acuerdo?

Mi hijo no comentó nada, salvo la Eréndira, la muy zorra: "Señora, muchas gracias y todavía más por su consideración. Nuestros padres están tan agradecidos a Cipriano y a Rodolfo porque nos acompañan a nuestras casas en las noches."

Se me quedó en la punta de la lengua agregar, por prudente: "¿Qué acaso no lo hacen en el día?" Mi hijo llegó a la hora acostumbrada.

—Estoy apenado: te tuviste que venir en…

—Tomé un carro de sitio. No te preocupes.

—¿Le hablaste al mecánico?

—Me parece que su teléfono está descompuesto. Bien sabes que en la temporada de aguas esto sucede frecuentemente. Estáte tranquilo. Mañana te podrás llevar mi carro. Vete sin preocupaciones.

Tal como se lo prometí ocurrió. Tomé un taxi. Vi al mecánico. Es un hombre honrado, aunque parezca raro en un hombre con un oficio semejante.

—Mañana en la tarde se lo tengo. Van a ser quinientos.

—Le voy a dar a usted mil, me lo va a tener sin arreglar durante quince días, y entonces le voy a pedir a usted un consejo.

Me miró con curiosidad.

—Ya se lo explicaré —le dije, a sabiendas de lo que le iba a contar no sería verdad.

Esa noche le comenté a Rodolfo el tiempo que se necesitaba para arreglar la máquina. "Y de una vez te lo digo, Rodolfo. No te preocupes. Siempre habrá modo de que llegues puntualmente a tus clases, y de que atiendas a tus amistades."

—Te lo van a agradecer.

—No lo hago por eso.

—Mira mamá, son tan agradecidas las muchachas que en los viajes que hacemos solos me preguntan por ti. Y no sólo eso. No sé si sepas: Cipriano tiene poco dinero, por eso deja el coche en la casa de Eréndira, así se ahorra lo de la gasolina. Es tan pobre. Yo creo…

—¿Qué crees, hijito?

—Pienso que si tuviera dinero ya se habría…

—¿Habría?

—Habría casado con Lola. Están tan enamorados.

—Están muy jóvenes.

—Cuando menos hay tres casos en el salón. Es cierto que esas parejas tienen más recursos económicos, y muchos de ellos son estudiantes del norte. Me voy mamá porque, ya sabes, el estudio.

Con lo que me dijo comprendí el peligro. Si ellas eran astutas yo también haría mi esfuerzo.

O bien le dejaba a Rodolfo el automóvil en la mañana, como si fuera a prestárselo todo el día. Después de comer le avisaba de las urgencias que hacían necesario que lo fuera a dejar y a recoger. La conducta de las muchachas no varió mucho, salvo que me saludaban por mi nombre. La mentada Lola, sobretodo en las noches, cuando no podía verla con precisión agredía al tal Cipriano. Me imaginé lo que pasaría en las ocasiones en que los traía mi Rodolfito.

En la fecha señalada llegó el mecánico con el automóvil, por supuesto que mi hijo estaba en la facultad de medicina.

—Mire Chon, le advertí que le iba a pedir un consejo y es éste: ¿qué debo hacer para que se me descomponga mi coche?

—Ver a un mal mecánico.

—No me chancee Chon. Hablo en serio. El problema es éste: como hay en esta su casa dos automóviles se le ocurre a un primo hermano de mi hijo pedírselo prestado. Es un muchacho alocado, irresponsable. Nos han llegado rumores que ha chocado varios automóviles ajenos. ¿Podría hacerme el favor?

Comprensivo, con la simpatía con que ve un padre a otro, me dio los consejos pertinentes, los que no le explicaré a usted Marianita. Cuando acabe usted el curso de manejo, si los necesita se los daré. Le decía. Ahorita continúo, oigo subir a doña Pati. Aquí viene.

—Doña Herlinda ¿qué es esto? ¡Cuántas cosas! ¿Cómo le adivina el pensamiento doña Pati?

—No hay ninguna ciencia Marianita. Nos vio platicando, tomándonos nuestras copiosas. Le toqué cuatro veces, muy quedas. Ya lo tenemos convenido.

—¡Pero esto es una cena!

—Coma de lo que se le antoje. Estos tamalitos son una delicia, esas empanadas de queso vuelven loco a mi Rodolfito. A propósito le decía: durante dos días nuestra vida automovilista fue normal, esto es, cada quién con su carro. Después se me descompuso el mío, para consternación de mi hijo. Como le expliqué antes esta ocurrencia fue inspiración de la merita Divina Providencia, a Dios gracias. Durante largos y fatigosos meses nunca estuvieron bien nuestros automóviles. Rodolfito impaciente sugirió que cambiáramos de mecánico. Y por supuesto que no lo hicimos. Ahora sí me aceptará otra copita de tequila, ya con los alimentos no le hace efecto. Aunque a mí, según el médico, me sube el peso! ¡De algo se ha de morir uno! ¡Que Dios no lo quiera tan pronto! ¡Siquiera que vea más grandes a mis nietecitos!

Mi hijo fue a varias reuniones, ni manera que yo lo hubiera querido hecho un ermitaño. Igualmente acudió a lo que ahora le llaman trabajos por equipo, cuando esto no ocurría en la casa. Él siempre ha tenido la más absoluta libertad para traer cuanta gente quiera aquí. Si por cualquier causa no había clases y decidían ir al cine no había ninguna objeción de mi parte para que fueran, siempre y cuando me lo hiciera saber. Dos circunstancias atenuaron mis preocupaciones. Verá usted: la primera Cipriano dejó de andar con la Lola o quizás mejor a la Lola ya no le interesó andar con este muchacho. Llegué a pensar que iba a asediar a mi Rodolfito. Lo ha de haber pensado y quizás discutido con la Eréndira. Una circunstancia no les ayudó a sus aviesas intenciones: mi hijo disponía y no disponía de automóvil. Como yo le servía de chofer a veces él tenía que informarme si lo llevaba o dónde lo recogería.

Pensará usted Marianita que la cosa más normal para un muchacho de esa edad era andar con las muchachas. Y está usted en lo cierto para un joven común y corriente. Mi hijo no fue ni es de éstos. Lamentablemente los muchachos quieren parecerse a los otros, con eso de que andan nada más oyendo: "Cuando seas grande y te cases o cuando puedas salir con las muchachas o tengas tu casa o uses barbas." Los ejemplos contrarios los tiene usted enfrente: no siempre sucede eso y las gentes pueden llevar una existencia aceptable, si se conforman en vivir distinto a la manada. ¡Imagínese qué hubiera sido de mí si me hubiera conformado con llevar mi cruz hasta el panteón!

La segunda circunstancia que alivió mis inquietudes con respecto a Rodolfito fue una coincidencia, la concomitancia encabronada de las circunstancias, Marianita, o la puritita Divina Providencia.

En una tarde de sábado en que se vinieron los muchachos después del partido, como casi siempre Polo se puso a tocar en el piano. Como ya hacía tiempo que no nos juntábamos me suplicaron que me quedara con ellos, como solía hacerlo. Estuvimos juntos, salvo dos o tres ausentes y un desertor, toda la tarde y parte de la noche. En repetidas ocasiones se quejó Polo de lo desafinado del piano. Al darme un abrazo, muy cariñoso de despedida, le dije: "Oye Polo, y por qué no me buscas a quien lo afine."

—Un afinador.

—Sí así se llaman bien, si no también, pero pronto.

El lunes en la tarde me preparaba para ir a recoger a mi hijito. Tocaron la puerta: era Polo con un muchacho. Antes de que me lo presentara expresé: "¡Qué afinador tan joven!"

—No la friegue doña Herme, no la friegue. Mi amigo es compositor.

—¿Compositor? —pregunté para no meter la pata.

—De música clásica. Está en el conservatorio. Se llama Ramón.

—Mucho gusto —dijo, estiró el brazo, se ruborizó.

—Amigos, me da pena, Rodolfo me espera en la escuela. Mientras regreso y ven el piano se toman una cervecita o una copa de tequila. Tú Polo que conoces la casa atiende a Ramón, que se sienta como en la suya. No tardo.

Nunca debe uno proferir esas afirmaciones: además de estar el tránsito pesado tuve que hacer dos desviaciones que no viene al caso explicar. Me encontré a Rodolfito paseándose frente a la entrada, inquieto. La Lola había tenido que abandonarlo. La habían invitado a una reunión a donde no tenía confianza y quería llegar a tiempo. Le expliqué a Rodolfito lo ocurrido, además de algunas consideraciones sobre las dificultades de vivir en una ciudad grande, lo que hizo olvidara mencionarle que Polo y un amigo estaban en la casa. Me extrañó ver *a giorno* la sala, esto es, Marianita, con mucha luz, con todas las luces.

—¿Visitas?

—Se me olvidó decirte que Polo...

—¿Polo entre semana?

No alcancé a explicarle. El amigo Polo al oírnos salió: "No va usted a reconocer doña Herlinda el sonido. Ramón es un genio."

Sobre la mesa del centro dos cervezas y dos copas vacías y una botella de tequila.

—¡Cómo habrá quedado con ese licor: un piano borrachón! —dije bromeando.

—Oiga, oiga doña Herlinda. A ver tú, Ramón, toca algo. Espera. Deja presentarte al heredero universal, al dueño de la casa, al doctor.

El compositor se detuvo, ya iba en trayecto hacia el piano, así de prontas eran sus reacciones. Rodolfo, indeciso, titubeó entre esperarlo o ir a su encuentro. Polo riéndose exclamó: "¡Habrase visto par de tímidos! Dense la mano o voy yo." Los dos apenados corrieron, chocaron las manos con premura, atropellándose. Ramón inmediatamente se dirigió al piano, levantó las manos como si fuera a tocar, con la turbación le temblaron. Ninguno de los tres nos habíamos sentado. El compositor apretó sus codos contra su costado, a través de su camisa sport pude ver cómo respiraba profundo. Polo iba a proferir algo, sus ojos lo delataban, lo calmé con los míos. Vino una melodía, que parecía no ser, la ejecutaba en las notas altas y mágicamente la bajaba a las graves, después la cambió a diversos ritmos para terminar, sin que nos moviéramos, en un fantástico cha-cha-chá. Los tres entusiasmados corrimos hacia al piano y lo abrazamos, como si lo hubiéramos conocido desde antes de la Conquista.

No sé ni quién sirvió una ronda de tequilitas. Pequeños, para muchachos, no como éstos que nos recetamos usted y yo Marianita. Le pedimos que nos tocara algo más. Ramón no es de ésos a los que es necesario insistirles. Ya en confianza nos tocó lo que se nos dio la gana. Con decirle que al final bailamos Polo y yo la raspa. No se le olvide Marianita que en ese entonces no estaba tan gorda como lo estoy ahora. Los muchachos se quedaron a cenar. Cómo sería nuestro entusiasmo y regocijo que Rodolfito se olvidó de retirarse a sus habitaciones a estudiar. Al compositor lo invitamos para el sábado. Si estaba interesado en el futbol podía ir directamente al campo, si no que se viniera a la casa. No dijo que no. Con un animador como Ramón la fiesta del sábado se volvió en una extraordinaria, inolvidable. Acabamos todos rendidos, cansados de los pies y de la garganta. Se despedía Ramón.

—Doña Herlinda. Hoy se rompió una cuerda del piano. No sé si usted la oyó. Si usted quiere el lunes en la mañana le traigo a un compañero que las arregla, él terminará de afinarlo —agregó modestamente: "Yo hice lo que pude."

—Nada me gustará más. Ven después de las ocho y media. Es probable que tenga que ir a dejar a Rodolfito a la facultad. ¿Qué tú no estudias?

—Claro que sí doña Herlinda. Para bien o para mal mis clases siempre son en la tarde.

El lunes me fumaba mi consabido cigarro después de desayunar. Tocaron a la puerta. Se asomó doña Pati: "Son dos jóvenes."

—¡Ah! El piano.

—¿Le pasa algo?

—No doña Pati. Lo vienen a arreglar.

A diferencia del compositor que aceptó de inmediato un café el otro muchacho, el compañero, desarmó el piano y se puso a trabajar con premura. Ramón, que así, creo que ya se lo dije, se llama el compositor, le ayudaba por breves instantes para fijar el tono requerido. La plática fue de lo más variada.

Hubo un punto que me interesó:

—¿Y a qué horas estudias?

—En las noches señora, aunque...

—Qué quieres decir con el aunque.

—Tengo dificultades.

—¿Has reprobado?

—Sabe usted que vivo en una casa de huéspedes: hay otras personas, otros intereses y ocupaciones. Tenía alquilado un piano. En la noche era imposible tocarlo, en la mañana, si acaso practicaba de las doce a la una y media en que llegaban los abonados a comer. Era un gasto inútil. Ya no tengo.

—¿Qué haces entonces?

—En ocasiones me prestan uno en el conservatorio. Ni me hable usted de eso.

Quedaron de regresar al día siguiente con una cuerda nueva y algunos martilletes. Éstos son, para qué le explico, cuando se vaya Marianita se los voy a mostrar.

—No sé si debería irme.

—¿Sabe su marido dónde está, verdad?

—Si me necesitara ya habría llamado.

A la hora de la comida le referí el diálogo con el compositor a mi Rodolfito.

—¡Pobre muchacho! —exclamó.

—A pesar de lo poco que practica lo bien que toca. A ti no te molestaría...

—Por supuesto que no.

—A mí tampoco. Yo en las mañanas siempre estoy en la parte superior. Una vez cerradas las puertas de la sala el sonido no llega a tu pieza, ¿verdad?

—Mamá: yo estaré encantado de que le prestes el piano. Cuando sales tú y doña Pati en las mañanas no tendrás el pendiente de que dejas la casa sola.

—Ojalá acepte.

—Ojalá acepte.

Me conmovió cuando dijo que sí.

Ramón, nuestro Moncho de hoy y siempre, se volvió una presencia en las mañanas. A las ocho y media llegaba puntual y poquito antes de la aparición de Rodolfo se retiraba. Raras eran las veces en que llegaban a encontrarse, salvo que cuando entregado a sus estudios Monchito no se daba cuenta del transcurso del tiempo. En esas ocasiones lo invitábamos a que se quedara a comer con nosotros. Invariablemente rehusaba, como si no quisiera intruir en la casa. Muy pocas veces aceptó. De tan discreto se pasaba. Al preguntarle a Polo por su amigo, esto es Ramón, nos informaba que éste invariablemente decía: "Si estoy los cinco días de la semana en la casa que descansen de mí los fines de semana." "No tiene idea doña Herlinda de lo agradecido que está con ustedes. Tiene el proyecto de dedicarles a ustedes dos una sonatina en la que actualmente está trabajando. Dice que sin la protección de esa casa no habría avanzado tanto." Yo, los viernes, le dejaba un recado en el atril del piano suplicándole que no nos cansaba, que no nos hartábamos de su presencia. Dos años transcurrieron. Dos veces se fue de vacaciones al norte, a Sonora. Al ver la puerta abierta de la sala lo extrañaba. Sentada en la cocina creía a veces, en su ausencia, escuchar acordes, o alguna retozona escalita.

Entretanto las relaciones de mi Rodolfito y Polo languidecían. Raro era el sábado en que se quedaba Polo a dormir. Los domingos pretextaba obligaciones de todo tipo. No me preocupaba la frialdad de los amigos porque mi hijo estaba ocupado en sus estudios, que como sabrás si alguno de tus hijos quiere ser médico, son tan absorbentes. ¡Tonta que soy Marianita! He olvidado el álbum que tengo dedicado desde el día en que entró a la facultad mi Rodolfo, mi Rodolfito. Pueden parecer monótonas las fotos, en casi todas está en bata blanca, aunque a mí en lo particular me parece que le sienta de maravilla. Aquí está con Polo. Éste es Moncho.

—¡Qué guapo es! Se me figura mucho al que fue mi Pedro, doña Herlinda.

—¡Y lo fuerte! Uno tiene la idea de que los músicos son unos fifiruchines. Él es todo un hombrón con su 1.89 de altura. No me canso de repetirle que se cuide la cintura. Hay días de dieta en esta casa. ¡Claro que para ellos! Yo ya estoy vieja como para andarme cuidando la figura. Pero me estoy saliendo de mi cuento. Al pasar al cuarto año de la carrera mi Rodolfito cambió su horario. Regresaba temprano a la casa, para ser precisa a las doce y veinte. En el corredor de la entrada se sentaba a repasar sus lecciones o a leer, pues su pieza que da al oriente a esa hora siempre es muy calurosa. Es tan quieto, tan ordenado mi hijo que no me daba cuenta que estaba en el corredor. Iguales sorpresas tenía también Moncho. Oía la exclamación de Ramón: "¡Pero Rodolfo, tú aquí!"

Platicaban un rato. Muchas veces sin que Ramón se sentara, pretextando que eso había hecho durante toda la mañana. Muy de tarde en tarde aceptaba quedarse a comer. Era una delicia y un halago para una cocinera verlo comer. Usted sabe lo de "barriga de músico", la suya era la de una orquesta.

Vinieron las vacaciones y Ramón se fue al norte, a Sonora. Ya le he dicho a usted. Antes que siga: vea esta foto. Aquí están Rodolfo y Ramón sentados precisamente en el corredor, en esas primeras épocas. Pues Ramón se fue al norte y la conducta de mi hijo cambió. Una madre se da cuenta de esas cosas. Me encontraba a Rodolfito paseándose como un desesperado en el corredor o si no recorría nuestro jardín, ya ve usted qué grande es. En las noches veía por la rendija de su cuarto que estaba la luz prendida, seña de que no dormía, o si yo pasaba de puntitas rumbo al baño oía el rechinar de su cama. ¡Sufría de insomnio!

De una cosa sí estaba cierta Marianita: mi hijo padecía. Decepción no había, de eso estaba segura. ¿Enamorado? La sintomatología, el síndrome, como dicen los médicos y como se dice entre nosotras, las señales, eran de eso merito. Rodolfito es un hijo considerado. Si me enteré de sus tristezas, de sus penas, fue porque lo agarraba desprevenido, con la guardia baja, bajísima. Un sábado en la tarde en que todo el grupo se fue temprano, yo me retiré al fondo del jardín. La tarde de agosto, en la mera canícula, en esos días en que deja de llover, hacía mucho, pero mucho calor. Estaba sentada bajo el arrayán. Se me acercó doña Pati para preguntarme si se me ofrecía algo. "Claro que sí: la botella de tequila, un pico de gallo, con este calor no se me antoja otra cosa qué comer y también se trae a su patroncito."

Desde que salió Rodolfito del corredor oí su silbidito: malo está el cuento, me dije, malo está el cuento.

—¿Qué me dice doña Herlinda? ¿Para qué soy bueno?

—Quería que platicáramos. Te he visto muy solo.

—Estuvieron aquí los muchachos. ¿Quiere usted ir al cine?

—No hay película que me interese. Mira, aquí llega doña Pati, como caída del cielo, hasta una botella de tequila trae. ¿Te vas a tomar una copa conmigo?

—¿Y ahora qué se trae usted?

—No hemos celebrado el hecho de que ya estás en cuarto.

—Así no lo celebramos ni el primero, ni el segundo, ni el tercero.

—Me pareció que sería buena puntada. Yo nunca te he prohibido nada. Si me viste reticente con los primeros tiempos de las fiestas a las cervezas era por la edad de los muchachos, tan jóvenes, además si en sus casas se enteraban que se bebía aquí no iban a dejarlos venir.

—Usted mamá piensa en todo. Venga la copa.

—Acuérdate que yo las he invitado cuando hemos estado con los íntimos: Polo, Ramón.

—¡Ramón!

—¿Qué será de Ramón?

A mi pregunta no respondió de palabra Rodolfo, aunque sí de hecho. Se tragó el licor a la rusa, de un solo empujón de mano, cosa que nunca le había visto hacer. Se oyeron los grillos, los pleitecillos de los gorriones que anidaban en el níspero y los tristes silbatazos del ferrocarril del Sud-Pacífico.

—Es el Sud-Pacífico —afirmé.

—El que va a Sonora.

—O el que viene de allá: él nos traerá a Moncho.

—¿Usted sabe cuándo?

—A mí no me dijo nada.

—Ni a mí tampoco.

Los mismos ruidos y nuestro silencio.

—¿Sabrá Polo?

Me pareció inútil responderle. Los más probable era que no, pero algo sí sabía: la dirección de la casa de asistencia donde paraba Moncho. Por temor a despertarle a mi hijo falsas esperanzas no le revelé mi plan. Me incliné a servirle otra copa y la bebió en igual forma. Carraspeó un poco. Me volví a verlo, creí observar sus ojos húmedos: pudo haber sido lo ríspido del licor o la tristeza. Se sirvió la tercera copa. Si no lo hubiera sentido tan entristecido, quizás yo también hubiera carraspeado, pero me callé como las machas, ésas de Jalisco.

Antes de las ocho de la mañana del domingo le hablé a Polo: el pretexto era un paraguas que había dejado Moncho. Me dio las señas de la pensión, aunque no precisas. Mientras que Rodolfito hojeaba una revista tirado en el sofá de la sala, fui a la casa de huéspedes. La dueña me miró como si fuera la madre de una hija recién desflorada.

—Aquí ha vivido.

—¿Va a volver?

—Sí.

—¿Podría decirme cuándo?

—¿Podría preguntarle su nombre y la razón?

—Necesito que me recomiende o más bien que me dé la dirección de un compañero suyo que afina pianos.

—Ramón no se va a pasar los dos meses allá. Tiene un compromiso para dentro de diez días.

—¿Entonces?

—Llegará dentro de nueve u ocho.

—¿Podría dejarle un recado?

—Los que quiera. Ahí hay un papel y lápiz. Déjelo encima de ese libro, tenga la seguridad que cuando vuelva lo recibirá.

—A lo máximo en diez días tendremos aquí a Ramón.

—¿Le escribió mamá? ¿Cómo lo sabe?

—Me permites si te guardo un secretito.

La noticia cierta del próximo retorno de su amigo lo transformó. El ceño en su frente desapareció. Se levantó del sofá, me vio directamente a los ojos. Yo le sostuve la mirada: nada había qué ocultar, lo que le dio más tranquilidad.

—Madre, usted desde hace tiempo quería ir a un invernadero.

—No recuerdo. ¿Dije algo?

—Estaba Ramón. Usted mencionó comprar varios guayabitos manzanos. Expresó que se veía bien una especie de calzada.

—Bueno, yo… Lo pensé, nunca creí que…

—Ni usted ni yo tenemos nada qué hacer. Vayamos a Chapala al invernadero del japonés, creo que se llama Jáchiro.

—Tú sabes que soy materia dispuesta. No es preciso que vayamos hoy.

—Cuando venga Ramón verá la calzada.

Ante su entusiasmo me levanté. "Hacía tiempo que no me habías propuesto algo así. Vamos."

No nos decepcionó el comentario entusiasta de Ramón: "¡Pero qué es esto!" Y riéndose maliciosamente: "¿Cómo los hicieron crecer tan rápido? Esos dos del fondo están preciosos."

—Claro que te voy a contar el nombre del abono que los hizo crecer: oro, puritito oro. Ese japonés es un zorro. Le preguntamos por los guayabitos y nos enseñó unos chiquititos, como fetos de cuatro meses, para después llevarnos a su jardín particular. Rodolfito y yo nos quedamos de a seis, maravillados. Nos propuso vendérnoslos, cuando

294

nos vio tan entusiasmados. Hasta este momento no me repongo del susto al ver la cuenta. El mismito Jáchiro vino a plantarlos. Si le iba a cambiar el carro a Rodolfito en dos meses, ahora será hasta dentro de seis, después de que me reponga.

Ramón se retiró caminando hacia atrás para ver de lejos la perspectiva, la vista, Marianita. Lo imitamos Rodolfo y yo. Se detuvieron los dos a mis lados. No pude contener el gesto: a Ramón le eché mi brazo derecho y el otro a mi Rodolfo, y por sensiblera, por emotiva casi se me escurren las lágrimas, no sé si por la perspectiva del jardín con los guayabitos o por estar los tres de nuevo juntos.

La presencia de Ramón, que para ese entonces Marianita todavía no le decía el afectuoso Moncho, lo apaciguaba, le daba paz a mi Rodolfito. Las miradas cuando llegábamos en la noche de la facultad a la puerta de la sala, abierta, esto es sin la presencia de Ramón, lo traicionaban: se le marcaba el ceño. No comía con el apetito desaforado de los jóvenes. Este hecho me mantenía insomne. Calculaba mi estrategia. Simulaba algún quehacercillo en el jardín, para que la cosa pareciera espontánea, y no deliberada. Después de que platicaba Rodolfito con Ramón en el corredor, yo me topaba con este último casualmente en el jardín.

—Doña Pati hizo, más bien va a hacer tamales. ¿Por qué no te vienes a comer con nosotros? Nosotros te iremos a dejar. No te desvelarás.

—¡Doña Herlinda! Me agrada mucho su invitación, pero temo enfadarlos…

—¡Ramón, por favor! Entonces aquí te esperamos.

Antes de ir por Rodolfito sacrificaba mis mejores rosas. Los ramos sobre el piano, homenaje a Ramón, sobre la mesita del corredor, homenaje a la amistad; y sobre la mesa, a la hora de la cena, era una hurra a nuestra hermandad.

La cena resultaba un éxito. Mi prudencia, mi amor por todos, y por supuesto por mí misma, no nos permitían que aquello degenerara en una cena juvenil con toda clase de excesos. Con esto quiero decir en el comer y en el beber. Dadas las circunstancias, no me interrumpa Marianita, se lo veo en los ojos, se lo voy a explicar: todos queríamos tener a Ramón en la casa. Al otro día era Rodolfo el que lo invitaba después de su habitual plática en el corredor. La negativa contundente: "Tengo quehacer", sin agregar nada más. Hubo vez en que yo *casualmente* pasaba por allí.

—Ramón, nos harás un honor.

—Doña Herlinda, lo siento: tengo quehacer.

O si no ante mi estrategia, venía lo imprevisto.

—Doña Herlinda, en la noche tengo un compromiso.

—Quieres decir que a mediodía no.

—Si usted quiere ponerlo así.

—Siéntate Ramón, tú con tu costumbre de estar siempre parado, ahorita vengo con nuestro aperitivo.

—No sé si tomarlo doña Herlinda: a las cuatro entro al conservatorio.

—No te preocupes: después de comer te echarás un coyotito en el cuarto de Rodolfo.

En suma Marianita: sus reticencias, timideces o consideraciones para con nosotros le hacían difícil aceptar a quedarse a comer o a cenar, ya no diga a que se juntara con nosotros los sábados en la tarde. A pesar de que yo instaba a Polo a que trajera a su amigo. "Doña Herlinda", me explicaba este último, "siempre rechaza las invitaciones, o cuando menos las mías."

Si hubiera visto mis apuros Marianita, desde el sábado en la tarde, tan pronto partían los invitados. Aquel ceño en la frente de Rodolfito era como un estilete en mi corazón. Yo procuraba tener atareado a Rodolfito: que un juego de brisca, o escuchar un disco, o un paseo por la colonia. El día difícil era el domingo. Mi Rodolfo desesperado aceptaba alguno de mis planes.

—Sí madre, vayamos a comer a Chapala, que tanto le gusta a usted. Recuerde que le dijo Ramón que si quería venir aquí nos encontraría.

—Ya son las once y no aparece. A ti no te veo con ganas de hacer nada. Dejémosle un recado: de que estaremos de regreso en la tarde.

—¿A qué hora?

—A las seis.

—A las cinco. No me pida que la espere a que se tome otra copa de tequila. A las tres y media me pararé del restaurante.

—Prometido.

Antes de las cinco estábamos de regreso. La casa deshabitada, sin una alma. Doña Pati no contaba, ni los canarios. Pero eso sí, el ceño profundo en la frentota de mi hijo, y mi tristeza de verlo tirado en el sofá de la sala viendo hacia el cielo. Y sabe usted lo que era más doloroso: el esfuerzo que realizaba para acceder a mis solícitas atenciones. En uno de esos domingos al ofrecerle un tequilita antes de cenar, se tomó cinco. Me sé aguantar Marianita, me sé aguantar. ¿Qué hubiera sido de mí al verlo desesperado que yo también me los tomara a la rusa? Ve usted que me los tomo a sorbitos, me los chiquiteo.

En cambio Ramón no variaba: desde el lunes a las ocho y media ya lo tenía en la sala, con sus escalas, acordes, glissandos y qué sé yo. Ante las negativas de Ramón tanto Rodolfito como yo no lo invitábamos. De repente, a la salida de la facultad de medicina, le proponía yo a mi hijo: "Oye Rodolfo, vamos a ver si alcanzamos a Ramón en su camino a su casa."

—¿Crees que lo alcancemos?

—¿Y qué tal si lo logramos?

Hubo éxitos, quizás la sorpresa o el que se haya sentido halagado: vaya usted a saber. También tuvimos nuestras derrotas: lo encontramos acompañado, tres o cuatro amigos. Les ofrecimos llevarlos. En varias ocasiones se dirigían a cenadurías de cuarta, de quinta, lugares de estudiantes desharrapados, y el muy ingrato despreciaba mis cenas preparadas, esto es que guardaran el equilibrio entre las harinas y los hidrocarburos, o la chingada. Se me han subido las copas Marianita, y se me sube el coraje de acordarme de que lo teníamos en la mano y se nos iba a escapar con esos vagos, con esos muchachos, con esos futuros músicos muertos de hambre. ¡Así es la vida!

Los medios que empleé para acercarnos a Ramón o que él se aproximara a nosotros fueron múltiples, esto es, muchos, variados, pensados, repensados apenas veía el ceño de mi pobre hijo. ¡Ni siquiera tenía el consuelo de la presencia de Polo! Siempre seré devota de la Divi, de la Divina Providencia, la admiro tanto que de cariño me atrevo a decirle la Divi, por lo milagrosa, providente, como su nombre lo dice, por lo atenta, oportuna, sensata e inspiradora. Vea este retrato. Mi hijo está en bata, observe los libros de música de Ramón. Un amigo que venía con mi hijo se ofreció a tomar la foto. Ya Ramón había anunciado su partida al norte, consecuencia del ceño en la frente de Rodolfito. No se me olvida porque fue un viernes a mediodía. Mi unigénito, yo con mis pedanterías, mi hijo único inapetente, con desgana, con pocas posibilidades de que lográramos la presencia de Ramón en los próximos dos días. Vi con tristeza el durazno mordisqueado por Rodolfito en su plato, en eso llega doña Pati, la encarnación rediviva de la Divi, de la Divina Providencia.

—¡Se me había olvidado decirle doña Herlinda que vino mi comadre Chayo de Sahuayo!

—¿Le pasó algo a tu hermano que vive allí?

—¡Doña Herlinda, ya se le olvidó que en santa paz descanse, desde hace cuatro años! ¿Ya no se acuerda?

—De veras, olvidadiza de mí.

Mi comadre cuando llegó se quedó parada oyendo el piano que tocaba Ramón.

—Pues fíjese comadre que vine a proponerle aquí en Guadalajara, a pedido de doña Dina Álvarez, una señora muy rica de Sahuayo, a un señor dueño de una tienda de música, varios instrumentos: un piano, que dicen es muy bueno, de cola, que perteneció al arzobispo hermano de la señora, unas guitarras y otros instrumentos de los que no sé sus nombres. El señor se quedó muy interesado, pero no podrá ir sino hasta el otro fin de semana.

No oí más Marianita: la idea se me apareció. Si fuéramos todos, ya sabe para mí lo que son todos: Rodolfo, Ramón y yo. Sin pensarlo más llamé a Ramón con la esperanza de encontrarlo en la casa de huéspedes.

—¿Pasa algo doña Herlinda?

—Va a pasar: oye.

Le expliqué que iríamos al día siguiente, sábado, y ese mismo día regresaríamos. ¿Qué podíamos hacer en ese pinche pueblo rascuacho? Su alma de músico lo aconsejó divinamente: aceptó.

La idea de la Divina Providencia, los detalles, las circunstancias que un no creyente habría atribuido al azar, para usted y para mí fue un bendito manto protector. Primero una llanta ponchada. Ya íbamos como a diez minutos de la casa: recuerdo que no traía la dirección de la comadre de doña Pati: volvimos a la casa. Allí se le ocurrió a Ramón llamar a la casa de huéspedes para dejar un recado, en caso de que se presentara un primo que quizás llegaría del norte. Llamada inoportuna para mi hijo. Doña Pati, como si no lo supiera, preguntándome por el menú de la cena. Con decirle a usted Marianita que llegamos a la Barca a la hora de la comida, con eso quiero explicarle que el restaurante estaba lleno, el servicio lento. Por cierto si llega usted a ir no deje de tomar "las cazuelas", es una bebida extraordinaria, servida en cazuelas, así de grandes, le ponen bacardí, frutas variadas y su refresco favorito. ¡Si no hubiera tantas moscas serían inolvidables! Si le confieso que me tomé dos debe de creérmelo. Todos teníamos un humor extraordinario: contentos, felices, a la sombra de aquel árbol, con la brisa del lago y sin el ceño en la frente de mi Rodolfito.

A eso de las cuatro llegamos a Sahuayo. El pueblo dormido, sin una alma en las calles. No crea que fue una obra difícil en un pueblo como ése encontrar la dirección de la tal Dina Álvarez, otra cosa fue que nos abrieran, un ranchero, cómo lo sería que traía un sombrerote puesto, dentro de la casa, medio sordo, con unos ojillos desconfiados.

—Antes de las siete no pueden ver a doña Dina.

—¿No está? —preguntó Ramón.

—Sí está. Se levanta a las seis, luego mientras se arregla.

—Es que venimos de Guadalajara.

300

—Si yo la despierto me tendría que ir a Guadalajara o a los Estados Unidos —dijo con firmeza y nos cerró la puerta.

—¿Y ahora qué hacemos? —preguntó Ramón sin saber lo que el destino le esperaba, o era el aura, el presentimiento ¿quién puede saberlo?

—Ha de haber una buena refresquería, con este calor… —propuse yo.

Cerca del zócalo encontramos una huarachería abierta, le preguntamos a un muchacho por la nevería.

—Las mejores nieves están en la esquina. Si no tienen mucha sed, espérense un cuarto de hora, el muchacho siempre abre al cuarto para las cinco.

Sí teníamos mucha sed. No nos refugiamos en el portalito porque estaba inundado de sol. Nos sentamos bajo la rala sombra de un arbolito de la plaza de armas, que es como debe decírsele a los zócalos, pero no le voy a explicar a usted esto. Será mejor, ahora ya con el estómago vacío que me tome el último tequilita.

—A mí ya no me sirva, por favor doña Herlinda. Creo que ya es hora de que me vaya.

—Está bien. No insisto. Quédate, a lo más en un cuarto de hora termino con mi relato, si no me vas a dejar como trompo chillador. Si tu marido hubiera llegado ya estaría sonando el teléfono. Volviendo: estábamos en el zócalo de Sahuayo, con la modorra del pueblo y la nuestra. Casi al mismo instante se escucharon unos cerrojazos, yo cuando menos pensé, con mi sed, en el de la refresquería, y en seguida el sonido de los martillazos, que claro en un pueblo que vive de las carnitas y de los huaraches, venía de las huaracherías. Vi a Ramón pensativo.

—¿Te preocupa algo, Ramón?

—Si llega mi primo y no me encuentra.

—¿Quién ha dicho tal cosa?

—Llegaremos tarde.

—Si tú quieres nos vamos en este instante.

—No vaya a pensar mal, usted sabe: cosas de familia, le tengo que entregar un dinero, él anda sin quinto, sin nada en la bolsa y nos vamos a ir al norte.

—No te preocupes, Ramón, tú te ahogas en un vaso de agua —no terminé mi frase, me levanté y fui en dirección de un señor que caminaba por ahí cerca. Le pregunté por el lugar donde podríamos hablar por teléfono a Guadalajara—. Ven Ramón —lo invité. Me miró asombrado. "Te voy a llevar al hotel Michoacán para que hables por teléfono. Le pides a la señora dueña de la casa que le entregue el dinero, si no tiene todo, que le dé parte, y al demonio con tu preocupación."

Sin ninguna dificultad se comunicó con Guadalajara, yo al lado de él, mi Rodolfito sentado en el *hall* del hotel, al parecer muy cansado, entonces se me ocurrió proponerle a Ramón.

—Oye Ramón, ¿y si salimos tarde de la visita no sería bueno que nos quedáramos a pasar la noche aquí en Sahuayo?

—¿Usted cree doña Herlinda? ¿Cómo ve usted el hotel? ¿No habrá chinches? Hay mucho bochorno y lo más importante: en sábado es difícil conseguir habitaciones.

No le contesté a sus objeciones, me dirigí al muchacho del mostrador. Le pregunté si me podía mostrar alguna habitación. Me señaló una en el mismo piso. Ramón y yo la examinamos. Estaba limpia y cubiertas las camas con un estampado azul, muy fresco.

—¿Habrá habitaciones? —volvió a preguntar Ramón. Sí hubo lugar y aparté dos cuartos. A Rodolfito le comuniqué la decisión como un *fait acomplit*, ¡oh dios mío!, como un hecho consumado, esto es que a huevo nos íbamos a quedar.

Se levantó asombrado, se le marcó el ceño en la frente. "Mamá, ¿habrá dónde quedarse? Tus compromisos, los míos." De repente, como si fuera un argumento contundente, exclamó: "¿Y si mañana va Ramón?" En ese momento, como si despertara, se dio cuenta de lo que había expresado. Por fortuna Ramón no alcanzó a oírlo, y mi hijo, cosa que nunca hacía, bajó los ojos, como si con eso hubiera podido ocultar su turbación.

Si le contara Marianita cómo era la tal Dina Álvarez, la casa en que vivía y el precio de los instrumentos, alargaría mucho este relatito. Ese pianazo de la sala de concierto lo compré, el de octavo de cola está en el departamentito de Ramón, es suyo, son suyos. También le compré otros instrumentos, ya le he explicado que Ramón es compositor. Todo esto ya lo sabe usted... Salimos al filo de las nueve de la casa de la señora Álvarez, hambrientos, nos tomamos discretamente unos cuantos tequilitas para celebrar la gran compra, y después comimos unos sopes y unas garnachitas de chuparse los dedos. Bajamos la cena dando vueltas en el jardín principal. Yo no pude ocultar un bostezo.

—¿Tiene sueño mamá?

—No Rodolfo, sólo cansada. Me retiraré, si ustedes quieren pueden quedarse.

—También nosotros —no terminaron de expresarse, se rieron los dos, contentos.

Iba a desvestirme. Recordé que en la valija de Rodolfo iba mi estuche de manicure, lo necesitaba. Les toqué en su puerta. Me abrió Ramón, con el pecho ya desnudo.

Rodolfo, ya en calzoncillos sentado en la cama, me preguntó con los ojos. "Mi *necesaire*, hijo." Ramón se retiró a buscarlo al ver que Rodolfo no se levantaba. Entonces me di cuenta que la habitación era como la mía, con una sola cama matrimonial. ¡Bendito destino! ¿Qué digo? ¡La Divi, la Divina Providencia!

Les toqué advirtiéndoles que los esperaba a desayunar en el comedor del hotel. No tardaron: limpios, con sus cabellos húmedos, esparciendo sus lociones francesas, me besó, como siempre Rodolfo, y por primera vez lo hizo Ramón. Me pareció que les daba vergüenza verse entre ellos, dirigirse la palabra, en su embarazo simulaban que no había otra presencia que la mía. Confieso que estaba halagada. Vi la frente de mi hijo: era una llanura, un valle, la estepa rusa, en una mañana soleada, sin una nube, con un cielo como el nuestro, nuestro azul cielo tapatío.

Con nuestro exiguo equipaje ya en el automóvil propuse dar una vuelta por el pueblo, quizás les interesaran unos pares de huaraches, los que tan merecida fama tienen. ¡Qué exclamaciones de entusiasmo, Marianita! ¡Qué contento en sus voces! ¡Qué alegría en sus miradas! Todas hacia mí. Rodolfo me echó el brazo sobre el cuello, y como si estuvieran automatizados, intentó el gesto Ramón, sus brazos se golpearon detrás de mi cuello. Se rieron, entrelazaron los dos brazos en mi nuca. Enfilamos por las calles como si no pisáramos el suelo. En la primera huarachería nos detuvimos. Se compraron huaraches, del mismo estilo, del mismo color. El embarazo, la turbación inicial, había desaparecido, en cambio la entrega, la amistad, la hermandad, estaba presente, yo allí para poder participar. El acre olor a cuero mal curtido, que como usted

304

sabe Marianita es el que usan para los huaraches, me olía al mejor perfume, a la más refinada esencia, a la suprema bendición de la Divina Providencia: el estar viva, el ver a mi hijo con la frente lisa, con un amigo como Ramón, con el día soleado, con unas horas por delante, en que estaríamos en La Posada de Ajijic, saboreando nuestros tequilas, brindando por la Divi.

Le he platicado Marianita acerca del momento más importante en la vida de Rodolfito, lo que implica que también ha sido en la mía. Creo que ya le dije que tanto mi hijo como Ramón son mis herederos. ¿Acaso no vive Ramón bajo nuestro techo? El cómo ocurrió esto ya se lo relataré. Usted ya sabe de la carrera brillante de Rodolfito. Quizás la única razón de ver al simio aquel será el restregarle en la meritita cara: "Te molestaba que recortara papel, que vistiera muñequitas. Vélo ahora. Con esa habilidad ha logrado ser un médico notable, gloria de Jalisco. No viste muñequitas, las hace, les pone, les quita senos, las hace más caderonas a las que no las tienen, y a las que les sobra, se las corta." No me gusta hablar y hablar de mi hijo. Era tal su talento que no tuvo que hacer eso que llaman su servicio social. Se lo perdonaron, se lo condonaron. También Ramón ha tenido éxito. Es un muchacho modesto. Durante años se conformó en vivir en aquella casa de huéspedes. Tanto para Rodolfito como para mí era una molestia: ir a recogerlo en la tarde, volver por él en la noche. A pesar de la amistad tan cimentada en aquel viaje a Sahuayo se resistía a quedarse a comer o a cenar, ya no diga usted para que durmiera. Para lograrlo tenía que valerme de la estrategia de viajar a Autlán o si era la cuaresma tenía que asistir a algún retiro espiritual. Más aún, hicimos viajes al extranjero cuando Rodolfito tuvo que asistir a congresos o conferencias. Primero como ayudante del doctor Palancares, luego en representación de él, y después en su persona, por su mérito. Un homenaje quiero hacerle al doctor Palancares: desde muy joven mi hijo el doctor Palancares descubrió el talento de Rodolfito. Uno de los retratos que ha visto usted en el pasillo es de él, es una lástima que haya muerto. Que en paz descanse. Sabe usted Marianita que lo único que turbaba nuestro sueño, nuestra tranquilidad eran las vacaciones de Ramón al norte. Algo le habremos hecho falta: no se tomaba los dos meses, si acaso dos semanas. Para que lo disfrutaran en su casa más yo le regalaba el pasaje en avión, de ese modo se ahorraba dos días de ida y dos de vuelta, y teníamos la certeza de que regresaría en la fecha señalada en el boleto. Aunque la podía cambiar, como efectivamente sucedió, para consternación y dolor de Rodolfo y mío. Ya que tuvimos que cancelar una fiestecita que le teníamos preparada para celebrar su regreso a estas tierras de Jalisco. En una ocasión en que mi hijo estaba desasosegado por la ida de Ramón, me valí de esta treta. Nos fuimos con él en el avión a Hermosillo, y le dejé abierta una invitación, con boleto y todo, para que si creyera conveniente y oportuno se nos uniera en San Francisco tres días después: y lo tuvimos en el Golden Gate. Vea, precisamente, este retrato, es una lástima que haya habido tan poca luz y tanto viento: vea mis mechas, y la forma en que parece desprenderse mi bufanda.

Hace un momento le hablé del doctor Palancares: tan bueno, tan cariñoso, tan gentil, con todos nosotros. Poco tiempo antes de morir, quizás ya viendo la calaca, ahí en el jardín, bajo el arrayán grande, me dijo: "He pensado en retirarme. He pensado en Rodolfo. Tiene todo para que ocupe mi lugar: talento, experiencia, don de gentes, estudios, reconocimiento, es una verdadera lástima que no se haya casado. Mi clientela, mi consultorio es obvio, serán de él. En los puestos oficiales, va a ser muy difícil. Van a objetar que todavía no ha asentado cabeza, como se dice vulgarmente. Merece tener esos honores. Yo todavía no me explico cómo no lo ha hecho."

—Ni yo tampoco —repuse. Y me dejó con la espina clavada, en el mismito centro de mi corazón. Por ese solo hecho me tomaré un traguito más. ¿Por qué no se anima Marianita? No me gusta que me vean a mí sola tomando, es distinto cuando se tiene un compañero con quien compartir, con quien gozar, tanto el licor, como la comida, la plática. ¡Salud!

Meses estuve con la espinita, y como toda espina enterrada se incona, se hincha. Una noche en que Ramón se retiró temprano, le propuse a mi hijo que diéramos una vuelta por la colonia, hacía calor, la luna pequeñísima, con esto quiero decirle Marianita que bajo los árboles no se veía nada.

—Rodolfo: he estado pensando...

—Diga usted, madre.

—Que estás muy solo.

—¿Solo yo? Mamá, con la compañía de Ramón me basta y sobra.

—No me refería a esa clase de compañía. Imagínate el día que decidan irse al extranjero Ramón y tú.

—¿No has ido tú acaso con nosotros todas las veces?

—Habrá un día en que yo no pueda, por la edad, por mis achaques.

—No iremos nosotros.

—¡Hijo querido!

—Mamá, yo no me he separado de usted, ni me separaré.

—Pero supón que tuvieras que ir: un compromiso, un deseo de Ramón.

—Iría Ramón solo.

—¡Hijo mío, no me comprendes!

—No sé lo que ha querido usted decir.

—Podrías irte tú y Ramón tranquilos: a gozar, a aprender, a descansar y yo me quedaría feliz con unos niños.

—¡No me diga usted que tiene proyectos para adoptar unos niños!

—¡No, ni lo mande dios!

—¿Entonces en qué está pensando?

—En eso que has pensado tú.

Continuamos caminando en silencio, si no hubiera habido tanta hoja seca en la acera hubiera oído el palpitar frenético del corazón de mi Rodolfito. Para fortuna nuestra doña Pati había apagado la luz del corredor, con la oscuridad no le pude ver la expresión de su rostro, ni él tampoco la del mío.

Dos o tres días les había anunciado tanto a Rodolfito como a Ramón que iría a Autlán. Mis dos hijos apenas si habían disfrutado de alguna que otra tarde sin mi presencia, y en esas ocasiones siempre me habían invitado a ir con ellos al cine. Yo por prudencia rehusé. Por supuesto que no iban a ningún espectáculo, aunque no me conste, ya que al llegar, y al darme sus respectivos abrazos y besos notaba la misma loción, y a veces sus cabellos húmedos, un peculiar brillo en los ojos, la plática vivaz, como si hubieran tomado más de dos cubas libres. Pues bien Marianita, me fui a Autlán, tal como se los había hecho saber, el viernes en la mañana. Esa tarde del viernes

sentada en la casa de mi compadre Jenaro Pacheco, precisamente con él. Ya había aceptado un changuirongo por
cortesía, usted ve que a mí el tequila me gusta solo, sin
adulteraciones. "Herlinda", me dijo, "hay días que no duer-
mo pensando en mis hijos, mientras Chepa, mi mujer
duerme a pierna suelta. Si sabe que sus hijos están vivos
con eso se conforma, no piensa en el futuro."

—Todos están bien.

—Efectivamente.

No siguió con su confidencia. Lo que determinó su silencio fue el paso frente a nosotros de Olga, su hija menor, enlutada de negro, rumbo hacia el rosario. Sin duda
le preocupaba el porvenir de ella, tal vez acabaría en un
convento. Sus senos y sus caderas no eran propicios para
un sitio de reclusión. Eso lo comprendí en el camino de
regreso a Guadalajara: me vino la iluminación de la Divi.

—Tú no te acordarás— le dije a Rodolfito —de los hijos
de mi compadre Jenaro Pacheco.

—¡Cómo crees que no!: de Eleuterio el mayor y de
Olguita, con quien jugaba después del riego de flores. ¿Ya
se casó?

—Es una muchachita muy seria y guapa.

Me levanté para no dar pie a otro comentario. Momentos después le anuncié a los dos que tendría que regresar
a Autlán los dos próximos fines de semana. Las complicaciones del intestado de mi tía Erminia requerían de mi
presencia. Iría a parar a la casa de mi compadre Jenaro.
Luego del retorno del primer fin de semana anunciado
soslayé que quizás en la próxima vez traería a Olguita
conmigo. Desde hacía tiempo quería venir a Guadalajara,
no especifiqué el por qué, y estaría unos días con mi madrina. Una vez en la ciudad les comuniqué a los dos que

tendríamos, cuando menos, que invitar a Olguita a cenar o alguna función que no fuera en lo mínimo pecaminosa al teatro Degollado.

Mientras aguardábamos la llegada de los muchachos examiné el atuendo de Olga: falda plisada de color café carmelita, casi del mismo material, blusa blanca sin ningún adorno y un suéter de un verde oscuro, una polquita muy bien recortada, sin un color ni afeite en el rostro, cejijunta, y ésta espesa. Sólo le faltan los pelos en la oreja, me autocomenté. Cuando la presenté con los muchachos no alzó la barbilla y les rehuyó sus ojos. Durante la velada mostró gran respeto por mí y una condescendencia con la plática, tanto la de Rodolfo como la de Ramón. Mi hijo venía entusiasmado sobre una operación del maxilar que acababa de ayudar a hacer. Maxilar Marianita es la quijada, a su vez tomó su turno Ramón y nos entretuvo contándonos de las rivalidades de los músicos. A ella la entregué en persona con su madrina.

—Hijo, ¿qué te pareció Olga? —le pregunté en ausencia de Ramón.

—Me pareció otra persona. Aquella Olga era más vivaz, traviesa, inquieta. Ahora…

—Ahora es una mujer, no vas a querer que juegue carreras como solían hacerlo. ¿Recuerdas? Debo de tener alguna fotografía de ella. Quizás esté cuando tú hiciste la primera comunión. ¿Cómo crees que le haya caído a Ramón?

—Estuvo contento.

—¿En qué lo notaste?

—No miró a las otras mesas en el restaurante. No hizo bolitas de migaja de pan, no se fijó si sus uñas estaban negras ¿quieres mayores datos?

310

Dos semanas después, a la hora del desayuno.

—Este fin de semana me voy a a Autlán.

—Otra vez, tan pronto. Y si no soy entremetido, ¿a qué va usted?

—Nada más a dejar a Olga, dar una vuelta a la notaría.

—Me va usted a decir que Olga no se puede ir sola.

—No te sulfures. ¿Qué no te gusta quedarte solo en los fines de semana?

—No me sulfuro mamá. No me gusta que salga usted tan seguido y sola. Sí me gustan los fines de semana solo, aunque me hace falta usted.

—Comprende: es una muchacha de pueblo, muy cuidada. La dejaron venir porque se acompañaría conmigo. Por lo demás estoy muy obligada con mi compadre Jenaro. Él se ha ocupado de mis asuntos, sobretodo aquellos tiempos después del divorcio. Les he ofrecido la casa, nuestra casa, aquí en Guadalajara.

Doña Pati tosió al acercarse a la puerta, señal de que Rodolfito debía partir inmediatamente.

No me fue difícil convencer a mi compadre Jenaro de que era conveniente que Olguita dejara temporalmente Autlán. Tomaría un curso de decoración de interiores. Además de los cuidados de su madrina yo vigilaría tanto por su persona como del adelanto en sus estudios. Además iría al instituto norteamericano a tomar un curso intensivo de inglés. Es cierto que son ricos, de pueblo, pero ricos, el porvenir no lo tienen comprado, las leyes agrarias al capricho de bajos fines políticos. Además la muchacha quizás podría encontrar un buen partido o desarrollar sus múltiples posibilidades. Me conmovieron los diversos gestos de agradecimiento de mi compadre Jenaro.

Una vez por semana venía a comer Olga. Yo procuraba reunir a los dos muchachos con ella, y logré, con el argumento de mi agradecimiento para con mi compadre, que Ramón aceptara mi invitación. Un domingo cualquiera proponía una excursión a Chapala, todo casualmente. Ya casi para salir los tres, me venía el deseo de que Olga nos acompañara. "La muchacha está tan sola", comentaba yo.

A Olga le regalé un vestido de transición, esto es, entre lo que acostumbraba en Autlán y la moda en Guadalajara. No sé si por compromiso o porque le gustó se lo puso. Era otra muchacha. Páseme Marianita ese álbum, yo estoy un poquitín mareada. Nada de qué alarmarse. Mire usted: ésta es Olga, esta otra muchacha una compañera de su escuela de decoración o del instituto mexicano-norteamericano, no sé bien. Ese muro a medio construir es de la fachada. En ese tiempo, y bajo la dirección de mi arquitecto, hicimos un departamentito encima del garage, donde actualmente vive feliz y contento Ramón.

Creerá Marianita que la pobre de Olga había sido tan descuidada por su madre que no sabía bailar. Imagínese cómo iba a poder regocijarse con los ángeles y serafines, con los tronos y las potestades, o cuando menos con gracia levantar un velo en aquellas alturas. ¡Madre despreocupada! Ni siquiera la preparó para irse a los cielos bien amaestrada. Iría con todos los conocimientos e indulgencias plenarias, salvo con lo que realmente vale en el cielo: la gracia, la armonía. Ahora estoy gorda, torpe, en ese entonces menos. En ciertas tardes venía Olga. Nos encerrábamos a piedra y lodo en la sala. Empezamos con piezas corriditas: estaba tiesa, tímida, aterrada. Después lentas y rítmicas como un danzón. En mis mocedades medio bailé el swing, pero recuerde que yo también soy de Autlán. Me costó meses relajarla, con esto quiero decir que no estuviera tan consciente de que la vieran, aunque fueran los ángeles. De los antiguos compañeros de futbol estaba el Checo Padilla, no sé ni para qué digo el nombre. Buen bailador, con pocas ocupaciones. No me negó el favor: durante dos meses lo tuvimos dos veces por semana dándole lecciones a Olga: mambo, swing, fox-trot, rock, que a mí, entre paréntesis, no me gusta. Al tal Checo le regalé en señal de agradecimiento un par de mancuernillas de oro. De estas lecciones no se enteraron ni Rodolfito ni Ramón. Ahora que recuerdo esa fotografía corresponde a una fecha posterior. Me confundí por la falda de Olga. Cuando volvía a Autlán le daba vergüenza o pena o mortificación llegar con su nueva indumentaria. Pues poco a poco se depiló las cejas, empleaba un poco de color en sus labios y en las mejillas y una ligera sombra en los ojos. ¡Dios la había provisto de unas pestañotas! Mis nietos, yo creo que por mediación de la Divi, también las heredaron. Le platico lo de la fachada, esto es lo de su compostura, porque eso se realizó después del cambio de Ramón a la casa. Fíjese cómo sucedió Marianita. Me tomaré ésta, y nada más. Siento un poco enredada la lengua.

No hace mucho le conté a usted que mi Rodolfito después de la revelación de Sahuayo, ¿por qué emplearé esas palabras?, el caso es… déjeme pensar bien lo que voy a decir Marianita. ¡Ah, sí! Después de aquello en Sahuayo, lo que tampoco está bien expresado, o dicho, pero no puede esperarse la claridad y la precisión con estos tequilas, el caso es que la frente de mi Rodolfito era una llanura, sin un hoyo, sin ningún trepón, era una llanura como de ésas que pintan en los cromos, y que venden en las casas de marcos, ésas a veces tienen bueyes o vacas o corderos y sus respectivos pastores, pues ésta que le digo perfecta, y ahí tiene usted que vamos con Olga y Ramón a Ajijic. ¿Creerá usted que Ramón se levantó a bailar con una muchacha, más guapa que Olga, y descarada como la peor, con decirle que aceptaron unas copas para ellas y sus compañeros? Si le soy sincera a mí también me molestó. Si quería bailar nada hubiera sido más fácil que pedirle la pieza a Olga, ésta se hubiera sentido halagada y Rodolfo satisfecho. La frente de mi hijo se puso como vidrio al que se le ha dado un puñetón. Mientras bailaba Ramón me tomé dos tequilas para poder soportar la pena de ver sufrir a mi hijo, al pobre de Rodolfito. Llegué a temer que se le iban a salir las de San Pedro, por fortuna por algo es de Jalisco, como los buenos machos se aguantó. La que no pudo con el paquete fui yo. Vi peligrar todo mi proyecto, mi plan vital, todo, TODO con mayúsculas. No nos quedamos a comer en donde estábamos, nos fuimos a otro lugar. El daño estaba hecho. Me supuse que mi Rodolfito pensaba: "Si esto me lo hace enfrente qué será cuando no estoy." La casa de huéspedes me pareció el más perverso prostíbulo. Había que evitarla. De regreso a Guadalajara, después de entregar a Olga y de despedirnos de Ramón en la casa aquella, Rodolfito me besó, se retiró a mi cuarto. Poquito después apagó la luz. Me acerqué a su puerta. Creí oír sollozos.

Al desayunar vi sus hoyancos en su frente y unas ojeras que delataban un doloroso insomnio. Decidí que eso no podía continuar, de ninguna manera.

—Rodolfito, me gustaría que Ramón venga a cenar.

—No vaya a ser que tenga algún compromiso.

—No creo que lo tenga, si eso ocurriera dile que estoy enferma, grave, que necesito verlo. Yo confío en ti, tú sabrás cómo traerlo. A propósito: haré unas tostadas de pata que tanto le gustan.

Y Marianita: de nuevo la Divi, la prodigiosa, la salerosa, la única, mi adorada, reverenciada, chingonsota, ¡claro que es una chingonsaza!, me hizo el milagrón. Esa noche del lunes teníamos a Ramón durmiendo en la recámara de Rodolfito.

—¿Es la misma cama que tienen ahora con Olga?

—¡Por Dios Marianita, por Dios! No me interrumpa. Déjeme usted que mientras sorbo este traguito haga un acto de contrición ante la Divi.

—Doña Herlinda, no se vaya a levantar sola. ¿No sería bueno que se fuera a acostar?

—Interrumpiste mi acto de contrición, y digo mal, era un acto de admiración ante la chingonaza, la todo poderosa. ¡Olé!

—¡Yo nunca he oído decir eso, doña Herlinda!

—Poco has oído: ella me ha dado pases de todas clases y unos quites. Que viva la chingonaza y olé y olé y olé. Si eso fuera poco aquí te va el gran quite. Ya te dije el dolor de ver a mi Rodolfo con sus hoyancos en la frente, también odio y me repugna contemplar la angustia en mi Moncho, en Ramón. Me duele éste tanto como si fuera la madre de él, y como tal había que prever el futuro. Cualquier chico rato me muero. No los dejaré aislados, mal vistos, sino incrustados en la sociedad de Guadalajara y en las sociedades científicas y artísticas del mundo.

A mi Ramón también lo vi preocupado, inquieto, tal como me pasaba a mí viendo el porvenir al lado del chango aquel, de Santos el militarote, hijo desgraciado de Villa y de los mugrosos zapatistas. Siempre que recuerdo a los militares o leo de sus hazañas ¿hazañas revolucionarias?

Echándose al plato a pobres viudas e inexpertas muchachitas. Todas espantadas, todas primerizas; muy bien pude haberme convertido en una Judit. No vaya a pensar Marianita en cualquier Judit que usted conozca sino aquella que mató a alguien en la Biblia o una Dalila, ésta tampoco es ninguna puta de Tequila, ni de Amatitán o de aquí en Guadalajara. Me desvío, me desvío Marianita. Ramón se inquietó porque iban a venir sus padres. Y sabe por qué me daba cuenta, nada más ni nada menos que se tallaba un anillo imaginario en el dedo anular de la mano izquierda. No he querido pensar por qué se angustiaba. A las primeras de cambio nos hicimos amigos, y lo somos hasta ahora. Todos los fuimos a despedir al aeropuerto. En el momento en que desaparecieron por la puerta, espontáneamente me besó Ramón, como nunca lo había hecho. Este gesto de agradecimiento lo aprecié muchísimo. Imagínese lo que sería de mí al ver el valle sin nubes de la frente de Rodolfito y sin las enroscaduras infinitas en el dedo de Ramón.

¡Mi Autlán, mi Autlán, Marianita! Ya no es ni será, pero lo fue. Aquellas noches más calurosas que las otras, porque es un lugar caliente, en el corredor de la casa con las amigas, todas con nuestros pelos húmedos, limpias, con todos los colores claros, con los alientos puros, no como éste, que debe ser el mío con los tequilas que me he tomado, y que gracias a Dios, me espero seguir tomando. Ya gorda, también de noche, también con aliento atequilado, bajo el arrayán del jardín, estaba sentada, tranquila. No sé para qué le digo Marianita que era de noche, en otra ocasión apenas empezaba la noche, ahora que recuerdo. Llegó Rodolfito de blanco. No venía del hospital, no era la bata, ni el uniforme, con pantalón blanco y guayabera de lino. Regalo mío, por supuesto.

—Mamá, ¿tú lo quieres?

La pregunta por ambigua, por equívoca Marianita me desperezó.

—¿Qué dices hijito? No te oí bien.

—¿Tú lo quieres?

Podría haberse referido a Ramón. Pero mi hijo no me iba a hacer esa pregunta.

—Deja pensar.

—Lo has pensado bien. Tú trajiste a Olga. Tú has preparado todo. Lo único que quiero saber es si tú lo quieres.

—El doctor Palancares...

—Recuerdo el consejo. ¿Tú lo quieres?

—Si me muero tendrás a tus hijos.

—¿Has pensado en Ramón?

—La Divina.

—¿Cómo dices?

—Deja terminar. Siéntate. Me refiero a la Divina Providencia, mi protectora. Ella proveerá.

—¿Qué le digo a Ramón?

—La verdad.

—¿Cuál?

—Que yo quiero que lo hagas.

—¿Y yo?

—Aquí estoy.

—¿Y Ramón?

—Aquí estaré también con él. Yo te lo cuidaré.

Se dice fácil: "Yo te lo cuidaré", otra cosa es la realización. No es que nunca hubiera dejado de ocuparme de Ramón, ya se lo he contado, también es cierto que con el hombre, en este caso Ramón, en la casa, no era tan difícil en cierto sentido, en cambio en otro. Como usted comprenderá, y si no comprende mejor. ¿Qué digo Marianita, qué barbaridades estoy diciendo con estas copas que me sueltan la lengua? decía... ¿Qué decía? Dispense, como usted comprenderá yo no podía decirle al vino vino a Ramón. Como se dice vulgarmente Rodolfo me dejó el paquete, el paquetón.

—Mamá, esta noche saldré con Olga.

—¿Le dijiste a Ramón?·

—Algo le anuncié que tú quieres ir al cine. Dije algo vago de una conferencia. A ver tú cómo te las arreglas.

La mano de la Divi estuvo presente desde el merito momento que se me ocurrió ver una película, un poco vieja, de Gary Cooper. Muchos tiros a mediodía.

—¿Dónde doña Herlinda?

—A mí con las copas se me suelta la lengua y se me aflojan las piernas, a ti se te afloja el cerebro, Marianita. Dónde carajos va a ser: en la película. Después nos fuimos a cenar al Farol. Ahí no hay copa, y usted colegirá, digo calculará que nos tomamos las engordativas cervezas. Las cheves heladas, apaciguadoras. Creerá usted Marianita que ni preguntó Ramón por las andanzas de Rodolfito. Alabada sea la Divi, la gran chingonota.

—Ya no beba doña Herlinda.

—Una mancha más qué le importa al leopardo. Me iré a acostar. Llaman por teléfono. ¿Quién será?

—Es el marido de Marianita: dice que vendrá en una media hora —anunció doña Pati.

—Tranquila Marianita. Tan pronto te vayas me tomo... ¿Tomaré una cervecita? No te me adelantes Marianita. Sé que vas a decir que no. Esas decisiones son de última hora. No te voy a contar, pues creo que ya te lo he dicho que fuimos a Chapala, precisamente a Ajijic, como si nada hubiera pasado: tranquilos a sabiendas que Ramón no se levantaría a bailar, y eso fue lo que me anunció, despreocupado, tal como si yo fuera la Divi, Rodolfo: "Voy a llevar a Olga a bailar." Le habían gustado los jueves, hasta la fecha no sé la razón, ni me importa, para hacer la corte. A mí me dijo: "Voy a llevar a Olga a bailar", pero a la hora de la comida, no se atrevió, para dorar la píldora anunció: "Voy a llevar a Olga a cenar." No me volví a ver a Ramón, hice como si no oyera, como si me hubiera dicho: "Tengo operación." Lo que sí me pareció importante es que no estuvieron solos. Pretexté ir de compras con ellos. No, no fue así. Dije: "Después de que dejemos a Ramón en el conservatorio, me llevas a Las Fábricas de Francia."

Hay tantas cosas que no sé, en todo, pero aquí se trata de la familia. ¡Orangután repugnante, simio sucio, chimpancé amaestrado, vil mono, chango nalgas peladas! Aunque esté mal decirlo: que en paz descanse. ¿Y qué hubiera sido de mí en Autlán? Esto tampoco lo sé, como tampoco lo que le dijo Rodolfo a Ramón. Lo que le haya dicho este último no me interesa, si es que pudiera saberlo, ya que mi hijo era el de las nuevas. En ese entonces ¿cuál entonces? No era Autlán, ni Tequila ni Guadalajara, en aquel entonces casi me despreocupé de mi hijo. Todos mis cuidados fueron para Ramón. Cada jueves le tenía en la noche un programón: flautas con Toña la Negra, unos tragos antes en la Copa de Leche, para qué sigo, por esas fechas empezó a engordar Moncho.

La única vez en que realmente me temblaron las piernas fue cuando a la hora de desayunar, como si hubiera sido la cosa más natural del mundo, me anunció Rodolfo: "Hoy le dije."

—¿Por eso no ha bajado a desayunar? —le pregunté angustiada. "¿No hará…?"

319

Vi una cañada en la frente de Rodolfito. Subí a trancos la escalera. No toqué la puerta, como solía hacerlo, entré y hallé a Ramón parado frente a la ventana viendo hacia la calle.

Corrí hacia él. Lo abracé por la cintura.

—Mi Moncho, ¿por qué me haces esperar? Todavía no he desayunado —las palabras como ahorita, atorándoseme en el gañote.

—Doña Herlinda… —le sentí las lágrimas en la voz.

—¡Qué no tengo ganas ni qué ocho cuartos! Tú a mí no me dejas hambrienta toda la mañana. Si tú no me acompañas me quedaré en ayunas.

Suspiró. Con la mano derecha lo forcé a que se volviera, con el mismo brazo lo empujé a la puerta. Mientras bajábamos la escalera le dije: "Yo sé que tú me cuidarás. ¿Qué sería de mí si no supiera que tú estás conmigo? No nos vamos a echar a la pena. ¿Quieres que llame a tus padres?"

Reaccionó de inmediato: "¿Para qué? ¿A qué se refiere? Sólo se trata de un dolor en la boca del estómago." Entonces le ordené a doña Pati que preparara un té con yerbabuena, ruda, santamaría y un poquitín de boldo.

—Yo también voy a tomar del mismo —le comuniqué.

Ahora que me acuerdo creo que un tecito no me caería mal. Ya veré. Usted sabe Marianita las penas compartidas aúnan, hermanan más a las personas. Los lazos estrechados de aquel entonces nos unen tanto a Ramón y a mí. Es como si todos estuviéramos en una barca en el lago de Chapala. Lago del que estamos tan orgullosos todos los jaliscienses. El más grande de la república. El que produce más blanco de Chapala, esos michoacanos que se jactan de su blanco de Pátzcuaro. Es como si todos estuviéramos en esa barca, grande y otras barquitas que a veces se separan de ellas en una misión especial, como el día aquel en que se casó Rodolfito con Olga. Me dio el abrazo. Parecía que sus ojos iban a estallar de las lágrimas contenidas. "Nada, nada de eso, nada de eso mi muchacho: a cumplir." Y vea Marianita cómo ha cumplido. Regresó a la barca grande, después de realizar el encargo. Es una lástima que usted se tenga que ir, si no vería: en una barquita vendrá Olga con mis nietos, en otra mi Rodolfito, en otra más mi Moncho. No sabemos por qué lado en el futuro, esto es, en lo que siga adelante nos agarre el chaparrón, la tormenta, el huracán, un simple aguacerazo, ya sabe usted cómo es esta condenada vida. No dejaré de luchar: soy la capitana de esa barca. Sabemos que moriremos, ésa es nuestra condición, a huevo, de eso nadie se salva, el que ha llevado el timón no sobrevivirá si pierde la dignidad y el gobierno. Yo le imploro a la Divi, a la chingonota que no se me caigan nunca los pantalones; que siempre me llamen todos los de la casa: madre, que eso he sido para todos. El que quiera huir que se vaya, en cualquier lugar a donde esté siempre será un arrimado, un huérfano que añorará nuestra barca, nuestra casa y morirá como un perro. Como decían los viejitos: morir en el timón es la mejor tumba. Y ahora sí entre usted y doña Pati llévenme a dormir.

ÍNDICE

Esta edición, cuya tipografía y formación realizó *Juan Margarito Jiménez Piña* en el Taller de Composición Electrónica del Fondo de Cultura Económica, y cuyo cuidado estuvo a cargo de *Rogelio Villarreal,* se terminó de imprimir en julio de 1993 en los talleres de Cuadratín y Medio, Dr. Vertiz, 931. El tiro fue de 2 000 ejemplares.